シリーズ 教育の経営 1

# 公教育の変容と教育経営システムの再構築

日本教育経営学会 編

玉川大学出版部

# 『シリーズ　教育の経営』刊行にあたって

『地方教育行政の組織及び運営に関する法律』が制定された翌々年にあたる一九五八（昭和三三）年に発足した日本教育経営学会は一九九八（平成一〇）年でちょうど四〇周年を迎えた。

本学会は一五年前に、創立二五周年を記念して講座『日本の教育経営』を刊行した。当時の会員数は四〇〇名、今日では五〇〇名を越え、教育関連学会のなかでも、その発足史からみると、もはや有数の〝老舗〟の学会として量的、質的にも大きく発展、拡充してきた。

しかしながら、理論科学としての、また実践科学としての教育経営研究はその守備範囲が広く、さらに研究方法的にも学際性と実践性を要請されていることもあって、特殊経営学たる教育経営学としての固有の方法論と対象をめぐっては飽くことなく学会としての厳しい自己点検・評価を重ねて今日に至っている。

四〇周年を迎えた今日、あえて学会としての研究の成果を世に問うべく決意をしたのは、他でもない、次の理由による。二五周年の刊行は臨教審の審議の最中であって、答申の影響が当時の刊行内容に及ぼすところはほとんどなくてすんできた。しかし以来、今日の教育改革は臨教審答申を新たな源泉として多種多様な論議を巻き起こし、かつ教育、ことに学校をめぐる問題は深刻かつ緊急な解決を求められてもいる。こうした時代と社会の不透明な二〇世紀最後の一〇年間の時期に少なくとも二一世紀初頭を見通しての教育の経営のあり得る像を創出することは学会としての社会的使命でもあると考え、あえて、刊行に踏み切ったものである。

教育経営学が科学として成立するまでに、多くの先輩諸氏がたゆむことなく、淡々としてその道を切り開いてくれた労作の多くを省察するとき、学問のもつ連続性と非連続性とを明らかにしていくことこそ、その後に続く者の共通の課題であると考える。

また教育経営学は、他の研究分野と比べてみても特に勝るとも劣らぬ程の実践的志向の強い科学である。現に会員のなかにはかなりの方が学校教育や社会教育の実践の場に従事している。四〇年という歳月の間に会員の年齢層にもかなりの幅が見えてきたが、層の厚さをベースにこれからの学会の発展をお互いに祈ると共に、この刊行が今日の教育界に大きな意味ある刺激となって教育の蘇生が行われるようになれば幸いである。

最後に本刊行にあたって、本学会のために特別の便宜とご配慮をたまわった玉川大学学長小原芳明氏、また編集で多大のご協力をいただいた玉川大学出版部の宮原正弘氏に対して深甚の謝意を表したい。

二〇〇〇年九月

『シリーズ　教育の経営』代表編集委員会（五十音順）

中留　武昭（委員長）

岡東　壽隆　　小島　弘道

小松　郁夫　　佐藤　全

堀内　孜

# まえがき

紀元二〇〇〇年という節目を越え、今、二一世紀を目前としている。単に時間的な区切りというだけでなく、文字通り二〇世紀を形作ってきた社会システムが転換を余儀無くされ、新たなシステムとそれを支える原理が模索され、様々な萌芽が抬頭しつつある。情報科学の急速な発展も一要因としつつ、金融、生産、流通等あらゆる面における経済運営とそのシステムは国際化し、そのグローバルな枠組みにおいて国民社会の在り方やその運営が見直されようとしている。学校教育を中心とした公教育システムも、二〇世紀を代表する一つの社会システムであることにおいて、その見直しは必至のものとされている。つまり国民社会の枠組み強化を共通の課題とする国家による国民形成システムとしての公教育システムは、この国民社会の枠組みが流動化し、国民形成の価値規範が多様化することにおいて、多くの問題を露呈してきた。その見直しの契機は、一九六〇年代の高度経済成長から一九七〇年代の国際経済変動を経て、一九八〇年代の急速な社会変化、即ち国際化、情報化の進展、という流れにおいて現れてきたが、「いじめ」や「不登校」といった子どもの学校に対する不適応が顕著となり、また「規制緩和」や「地方分権」という社会運営システムの見直しが公教育経営システムにも波及するに至った一九九〇年代において加速化されてきた。

こうした公教育経営システムの転換に措定されて企画された本シリーズにおいて、第一巻としての本巻が『公教育の変容と教育経営システムの再構築』をそのテーマとしたのは、この公教育経営システム転換のダイナミックスをよりマクロに鳥瞰することが他の巻の基盤として必要不可欠との認識によっている。そして今日の社会変化―公教育システム―公教育経営の連関を三つのパートに分けて明らかにすることを企図した。

第Ⅰ部は「社会変化と公教育の変容」を五つの側面において捉えようとしている。つまり国民社会の構造的変化が公教育の変革をいかに促しているのか(1章)、そして国際化(2章)、情報化(3章)、高齢化・少子化(4章)、生涯学習社会化(5章)、という社会変化を受けて公教育やその経営が何を課題とし、いかに対応していくべきかを論じている。第Ⅱ部「公教育の変容と教育行政」においては、公教育経営の制度的枠組みが一九九八年の中教審答中「今後の地方教育行政の在り方について」、またそれを受けて一九九九年に「地方分権一括法」として改訂された地教行法によってどのように転換し、新たな教育行政や学校経営の在り方をいかに展望できるかを六つの領域において検討するものである。それは現在の社会運営改革における四つの方向、つまり「規制緩和」(6章)、「地方分権」(7章)、「参加」(8章)、「情報公開」(9章)をいかに教育行政において受け止めるか、そして公教育の枠組みの見直しと関わった私立学校行政の在り方(10章)、と学校経営の自律性確保(11章)についてである。第III部は論点を個々の学校の経営に移し、「公教育の変容と学校経営」を問うものである。学校経営の組織や機能、領域については第二巻から第五巻において個別に論じられるが、ここではよりトータルに公教育の変容をどのように学校経営の基本的戦略において受け止めるかを検討している。それは子どもの「学校教育病理」の解明と解決であり(12章)、学校教育が基本課題とする「知」の在り方であり(13章)、それを担う教員の専門性についてである(14章)。また組織体としての学校がその意思形成においていかに開かれたものとなっていくのかを新たに提起された親、地域住民の学校参加(15章)と責任体制—危機管理(16章)との関係で問うとともに、学校経営の自律性を確立するために求められる校長の権限と責任を明らかにしようとしている(17章)。

本巻の各章は、日本教育経営学会の会員の中でこれまでその領域の研究を蓄積してきた「老・壮・青」各世代の会員によって執筆されている。ただ相互に重複があったり、また本巻の掲げるマクロな課題に対して欠落部分が生じたりしていることは否定できないが、今日の教育経営のダイナミックスの一端なりを提示することができたならば、そして今後の教育経営学研究に何らかの一石を投ずるものとなったなら、望外の喜びとするものである。

二〇〇〇年九月

編集委員

(巻代表者)堀内　孜(京都教育大学)

加治佐哲也(兵庫教育大学)

天笠　茂(千葉大学)

シリーズ　教育の経営　1巻

# 公教育の変容と教育経営システムの再構築　目　次

## II部　公教育の変容と教育行政

# Ⅰ部　社会変化と公教育の変容

# 1章　国民社会の構造変化と公教育の変革課題

## 一節　二一世紀に向けた公教育の転換

今、二〇世紀を総括し、二一世紀を展望する時を迎えようとしている。

二〇世紀は「児童の世紀」として始まり、子ども中心の教育が追求されようとしてきた。そして今、再度「子ども中心」の教育が新たな状況下において模索され、二一世紀の教育課題とされつつある。ではこの一〇〇年は子どもにとって、教育にとって何であったのか。

J・デューイがシカゴ大学付属小学校での実験を『学校と社会』にまとめたのは一〇〇年前のことである。都市化、工業化が急速に進展する当時のアメリカにおいて、彼は家庭や地域社会から失われつつあった子どもの生活や生産的体験を学校で再生産することを試みた。デューイの試みは主要国に共有され、学校の担う役割は家庭や地域社会の教育機能の減退に比して大きくなっていった。だが二度の世界大戦を経る中で、技術革新は急速に進み、世界の生産力は飛躍的に増大し、「生活」それ自体が大きく変わり、学校の役割は「失われた生活」を再生することに止まるわけにはいかなくなった。

この一〇〇年は近代化、工業化から始まり、各国はその経済的発展を競い合う中で近代国家―国民国家の枠組みを強固なものとしていった。一九世紀後半に成立した近代の国民国家（それは「行政国家」「福祉国家」としてその内実を形成していくが）においては、市民社会が国民社会に包摂され両者を一体化する枠組みが構築されることにより、常に私的個人の価値と国民としての規範とが二元的に対峙することは避けられなかった。日本の近代教育は封建社会から脱却すべく、近代化－文明開化を課題として功利的個人主義を理念とする「学制」から始まったが、天皇制国家の確立により「教育勅語」に象徴される価値規範を絶対のものとし、「富国強兵」に向けた効率的な国民形成を課題としていく。

日本の戦後教育が、民主化、個人主義原理に基づいて出発したことは確かである。だが戦後復興から高度経済成長へと展開する中で、経済的効率性を追求する公教育経営が全面展開し、その経済規模を飛躍的に拡大することとなったが、同時にその負の結果として今日に至る広範な学校教育病理をも生み出すに至った。今日の日本の教育課題が、この学校教育病理を解消すべく再度、「個人原理」に戻った「子ども中心」の教育を実現することにあるのは確かといえるが、それは一〇〇年前や五〇年前の理念をもってなされるものではない。それは一〇〇年前のみならず、五〇年前においても、国民国家の枠組みにおいて国民社会の政治的経済的確立強化が公教育の課題とされたのに対して、今日、国際化、情報化として示される社会変化を受けた国民社会の在り方が問われる中で、その課題が個人と社会の関係性それ自体の基本的な在り方をも対象とせざるをえないからである。つまり、一九世紀後半に現在の主要国において成立した近代公教育は、産業資本主義から帝国主義への転換を基盤とし、国民意識の形成強化と労働力商品への付加価値形成を本質的機能とする「国民形成」を課題とするものであり、「国民教育」としての枠組みをもって捉えられるものであった。それは近代国家が国民経済単位としての国民社会という枠組みを形成し、言語や価値規範、知識内容を国民に共有させることであり、この国民社会という枠組みを前提とする国民形成が共通の課題とされたのである。

だが現在、一方における宗教的、民族的対立がこの国民社会の枠組みを突き崩し、他方でEUの成立に見られる従来の国民社会の枠組みを越えた「国家統合」が現実のものとなりつつある。こうした状況においては、すなわち国民概念実体の見直しが求められる中では、これまでの国家による国民形成としての公教育を維持していくことが困難であり、また無意味でもある。もちろん今日、明日に日本という国民国家が、また日本という国民社会がその枠組みを大きく変えると予想することはできないが、「国家」や「国民」の意味するものやその内実がこれまでのものから大きく変わっていくことは不可避といえよう。そしてこの変容の過程と要因は、そこでの公教育を直接に規定していくであろうし、また公教育の変容により国民社会の内実が変えられていくことにもなろう。

それゆえに、この公教育の方向性を今後どのように見定めていくかは外交や軍事を含めた政治的変革や経済運営の変革以上に極めて重要な課題とならざるをえないし、文明史的視野に立った洞察が求められている。

## 二節　近代国民社会と近代公教育

近代公教育が一九世紀後半のほぼ同時期に主要国において成立したことは偶然ではない。市民革命と議会制度を尺度とする近代社会の展開において、その先頭に立っていたイギリスは一八七〇年に「初等教育法」を制定するが、それは政治的に封建体制からの脱却を図ろうとしていた日本の近代学校制度―「学制」の成立の僅か二年前のことである。今日、G5を構成する主要先進国が、国家主導の国民形成のための教育整備を制度的に図ろうとしたのはこの時期である。ドイツは一八七二年に「学校管理法」をもって統一ドイツへの学校の移管を図り、フランスは第三共和制の下での「初等教育法」を一八八二年に制定する。アメリカは南北戦争後の連邦体制の確立に向けて連邦政府の最初の教育行政部局としての「連邦教育局」を一八六七年に設置する。

一九世紀後半のこの段階において、イギリスと日本を両端とするその近代化の進捗程度は大きく異なっていたにもかかわらず、これらの国における近代的な学校制度の法的成立はほぼ同時期であった。このことは、政治的、経済的な発展程度を異にするこれらの国々において、国家意思として公教育制度の制定を共通の課題としていたことを示している。それは日本の開国によって繋がった帝国主義世界体制が一つの「世界システム」として成り立ち、そこに組み込まれた国家が政治的、経済的、更には軍事的に競い合うべく国家としての枠組みを「国民国家」として強化し、その下での国家による「国民形成」を共通に必要としたことであった。

近代化、資本主義経済体制の確立において大きな差のあった上記の五ケ国が、ほぼ同時期に公教育の制度的成立を図るに至ったのは、そのいずれもが国民社会の確立を具体的なエポックをもって実現し、「世界システム」に組み込まれた帝国主義国家として「外」に向かっての国民形成を焦眉の課題として設定しえたがためである。イギリスは都市労働者に選挙権を付与することによって、ディズレーリーの言う「二つの国民」の解消を図る（一八六七年―選挙法改正）。ドイツは、ビスマルク率いるプロイセンが普仏戦争に勝利することによりドイツ帝国を成立させ、統一国家を実現する（一八七一年）。他方、普仏戦争に敗れたフランスは第二帝政が消滅しパリでの労働者権力の成立（パリ・コンミューン）をみるが、その弾圧による崩壊後第三共和制が成立する（一八七一年）。アメリカは開拓期から連邦体制の確立に向かう過程で、北部と南部の経済権益が対立し、南北戦争（一八六一―一八六五年）に至るが、リンカーン率いる北部の勝利により、工業国家としての経済発展の基盤を形成する。そして最後に日本が、開国による尊皇攘夷運動の高揚から内乱に至り、幕藩体制の崩壊、王政復古としての明治維新を実現し、世界システムの円環を完成させることとなる（一八六七年）。こうした各国における社会変革はその内容や質において多様であったが、この段階における先進諸国が産業資本主義から帝国主義へと転換していくことを背景として、新たな国民国家―国民社会の形成をねらいとすることにおいて共通するがゆえに、圧縮された時間的範囲において実現されたのである。

この対外的緊張関係を前提とした国民国家―国民社会の形成、確立は、その内部における同質的国民形成によって成否が決せられることとなり、ここに上で述べた近代国民国家における国民形成としての近代公教育が制度的に成立することとなる。従ってその制度形態と国民形成の内実は当然に共通したものであった。つまり、国家が国民形成の価値形成を担う上での宗教的中立性と国民全てに就学を強制する義務性（後にその実質化のための無償性）を制度原理とする公教育制度が前者であり、国家による労働力の保全と開発を図るべく労働力商品形成過程における付加価値形成と国民としての同質性を高める「国民意識」の強化、形成が後者であった。そしてここでの国家意思の強弱は、それまでにこの枠組みの内部で形成、蓄積されてきたものの大きさに規定され、市民革命を経ることによって自律的な市民社会を基盤とすることができた諸国（英、米、仏）においては、公教育経営における国家権力の関与が相対的に緩やかなものとなった。そしてこうした近代公教育の本質機能や特徴は、それが国民社会における国家―公権力による国民形成である限り保持されるものである。[1]

日本における近代公教育の生成、確立は、日本の近代化過程の特質に規定され、近代的政治制度（立憲体制）の確立や産業革命の遂行と同時平行的に展開されるが、一八七二（明治五）年の「学制」を始点とし、「教育令」、「改正教育令」を経て、森文政下における「学校令」をもって基本的枠組みを完成させる。そしてその後の無償化―授業料の非徴収（一九〇〇年）、義務教育年限の六年への延長（一九〇七年）という制度的整備を図ることにより、明治年間に確立されるに至る。日本が市民革命を経験することなく、「上からの」近代化を進めてきたことは、その公教育経営が市民社会のもつ自律性を前提とすることができず、国家―公権力が上で述べた政治的、経済的な国民形成の内実をより直接に決めることを意味したし、とりわけ立憲体制の確立後も法律主義を排して命令主義（勅令主義）による公教育経営の意思決定を行ったことは、そこにおける天皇制国家権力の意思がより直接的に実現されることとなった。つまり国家権力が「国民」の概念や枠組み、価値規範を設定し、その枠組みを絶対化することにより、国家意思の実現において極めて効率的な公教育経営を可能としてきたのである。

戦後においても、民主化に向けての改革期を除いて、経済復興、経済発展という国家目標が明確である限りにおいて、国家権力が主導する公教育経営の基本的枠組みが維持された。もちろんこれは、経済運営や社会運営においても共通するものであり、公教育経営がその一部としてなされたということもできる。そしてまた文字通りの経済発展と国民経済規模の拡大を生み出し、国民個々もそのパイの分け前を得て豊かになってきたことも確かである。それは国民個々や家庭における可処分所得の増大による就学率の上昇、学歴構造の高度化を生み出し、一九七〇年代前半の経済変動による高度経済成長の終焉後においても、その公教育経営の基本構造の転換に至らず、「能力主義」「競争原理」「学歴主義」といった高度経済成長型の公教育経営が維持されてきた。そして高度経済成長がその負の遺産として環境破壊、公害、汚染を生み出してきたように、高度経済成長型の公教育経営も子どもの学校不適応という学校教育病理を広範に生み出すこととなった。(2)

こうした問題状況を受けて、公教育経営の在り方についても、学校制度、教育内容─教育課程、教員養成と多面的な見直しが政策課題とされ、臨時教育審議会の設置（一九八四年）以降、不断の教育改革が展開されてきた。だが臨教審答申において「国際化」「情報化」として示された社会変化、そしてその上で展開される経済活動は、国民社会の枠組みを越えるものとなり、国民形成としての公教育の在り方を抜本的に見直すことが求められるに至っているのである。

## 三節　国民社会の構造変化と国民形成

アメリカの金本位制の停止と変動通貨制への移行による「ドル・ショック」（一九七一年）、そして産油国の原油価格の引上げによる「オイル・ショック」（第一次─一九七三年）という一九七〇年代初頭の国際経済変動は、日本経済を直撃し、一九六〇年代の高度経済成長を終焉させた。安価な原油の大量輸入による装置型産業の振興と円の過少評価による輸出の増大を特徴としたそれまでの日本経済は、これらの経済変動から最も大きな打撃を受けることとなるが、それは同時に最もドラスティックに産業構造の転換を進める起爆剤にもなった。つまりこの石油危機による原油価格の急激な上昇は、エネルギー価格全体を高騰させ、基礎素材産業を中心とするエネルギー消費型産業から組立て加工型産業への転換を押し進める。そしてさらに一九八五年の「プラザ合意」による急激な円高は、自動車や家電に見られるように、海外生産拠点の拡大と経常海外余剰の増大を顕著にしていく。一九八四年から一九八九年の五年間に、国富全体が一・九倍の伸びであったのに対して、対外純資産のそれは二・二倍となった。(3)一九八〇年代後半はアメリカが「双子の赤字」に苦しんでいたのと対照的に、日本がその経済体制を立て直し、「日本的経営」が喧伝され、アメリカと当時のECと並んで日本が国際経済の三極の一つを占めるに至る。そしてその後、貿易収支の黒字を積極的に海外への投資に回すことにより、世界最大の国際債権国となっていく。

「国際化」「情報化」として示される社会変化は、こうした状況下で顕著となっていくが、それは社会生活上の現象に止まるものではなく、日本の経済基盤の大きな変動がもたらしたものでもある。資本や企業拠点の海外移転、企業の多国籍化、国際的な企業合併と、企業による経済活動は実質的に国境を有名無実化しており、その資本の「原籍」や結果の帰属先を集積したものが「国民経済」として集約されるとしても、モノや技術、資本は元より、ヒトや情報も国民社会の枠組みを越えて流動化している。この流動化状況が国際化であり、そこで必要とされる情報は飛躍的に増大し、その集積と処理の迅速化が情報化である。こうした経済活動における国際化と情報化の進捗は、主権国家の政治的枠組みも揺るがし、その分権化と国際化を促してきた。日本がその地理的、歴史的、文化的な条件において、未だ国民国家の枠組みを相対的に強固なものとして維持しているとしても、国際的には国家分断と国家統合が同時に進行しているのが事実である。そしてこの過程においては、主権国家のもつ独自なイデオロギーや価値規範が局所的に強調されることがあるとしても、より標準化された普遍的な価値が国際的に共有されていく方向性を否定することはできない。それは経済において先行してきたグローバル・スタンダードであり、環境保全や人権擁護に対する国際的な共通認識として、今後いっそう意義を強めていくことになろう。

この二一世紀に向けての国際社会の指向性は、主権国家が相互に帝国主義的対立を背景として構築してきた国民国家－国民社会の在り方を本質的に転換していくことを必然としている。それはこの国民国家－国民社会の枠組みをより緩やかなものとし、その内実をより普遍的なものとしていくこととして理解されようが、今日、環境や人権に関する南北対立が解消できず、またこれまで途上国の経済的離陸に「開発独裁」が一定の成果を収めてきたように、部分的には国家主権の強調が過渡的にはなされることもありえよう。だが先進国がより国際的な共通性、普遍性を強調し、途上国がその国家的個別利害により拘泥されることがあっても、いかなる国も経済的閉鎖主義を維持することが不可能となり、環境問題に見られるようにその主権国家を維持し、その安寧を図る上でより普遍的な価値を実現していくことが不可避であるとの認識が共有されつつある。

日本はこれまでその国民国家―国民社会の枠組みを客観的に最も強固に構築してきただけに、こうした中におけるその転換をよりいっそう強く求められている。それは今日の経済構造改革や地方分権化、規制緩和という社会変革として現れているが、何よりも国民社会の枠組みを大胆に転換し、その国民概念の捉え直しが不可欠とされている。日本は戦後五〇年を経る中で、単にその経済規模を拡大してきただけではなく、国民社会―国民生活における「豊かさ」を実現してきた。つまり世界第二のGNPというだけではなく、ルクセンブルグやスイスという経済規模の小さい国を除いて、一人あたりのGNPが主要国で最も大きくなっている。そしてこの大きな経済力や「豊かさ」を国民国家―国民社会の枠組みの内部において保持すれば、種々の経済摩擦を避けることはできない。それはこの間の「国際貢献」を巡る論議やその政策的な失敗が示しており、この背景に、日本が無意識に維持し続けてきた「国民意識」と「国民概念」の理解があったといえよう。

公権力が国民国家の枠組みの維持、強化を図ることを目的とする国民形成システムが公教育であるならば、この国民国家の枠組みの変化は当然に公教育の在り方を変えることとなる。それは上で述べたような国際社会の流動化を受けて、個々の国民国家がその位置と在り方を相対化し、より普遍的な価値の共有を指向することであり、国家から地方、地域へ、そして最終的には個々人へと、公教育における意思決定主体を転換していくことである。この国際社会における普遍的価値と個々人のもつ価値とを一致させていくことが、今後、二一世紀に向けての公教育経営の課題であり、目標でなければならない。つまり普遍性と個別性の統一は、文字通り「地球市民」として二一世紀に生きる子どもに課せられた教育課題であり、それを新たな国民社会を基盤として組織化していくことが公教育経営の課題とされるのである。

## 四節　二一世紀に向けての教育改革の特質と枠組み

一九七〇年代以降の、とりわけ臨教審以降の教育改革が、いじめや不登校等の子ども達の問題にどう対処すべきかを共通の課題とせざるをえず、ややもすれば対処療法に走りがちとなったことは否めない。そしてそれをどのような学校教育システム、公教育システムにおいて解決すべきかの方向性については必ずしも明確であったわけではない。それは日本の社会が、そして国民個々が豊かになり、それまでのように国と社会、国民が共通に豊かさ、経済的発展を目標としてもち、教育の方向性をそこに求めることができなくなったことを示している。[4] またこの豊かさに応じて、社会全体として個々人としてのゆとりが生じ、社会規範の弛緩や価値観、生活様式の多様化が促されてきた。個やそれに基づく多様性の要求とその社会的承認は、従来のような「上からの」改革を困難とせざるをえず、社会や個々人のレベルにおける自生的変革をいかに助長するかが必要とされることとなる。

そしてこの自生的変革を可能にするためには国民に共有される自律的規範を国民社会が生み出すことが必要であり、公権力やその強制力により枠組みが維持される社会運営システムの見直しは不可避である。このことは豊かさの上に社会の「成熟性」を求めるものといえるが、現在の日本が経済運営のみならず政治的、文化的にも単一のモデルをもって今後の方向性を捕捉することができなくなっていることがその可能性を示唆している。いわば現在の混乱した状態は、これから向かうであろう成熟社会を生み出す助走段階として理解することができ、その「生みの苦しみ」を避けることはできない。つまり、一九九〇年代に入ってからのバブル経済の崩壊、長期不況が、日本の経済運営とそれを支えてきた社会運営システムの抜本的見直しを求めることとなり、規制緩和と地方分権を二つの軸とするその改革が求められたことがこのことを示している。そしてこの動きが単にアメリカが主導する経済的なグローバル・スタンダードの導入を意味したり、現に顕著になりつつある既存のシステムの維持を図ろうとする勢力に屈したりするならば、現在の混迷から脱することはおろか対立的な価値観をモザイク状に埋込んだ醜悪な社会を生み出すことになりかねない。[5]

こうした観点に立てば、現在進められつつある多領域における教育改革は一つの大きな流れにおいて理解されねばならない。教育理念における個人主義の確認、教育方法や内容設定における学習者、子どもの主体性の確保、そして公教育経営における規制緩和と地方分権の徹底は、共通の基盤において実現されることが必要であり、もし相互に齟齬が認められる部分があるならば、この基盤に立ち戻って全体像を見直すことが必要である。今日の一連の教育改革が、日教組の路線転換によって可能となりつつあることは確かであるが、それを単にイデオロギー上の妥協の産物として捉えることは皮相的な理解に止まるであろう。この「妥協」自体が、日本の国民社会の構造的な変化の反映であり、その本質部分を見極めることが必要である。[6]

新学習指導要領による教育内容の新たな枠組みが、「総合的な学習の時間」に見られる学校裁量の拡大、学校の自律性確立を志向するものであるとともに、授業時数―学習内容の削減による「学制」以降の教育政策、教育行政が基本課題とした「教育水準の維持、向上」の実質的な修正を含むものであることを看過してはならない。このことが日本の子どもの知識水準の低下を招くとの批判が既に起こっているが、それがいかなる問題であるかを問うことが必要である。つまり、学校でえられる知識量は当然に少なくなるが、そのことが今日の国民社会の変革にとって否定されるべきか肯定されるべきかの論議はなく、無前提的に、授業時数の削減―知識量の減少―知的水準の低下と否定的に捉えることは短絡的である。必要な視点は、削減されるこれまで学校の勉強またはそれに付随する勉強にかけていた時間が何に、どのように使われ、それが子どもの知的成長とどう関わるかであり、またそれは子ども一人一人において異なってよい、ということである。さらには仮に日本の子どもの学力水準が低下したとして、それがいかなる観点から問題とされるかが問われるべきであろう。社会発展、経済発展のために国民の知的水準が均質的であり、絶対的に「高い」ことが、今後において絶対的に求められるべきかどうかという問題である。もしここでの「学力」として表される「知的水準」が、子どもの、国民の個性や自律性に反比例して実現されるならば、それは絶対的に高いことがよいとされるか、という問題も考えられるべきであろう。

二一世紀に向けての、いま一つの教育改革の柱とされる教育行政や学校経営の改革、つまり公教育経営システムの改革は、今後その法制度の見直しから地方教育行政機関や各学校における具体化へと展開されていくことになろう。それは臨教審において論議された自由化に沿うものであることは確かであるが、現在のそれが一九九〇年代の経済状況に基づいて提起された行財政改革や経済・社会運営改革に通底する規制緩和や地方分権という明確な枠組みをもつことを特徴としている。それは上で述べた二一世紀に向けた日本の国民社会の課題たる「成熟性」の実現を教育において図ることであり、教育における国民主権の確認と再構築に向けた情報公開と参加の制度化によって支えられるものといえる。先の中教審答申（「今後の地方教育行政の在り方について」一九九八年九月）がその方向で具体的方策を示したが、現時点における関係者の認識状況を踏まえて、規制緩和や地方分権また公開と参加の在り方について不十分であることは否定できない。さらには地方分権を柱とするこの改革が、その具体化の「選択」を各地方に委ねることは必然であり、その最終的な成否が各地方、住民や父母の意思や意欲にかかっている。この意味で、「成熟性」を目指した改革が現時点における「成熟性」に規定されるといえるが、ここで肝要なのは教育における「事大主義」を排して多様な実験の集積を図っていくことといえよう。

## 五節　新たな国民形成と公教育経営

いま大きな岐路に立ち、転換を求められている国民社会は、近代資本主義国家が国民経済単位で国民形成を図り、国家間の経済競争に打ち勝つことを課題とされたものである。だがこの経済競争が主権国家の枠を越えて展開してきたところで国際化や情報化が促されてきた。そして資本が国際展開していく上での障壁が冷戦構造の崩壊によって大きく取り除かれ、新たな国家連合や地域連合が形成されてきた。こうした中で、物理的、空間的な国家の枠組みが人間の居住空間として残り、経済が国際化すればするほど、南北間の対立と格差は拡大せざるをえなくなっている。日本が間違いなく「北」の国として位置し、アジアで唯一の経済大国であることは、その国民社会の枠組みを「南」の国を含めて国際的により普遍化していくことをもって二一世紀が展望できることを意味している。つまり一方において、環境や人権という地球規模で求められている課題を共有化しうる質を国民社会として構築することであり、他方において「国家―国民社会の枠組みにおけるアイデンティティの確立とそれに基づく多様性の尊重」ではなく、国民が普遍的な価値の共有に基づく個として自律し、その集積されたものが国家―国民社会の枠組みを構築し、もって結果としてアイデンティティを確立していくことである。

こうした国民形成を現在の日本において図るには、国民社会をより自律的なものとしてしていくことが不可欠であり、その自律的なシステムの上で公教育経営を展開していくことが必要である。それは既に述べた規制緩和と地方分権を枠組みとし、公開と参加を内実とするものとして描かれるが、そこにおける国民個々の自律化による社会の成熟化が志向されることが必要であり、性急さをもって実現しえないことも理解されるべきであろう。つまりこのためには、効率的な経済、社会運営とその結果として実現された豊かさの見直しや否定が必要とされ、財貨のみならず時間や労力の負担関係、負担構造の見直しについての合意形成が求められることとなる。

現在の教育諸改革が企図したことを実現するのに不徹底、不十分であるとしても、その方向性が必要性かつ必然性をもつものであることは否定できない。だがその道程の長短と掘下げの深さについては、政策担当者、行政官、教員、父母そしてまた研究者の問題認識と関与の主体性にかかっていることも確かであり、過渡的に不可避である混乱も含めてより巨視的に展望していくことが必要とされよう。

### 註

（1） 堀内孜「教育の近代化と近代公教育」現代教職研究会編『教育と学校』学術図書出版、一九八六年、五八―六〇頁。
（2） 堀内孜編『公教育経営学』学術図書出版、一九九六年、三一―三二頁。
（3） 以下の経済指標については、『日本国勢図会』一九九八・九九年版による。

（4）天野郁夫『日本の教育システム』東京大学出版会、一九九六年、四一頁。
（5）堀内孜「戦後社会の変容と公教育体制の再編」『日本教育行政学会年報23』教育開発研究所、一九九七年、二三―二六頁。
（6）市川昭午『臨教審以後の教育政策』教育開発研究所、一九九五年、一五頁。

（堀内　孜）

# 2章　グローバル化状況における国民社会の変容と公教育

今や我々の時代は、大きな歴史的転換の過渡期に位置していると考えられる。そのことについて筆者は別の機会に拙論を展開した[28]。

## 一節　グローバル化状況をどう捉えるか

ここで言う「グローバル化」を簡単に示せば、ヒト・モノ・カネ・情報の移動・伝達（交流＝交通関係）の地球的規模での飛躍的発展を背景とする世界的相互依存関係の高密度化を指す。ただ、経済の「グローバリゼーション」は必ずしも評判は良くないようである。それは、「グローバル・スタンダード」の名の下にアメリカン・モデルを世界的に押し付けるものであったり、国際資本・多国籍企業の奔放な活動であったり、経済のブロック化（リージョナリズム）を促進させるものであったりするが、リストラ（産業構造転換及びそれに伴う雇用調整、破産・倒産や失業・配転）を正当化するイデオロギーと見る捉え方もある（例えば、文献の幾つかの論文）[30][35]。ヒルシュは、「経済的意味における〝グローバリゼーション〟、すなわち、商品、サービス、貨幣、資本流通の急激な自由化は、まさに、資本主義的生産過程と労働過程の、新たなる、システマチックで全世界的な合理化のための前提条件をつくりだすこと以外のなにものでもない」と述べ、「それは、資本に有利なように、社会福祉国家を解体し」「新自由主義がこのような資本主義的な危機の克服の仕方をイデオロギー的に正統化している[35]」と指摘している。このような捉え方が全く的外れであるとは思わない。しかしながら、先に挙げた「グローバル化」は現実に進行しつつある事実である。経済現象としてのヒト・モノ・カネ・情報の交通関係の飛躍的発展と世界的相互依存関係の高密度化を押し止めることはできない。そしてそのことは、経済現象のみに止まることなく、好むと好まざるとにかかわらず、政治や文化や教育・日常生活のありよう、つまり「国民社会」のありようをも揺さぶり、変容させ、規定するものである。とりわけ、グローバル化によって「国民国家」の存立基盤が揺らいでいるとともに、国籍・国境の壁が阻害要因ともなっている。それは、幕末期において幕藩体制（藩の壁）が経済的のみならず政治的にも文化的にも障害となっていたのと同様である。つまり、グローバル化はボーダーレス化をも促しつつある。さらに言えば、「国民経済」という概念そのものが崩壊しつつある。もちろん、地球と人類の生存にとって、とりわけ人々の暮らしがそれらのことに無防備であってよいはずはない。そのことを踏まえつつ、公教育の変容をどう捉え、教育経営の課題をどう提起していくのかを探ってみたい。

## 二節　グローバリティの四つの次元

そこでまず、グローバル化社会の教育（あるいはグローバル教育）を考える際に示唆に富むと思われるパイク&セルビーの『地球市民を育む学習[21]』の中から「グローバリティの四つの次元」について見ておきたい。

第一は、空間のグローバリティである。イギリスの片田舎に住むある少女の日常生活を例示的に見ても、ほとんど全ての領域においてより広い世界と深い繋がりをもっていることがわかる。それは「グローバルな経済の網の目」だけではなく、「グローバルなコミュニケーション・システムや、急速に広がりつつあるグローバルな文化についても同様」である。また、核戦争の脅威や環境汚染（破壊）がグローバルな広がりをもっていることはもちろん、「多民族社会」の進行も看過できない重要な要素である。しかしながら、学校教育はこれらのことに十分目を向けてこなかった。

我々は「地球を覆う、巨大で複雑に入り組んだ相互作用と連関のネットワークに取り込まれて」いるが、「すべての生命体が相互に支え合っている連鎖関係は、人類の歴史以前から、……存在してきた」。ただ、人類にとって「その頻度、関係の深さ、範囲の広さにおいて、とくに際立」っているのが、現在の「グローバルな相互依存」なのである。

「二一世紀へ向かう私たちの世界は、土地と人間の寄せ集めとしての場から、土地と人間が一つのシステムを構成する新たな段階へと転換しつつ」ある。その主な要因は、「交通の発達によって、世界の地理的距離が縮ま」ったことと「コミュニケーションにおける進歩は、社会的、経済的、政治的な時間と距離を縮め」たことである。そして「地理的距離の縮小」が人口移動をもたらし、「多文化化・多民族化」を進めた。「人びとの移動は、国家を越えた複雑なつながり」を「一つの国家のなかにもたらし、また、グローバルな文化を創出する重要な要因」となった。「世界の縮小と人口移動という二つの要因は、世界の経済的な相互依存関係に影響を与え、同時に経済的な相互依存関係は世界の縮小と人口移動に影響を与えた」が、世界的規模での「分業体制は、世界の経済的な統合を進める一方で、今日におけるグローバルな経済格差の要因」ともなった。「世界は今、システムとしての性格を強めて」いるが、「『グローバル・システム』は、一般的なシステム論としても理解することができ」る。「国内」か「国外」かという区分は「現実を正確にとらえて」おらず、「『国内』のできごとが、実は、グローバルな相互関係の現れであり」、また「『ローカル』か『グローバル』かという二分法は、……重大な問題が存在」する。「ローカル」な現象も「グローバル」な現象も「現代における世界システムの相互連関を反映して」いるのである。さらに、「生態学の視点からも、人類が地球の生態系に影響を与えることや、世界中の地域が環境の面から相互依存関係にあることへの認識が広まって」いるが、「酸性雨や放射能に、国境は関係」なく生物を冒す。

また、「『グローバル』という言葉を『インターナショナル』という表現におきかえることは、現代において国家でないアクターが、国境を越えて活動する場合が増えている、という事実を偽ることになり」「世界的な相互依存から生じる事象に、国家が関わる割合は減少して」いる。「NGO（非政府組織）の多くも、国境を越えて活動して」

おり、「多国籍企業も同様」であるが、「地方自治体や圧力団体も、国家を越えてグローバルな舞台へと登場しはじめ」た。

第二は、時間のグローバリティである。「時間と空間」は「切れ目なく連続して」おり、「時間なしに空間は存在せず、空間なしに時間も存在しない。それらは互いに深く関わっている」(鈴木大拙『大乗仏教』)。「時間のグローバリティは、空間のグローバリティを補完し、また共生する関係にある」。引用者なりの解釈を補足すれば、時間は世界(宇宙)に切れ目なく共通に刻まれており、しかも一日二四時間世界中を連続して駆け巡る。今日の情報通信事情を背景とした政治・経済・文化状況、とりわけカネと情報の流れはそのことを十分実感させてくれる。かつてなら人々が寝静まっているはずの真夜中にも事態は刻々と展開され、即時的に繋がり跳ね返ってくる。

また、「過去・現在・未来を、……動的に関連するものとしてとらえて」いる。現在は過去に規定され、未来は現在に規定される時間の連続性である。

ここでまず挙げられるのは、「変化の速度」である。変化自体は何も特別新しいことではないが、新しいのは「変化の度合い」であり、「変化のあり方が変化した」のである。

次に挙げられるのは、「オルターナティブな未来」である。「未来とは幅広い選択の余地をもっている。」「それゆえに、意識的に選択し、参加し、そして合目的な行動をとる」ことができる。「未来は、予見したり、事前に決定しておくことはできないが、個人がこれに影響を与えることはできる。」「人間の行動や決定が未来を形づくる。」「変化のプロセスに人間のコントロールを及ぼすことが必要である。」「全体的で、グローバルかつ長期的視野は、欠くことのできないものである。」

つまり、「人間は、個人的にも集団的にも、定かではない未来を予測し、それに影響を与えるよう、意識的に努力し得るということ」であり、「望ましい未来像に照らし合わせ、自らの行動を変えるだけでなく、過去のトレンドや変化を受け入れ、より深く現在を理解するからこそ、現在の行動パターンを変えようともする」のである。

そこで、「未来に対しては、教育制度はどのように応えることができるでしょうか?」と問題提起している。引用者なりに言い換えれば、今日の教育経営が未来に対してはたしてどのように応えることができるのかが問われている、と言ってもいいであろう。しかしそれは、現実の矛盾から目を背けたり、それを隠蔽したりするような「バラ色の未来」を一面的に描き出すことではない。「未来に視点を向けた教育を、学校カリキュラムに取り入れることが大切な前提となる」が、そのことは次の次元のグローバリティと繋がっている。

第三は、問題のグローバリティである。「グローバルな問題とは、人間の命や地球に対して有害な、もしくは、有害な影響を与える可能性をもつ現代的な事象、と定義され」「たとえば、環境汚染、人種差別、核戦争の脅威などがあげられる」。「グローバルな問題は、……非常に多くの地域に影響を与えるものと定義され」るが、「非常に多くの人びとに影響を与えると同時に、個人の内外にも影響を与えるものであり、いわば、マクロとミクロ双方の影響力をもつもの」である。「グローバルな問題は、いずれも、過去・現在・未来という時間の流れのなかでとらえられなければならず、また時間と空間の連続性のなかで考えなければ解決できないもの」なのである。「現代社会においては、相互依存や変化そのものも、常に変化しつつあるのと同様に、問題も変化して」いるが、「今日、私たちが直面する問題や危機は、分かちがたく強固に絡みあって」いる。「グローバルな問題のもつ包括性は、私たちが問題をとらえる視点と、解決の戦略に深い影響を与えるもの」である。「問題は、単純な原因・結果の枠組みからとらえられるものでは」なく、「相互作用と連関を特徴」としており、「個人的なレベルからグローバルなレベルに至るまで、さまざまな段階で相互に影響を与え合っている」ので、「国家を越えた合意と協力」を必要としている。そして「問題」を、基本的には「グローバルな文化危機」ととらえる。

第四は、可能性のグローバリティである。「システム論的なパラダイムを支持する学校のあり方を考えることは」パイク&セルビーの「中心的なテーマでも」あるが、それは我々の、そして教育経営の課題でもあろう。「学校が新たなパラダイムを受け入れる第一歩は、おそらく多文化教育の概念をとらえ直すこと」ではないだろうか。多文化教育は、他の「文化をエキゾチックなもの、表層的なものととらえる傾向」があり、「人種主義的な態度」を「問題として取りあげず、人種主義による経済的、政治的、社会的影響を無視」してきたが、「もし、現在私たちが直面している危機が、本質的には文化危機であり、人種主義とは、その最も醜い表出形態であるとするならば、学校の果たすべき重要な役割とは、次の世代にオルターナティブなパラダイムの存在に気づかせること」であろう。「単一文化の教育では、オルターナティブを着想するような想像力を育てることはできない。……異なる社会や文化と接することによってのみ想像力は刺激され、オルターナティブに対する意識が思考のなかに……組み入れられる。……単一文化のみにもとづく教育は、批判能力の成長を妨げる」(Bhikhu Parekh)。

かくして「再定義された多文化教育は、理解や寛容を促し、社会の調和を促進する手段となり、教育が地球の生存戦略に役立つものとなるために、中心的役割を果たす」であろう。「このような多文化教育のプログラムは、これまで長い間当たり前とされてきたことに挑戦する新たな視点を学習者に示し、人間の能力に対してまったくちがった見方を与える」側面をもつ。「システム論的なパラダイムとは、私たちの外部にある世界と内部の現実とをつなぐもの、と定義され」る。「グローバリティに対する空間、時間、問題の次元からの認識を高めるためには、地球と人とが手を携えて、人間の能力のグローバリティを探求し、それを高めることが必要」である。「個人の幸福とグローバルな社会の幸福とが相互に関連している、という信念にもとづ」くものが、「学習における『人間の可能性』パラダイム」である。「個人やグループのエンパワーメントや自立を重視する『人間の可能性』パラダイムが浸透すれば、グローバル・システムのなかの文化やコミュニティには、新しい形態や次元が生まれ、同時に、現代における不平等で有害な相互依存関係を少しでも減らすことができる」であろうとパイク&セルビーは展望している。

## 三節　中教審答申における「グローバル化」認識

パイク&セルビーの論がいささか楽観的理想論であるにしても、二一世紀の公教育と教育経営の課題を考える上では極めて示唆的であると思われる。そこで、このこと（本稿の課題）と関連が深い中教審の「二一世紀を展望した我が国の教育の在り方について」の第一次答申（一九九六年七月）における「グローバル化」状況の認識とその教育課題の提起に関して、一―二節で述べてきた観点を踏まえて検討してみたい。

答申は、「これからの社会の展望」の中で次のように述べている。「我が国の社会は、今後、様々な面で変化が急速に進むと考えられる」として、「一つは、国際化の進展である。国際的な相互依存関係がますます深まっていく。一方、冷戦の終焉や交通手段の発達、情報化の進展を背景に、経済、社会、さらには、文化の面で交流が一層進み、国際化の進展である。」

答申は、「これからの社会の展望」の中で次のように述べている。「我が国の社会は、今後、様々な面で変化が急速に進むと考えられる」として、「一つは、国際化の進展である。国際的な相互依存関係がますます深まっていく。冷戦の終焉や交通手段の発達、情報化の進展を背景に、経済、社会、さらには、文化の面で交流が一層進み、様々な面で、国際的な摩擦や競争も生じてくると考えられる。また、情報化の進展は、さらに新しい段階に入っていくと考えられる。マルチメディアという言葉に集約されるように、世界的な規模の情報通信ネットワークを通じて、不特定多数のものが、双方向に文字・音声・画像等の情報を融合して交換することが可能となりつつある。このような高度情報通信社会の実現は、地球規模で今後の社会や経済の姿を大きく変えていくものと考えられる。」「また、今日、地球環境問題、エネルギー問題など人類の生存基盤を脅かす問題も生じてきている。これらは、大量生産・大量消費・大量廃棄型の現代文明の在り方そのものが問われる問題であるが、今後、地球規模でこれらの問題に取り組んでいく必要性はさらに高まり、この面で、我が国の貢献がさらに強く求められるようになっていくことが予測されるところである。」「これからの社会をどのように展望するかについては、様々な変化や要素を考える必要があり、一概に言い表すことは難しいが、いずれにせよ、変化の激しい、先行き不透明な、厳しい時代と考えておかなければならないであろう。」と捉えているが、グローバル化状況に関しておおむね妥当な指摘であるように思われる。ただ、「国際的な摩擦や競争」「厳しい時代」が何を想定し、どのような「覚悟」を求めているのか、およそ察しはつくが、そのような暗示に答申の立場性も見え隠れしている。

このような認識の下に、答申は「今後における教育の在り方の基本的な方向」の中で、次のように述べている。「教育においては、どんなに社会が変化しようとも、『時代を超えて変わらない価値のあるもの』（不易）がある。それぞれの国の教育において、子供たちにその国の言語、その国の歴史や伝統、文化などを学ばせ、これらを大切にする心をはぐくむことも、また時代を超えて大切にされなければならない。我が国においては、次代を担う子供たちに、美しい日本語をしっかりと身に付けさせること、我が国が形成されてきた歴史、我が国の先達が残してくれた芸術、文学、民話、伝承などを学ぶこと、そして、これらを大切にする心を培うとともに、現代に生かしていくことができるようにすることも、我々に課された重要な課題である。」「しかし、また、教育は同時に社会の変化に無関心であってはならない。『時代の変化とともに変えていく必要があるもの』（流行）に柔軟に対応していくこともまた、教育に課せられた課題である。……二一世紀に向けて、急激に変化していくと考えられる社会の中にあって、……とりわけ、人々の生活全般に大きな影響を与えるとともに、今後も一層進展すると予測される国際化や情報化などの社会の変化に教育が的確かつ迅速に対応していくことは、極めて重要な課題と言わなければならない。」と述べ、「生きる力」と「ゆとり」の必要性を前面に押し出して強調している。

答申の言う前者の「不易」論であるが、「時代を超えて価値のあるもの」が存在することを否定するつもりはない。しかし、何を「不易」と考えるかは時代や立場（価値観）によって異なる。実は、「言語」や「歴史」や「文化」も「変化」して今日に至ったのである。答申が「不易」と捉えようとしているのは、近代国民国家を前提としたナショナル・アイデンティティに関わる部分である。ナショナルなものを「不易」、グローバルなものを「流行」と捉えることが果たして妥当であろうか。この点に関しては、「これからの学校教育の在り方」の「育成すべき資質・能力」の中に、より鮮明に出てくる。「国語を尊重する態度を育て、国語により適切に表現する能力と的確に理解する能力を養うこと。」「我が国の文化と伝統に対する理解と愛情を育てるとともに、諸外国の文化に対する理解とこれを尊重する態度、外国語によるコミュニケーション能力を育てること。」「……郷土や国を愛する心、世界の平和、国際親善に努める心など豊かな人間性を育てるとともに、自分の生き方を主体的に考える態度を育てること。」等を挙げているが、基本的に「母語」（mother tongue）の思想ではなく、「国語＝国家語」（national language）の思想に基づいている。「諸外国」の文化や言語は、我々の外にあって国家間（inter-nation）の「親善に努める」（うまくやっていく）対象でしかない。また、「美しい日本語」の思想も危険である。それは、英語圏においてクイーンズ・イングリッシュを最高のもの（正統）とし、アメリカン・イングリッシュやオセアニアン・イングリッシュその他の英語を軽蔑するのと同様な発想である。例えば、カナダ等の多文化共生を目指す社会では、アジア系であれ、ヒスパニック系であれ、アフリカ系であれ、多様な英語に寛容でなければ暮らしていけない。日本列島の経済や文化や日常生活も、「日本人」のみによって支えられ、営まれている訳ではない。スポーツの世界では、外国人選手が日本で活躍したり、日本人選手が外国で活躍したり、日本チームを外国人が指導したり、外国チームを日本人が指導したりすることは何も珍しいことではない。同様に、日本列島の企業で働く外国人労働者もいれば、外国（又は多国籍）企業で働く日本人労働者もいる。答申は、少子・高齢化社会についても指摘しているが、これからの日本列島の保育や教育や介護を外国人が担うことも十分想定しなければならない。ここで言う「外国人」には、特別な知識・技術を持った外国人のみならず、在日定住外国人やいわゆるニュー・カマーの外国人、そして彼らの子どもたちも含まれる。また、彼らと日本人との婚姻関係やその間に生まれる子どもたちも増加する。そのような共存・共生関係が進めば進むほど、国民国家は自らのナショナル・アイデンティティに対する危機感を募らせ、それを強調することになるのであろう。「日の丸・君が代」問題もその一つであろう。答申は、「[生きる力]をはぐくんでいくためにも、……個性尊重の考え方は、一層推し進めていかなければならない。」とし、「他者との共生、異質なものへの寛容」を謳いながらも「今後、国際化がますます進展し、国際的な相互依存関係が一層深まっていく中で、子供たちにしっかりと[生きる力]をはぐくむためには、世界から信頼される、『国際社会に生きる日本人』を育てるということや、過去から連綿として受け継がれてきた我が国の文化や伝統を尊重する態度を育成していくことが、これまでにも増して重要になってくると考えられる」と述べている。もはや、企業・金融機関も学校も「歴史や伝統」に安住することには無理があろう。

答申のいう「不易」について補足しておくと、「先達が残してくれた芸術、文学、民話、伝承など」は人類文化の一つとして貴重であり、その価値を否定するものではない。とりわけ「民話」や「伝承」は民衆の知恵や喜怒哀楽の凝集されたローカルな文化であり、例示的に挙げられていることを評価したいが、日本のナショナリティーに縛られるべき性質のものではない。グローバル化はローカル化と対になって進行する点にも注目しておきたい。また、気になる点を加えれば、答申が一方で個性や主体性を強調しながら、他方において子どもは「学ばせ」られ、「身に付けさせ」られ、「育成」され、揚げ句の果ては「態度」や「愛情」まで「育て」られる客体として位置付けられていることである。（答申文中の傍線は引用者）

次に、答申のいう「流行」つまりここで言うグローバル化に関係する事柄については第三部で詳しく論じられているが、注目すべき指摘も幾つかある。地球環境問題など地球規模の問題が深刻化しつつあるが、「これらの問題の解決に当たっては、国際的な協調が不可欠となっている」と指摘し、「国際化の進展は、人と人との相互理解・相互交流が基本となるものであり、その意味で、教育の果たす役割は、ますます重要なものとなる」と述べ、留意点の一つとして「広い視野を持ち、異文化を理解するとともに、これを尊重する態度や異なる文化を持った人々と共に生きていく資質や能力の育成を図ること」を挙げている。確かにそうであろう。ところが同時に「日本人として、……自己の確立を図ること」をも謳っている。我々は「異文化」と出会うといやが上にも「日本人」（日本的思考様式・行動様式）を意識させられる。それをことさら「日本人として、……自己の確立を図る」よう求めるのは、却って「異文化」に対してバリアを設け、殻に籠もってしまうことになるであろう。日本の家庭・地域社会で育った子どもは既に「日本（人）」的思考様式・行動様式を学習している。だからこそ子ども社会で「異質」なものに対する「いじめ」が起こっているのである。むしろ「特に重要と考えられることは、多様な異文化の生活・習慣・価値観などについて、『どちらが正しく、どちらが誤っている』ということではなく、『違い』を『違い』として認識していく態度や相互に共通している点を見つけていく態度、相互の歴史的伝統・多元的な価値観を尊重し合う態度などを育成していくことである。」「一つのものの見方や考え方にとらわれて、異なる文化・生活・習慣などを断定的に評価するようなことは、子供たちをいたずらに偏見や誤った理解に陥らせる基になりかねず、決してあってはならないことである。」というのは、誠にもっともな指摘である。ところが、このことに答申が対置している「自分自身の座標軸」としての「日本人として」の「自己の確立」論は、余りにも硬直化しているように思われる。「日本人として」の「自己の確立」がなければ、「相手からも理解されず」「相手を理解することもでき」ず、「国際的にも評価されない」のであろうか。「個人としての自己の確立」があれば（目指されれば）、自国の歴史的伝統に基づく「日本（人）」的思考様式・行動様式に囚われなくとも、相手から理解され、相手を理解することはできる。文化（民族）の異なる両親の間に生まれ育っても、国際的に評価される人は少なくない。それがグローバル化社会である。自国の歴史に限らず、過去の過ちや矛盾を含め、歴史を学ぶことは大切なことである。そのことともに、「個人史」の「違い」を「違い」として相互に尊重し合うことも大切である。つまり、「日本人」づくりに縛られた（囲い込まれた）「国民形成」機能としての「公教育」には、もはや大きな矛盾と限界があると言わざるを得ない。

なお、「外国語教育の改善」の中で「中学校・高等学校の外国語教育は、現在、圧倒的に英語教育となっているが、これからの国際化の進展を考えるとき、生徒が様々な言語に触れることは極めて意義のあることであり、今後は学校の実態や生徒の興味・関心等に応じて、多くの外国語に触れることができるような配慮をしていくことも必要であろう」と指摘している点は注目しておきたい。

また、「海外から帰国した子供たちの教育の改善・充実」の中の「これからの課題として、海外から帰国した子供たちの特性を伸ばすための指導内容・指導方法等の研究開発をさらに充実するとともに、帰国した子供たち、日本に在留している外国人の子供たち及び一般の子供たちが共に学ぶ、異文化・異言語に開かれた教育の在り方についても研究開発を行っていくことが必要であろう。」「海外から帰国する子供たちをいかに円滑に受け入れるかは、ある意味で、我が国の学校教育の柔軟性が問われる課題である。」「我が国の学校が、異文化・異言語に開かれた学校になっていくこと、そして、外国人の子供たちに対しても、柔軟な受け入れ体制を整えていくことなどが必要である。」という指摘にも注目しておきたい。何故なら、近代国家は公教育を通して文化や言語の同化によって国民意識の統合を図ってきたが、その機能に変化の兆しが生じる可能性があるからである。

最後に、答申の「環境問題と教育」について見ておこう。「社会経済活動の拡大や人口の増大は、環境の持つ復元能力を超え、地球温暖化、……など人類の生存基盤である地球環境そのものに取り返しのつかない影響を及ぼすおそれを生じさせている。こうした近年における地球環境問題の深刻化は、我々に改めて地球の有限性について気づかせると同時に、大量生産・大量消費・大量廃棄型の現代文明と生活様式の在り方に問いを投げかけている。」「このような環境問題に対応するには、地球規模で協調して取組を進める必要があり、この面においても、我が国は、国際社会に貢献していく必要がある。」「そして、今、一人一人が『宇宙船地球号』の乗組員の一員であるという全地球的な視野を持つと同時に、人間と環境とのかかわりについて理解を深め、自然と共生し、いかに身近なところから、具体的な行動を進めるかが極めて重要な課題となっている。」「このように環境問題は、極めて幅の広い問題であり、したがって、環境教育も、その対象は、身近な身の回りの問題から地球規模の問題までの広がりを持ち、その学習領域も自然科学・社会科学の分野から一人一人の感性や心の問題にまで及んでいる。」と指摘し、学校教育のみならず、家庭・地域社会における取り組みも提起しているが、「現在、幾つかの中学校において、子供たちが主体となり、環境観測と世界的な環境データの共有を行うことを目的に、……観測・調査し、そのデータをインターネットを通して交換し、国際協力をするという『環境のための地球規模の学習及び観測プログラム（GLOBE計画）』への取組がなされている。環境問題が地球全体の問題であることを考えると、こうしたインターネットなどの情報通信ネットワークを活用して、世界の様々な地域の学校や施設などとの交流を進めながら、環境教育を行っていくことも有意義なことと考えられる。」とも指摘している。いずれも重要な指摘であるが、さらに、NGOやNPO（非営利組織）等の国境を越えた市民運動の役割も重要であり、それらと教育の連携、及びグローバル教育の国際的構築が求められよう。また、答申に欠けている重要な視点（論点）の一つを指摘するに留めると、「平和教育」の国際的構築である。それには、それぞれの自国の「歴史」の見直しとその相互検証によって真の「世界史」認識を探る共同作業や、国際紛争に関わるあらゆる国や地域の人々（子どもたち）とのインターネット等を通じたコミュニケーションも含まれよう。

つまり、二一世紀の公教育と教育経営に求められているのは、「日本国民」の形成ではなく、「地球市民」を育む環境（条件）を用意することであろう。

**参考文献**


(1) R・ギルピン著、佐藤、竹内監、大蔵省世界システム研究会訳『世界システムの政治経済学』東洋経済新報社、一九九〇年。
(2) 小島明『グローバリゼーション』中央公論社、一九九〇年。
(3) P・F・ドラッカー著、上田、佐々木、田代訳『ポスト資本主義社会』ダイヤモンド社、一九九三年。
(4) 佐藤照雄編代『国際理解教育体系』教育出版センター、一九九三年。
(5) A・ギデンズ著、松尾精文、小幡正敏訳『近代とはいかなる時代か?』而立書房、一九九三年。
(6) R・ハイルブローナー著、中村、吉田訳『二一世紀の資本主義』ダイヤモンド社、一九九四年。
(7) 本多健吉、新保博彦編『世界システムの現代的構造』日本評論社、一九九四年。
(8) 天野正治、他監『国際理解教育と教育実践』エムティ出版、一九九四年。
(9) 藤原孝章『外国人労働者問題をどう教えるか』明石書店、一九九四年。
(10) 藤原孝章編『外国人労働者問題と多文化教育』明石書店、一九九五年。
(11) 宮島喬、梶田孝道編『外国人労働者から市民へ』有斐閣、一九九六年。
(12) イ・ヨンスク『「国語」という思想』岩波書店、一九九六年。
(13) J・F・ルヴェル著、萩野弘巳訳『グローバル・デモクラシー』青土社、一九九七年。
(14) 内山秀夫、薬師寺泰蔵編『グローバル・デモクラシーの政治世界』有信堂高文社、一九九七年。
(15) 「地球化時代の教育」『軍縮問題資料』(№一九七　吉田良雄編)宇都宮軍縮研究室、一九九七年。
(16) ましこ　ひでのり『イデオロギーとしての「日本」』三元社、一九九七年。
(17) D・ヒックス、M・スタイナー編、岩崎裕保監訳『地球市民教育のすすめかた』明石書店、一九九七年。
(18) I・ウォーラーステイン著、松岡利道訳『アフター・リベラリズム』藤原書店、一九九七年。
(19) R・ロバートソン著、阿部美哉訳『グローバリゼーション』東京大学出版会、一九九七年。
(20) 中村拡三監修『解放教育のグローバリゼーション』明治図書出版、一九九七年。
(21) G・パイク、D・セルビー著、中川喜代子監、阿久澤麻理子訳『地球市民を育む学習』明石書店、一九九七年。

(22) 星野智『世界システムの政治学』晃洋書房、一九九七年。
(23) 「国家が消滅するとき」『大航海』(№二〇　三浦雅士編) 新書館、一九九八年。
(24) アジア・太平洋人権情報センター『問われる多文化共生』ヒューライツ大阪、一九九八年。
(25) TNC政策研究グループ『グローバル時代の教育戦略』アルク、一九九八年。
(26) 西川長夫『国民国家論の射程』柏書房、一九九八年。
(27) 「ウォーラーステイン以後」『大航海』(№二一　三浦雅士編) 新書館、一九九八年。
(28) 熊谷一乗、国祐道広、嶺井正也編『転換期の教育政策』八月書館、一九九八年。
(29) 佐伯胖、他編『国際化時代の教育』岩波書店、一九九八年。
(30) 「世界システム論とウォーラーステイン」『情況』(二―九―五　古賀暹編) 情況出版、一九九八年。
(31) 「崩壊する『日本的システム』」『情況』(二―九―六　古賀暹編) 情況出版、一九九八年。
(32) 文部省編『我が国の文教施策』(平成一〇年度) 大蔵省印刷局、一九九八年。
(33) 猪口孝、佐伯啓思、桜井哲夫「国家とグローバリズム」『毎日新聞』毎日新聞社、一九九八年一〇月七日―一三日。
(34) 山田信行『階級・国家・世界システム』ミネルヴァ書房、一九九八年。
(35) 「グローバリゼーション」『情況』(二―九―一〇　古賀暹編) 情況出版、一九九八年。
(36) 「地球市民を創る教育」『軍縮問題資料』(№二二一　吉田良雄編) 宇都宮軍縮研究室、一九九九年。

(文献(28)所収拙稿「変容する国家と教育政策」と重複する参考文献は割愛した。)

(国祐　道広)

# 3章　情報化社会における公教育システム

## はじめに

本章の目的は、情報化社会が公教育システムに及ぼす影響を検討することにある。情報化とよばれる現象が、教育のあらゆる部分にその影響を与えていることはほぼ確かなようである。事実、近年の様々な教育施策が情報化への対応を前面に打ち出していることからも、このことは容易に推察できる。また一方で、社会の情報化は市民生活にも、したがって、市民の意識にも多大な影響をあたえていることは言うまでもない。そうした意識の変化は、公教育システムを問い直す契機となるのに十分であり、公教育の転換への期待が高まっていることは否定できない。

そこで本章では、近年の教育施策を情報化への対応という面を中心に検討し、次いで、情報化とよばれる社会変化を教育への影響力という面から分析することを通して、今後の展望と課題を論じることとしたい。

# 一節　情報化に対応した教育改革

## 1　情報化社会論の概観

我が国で、社会の情報化を初めて論じたのは、梅棹忠夫（一九六二）の「情報産業論」であったとされる。同論文は情報化という語は用いていないが、「何らかの情報を組織的に提供する産業」を情報産業と位置づけており、第二次大戦後急速に発展成長した放送業を考察の始点としながら、その概念を敷延し、組織された教育制度もまた情報産業と捉えたことに注目したい。[(1)] 学校教育の発達自体が情報化の促進であることを意味することになるからである。

その後、情報化社会論は一九六〇年代後半から七〇年代前半の最初の流行期を通じて、八〇年代以降、第二の流行期を迎える。[(2)] いずれの時期においても、技術革新によって新たな情報通信機器が生み出された時期と一致するのは、必ずしも偶然とは言えない。

佐藤俊樹（一九九六）によれば、情報化社会論を語る場合に、技術の変化が社会の仕組みにどうか変わってくるかを論じるうえで大きな二つの系統があるという。[(3)] 七〇年代前半には、社会の頭脳がコンピュータ・システムによって置き換えられることで社会が変わっていくという「電脳社会論」が展開されるとともに、コンピュータによって最適制御する「システム化」という概念が唱道された。教育経営においても「最適化」という術語が注目されたのは周知のとおりである。八〇年代後半からは、社会の「神経」＝コミュニケーションの流れをコンピュータ・システムに置き換えることで社会が変わっていくという「メディア社会論」が登場してきた。

情報化社会のあり方に対する疑問も、情報化社会を喧伝する議論とともに展開されてきた。たとえば、情報化社会の特徴の一つとして、多様で大量の情報が氾濫しているということがまず指摘できよう。文字どおりの「ブロードキャスト（broadcast）」（「広範囲にばらまく」が原義）が発達し、さらには電子メディアの普及によってこの傾向は加速度的に強まっていく。ところが、こうした情報の氾濫は情報の劣化という現象を引き起こし、情報に対する意欲の減退を引き起こすと、O・E・クラップ（一九八八）は指摘している。[4] 言うまでもなく、そのような情報が価値を持ったとしても寿命は極めて短い。

新堀通也（一九七三）はこのような情報化社会のパラドックスによって、生涯教育を阻む反主知主義ないしは非合理主義的な風潮が生まれる危険性を指摘している。[5] 情報化社会では、情報獲得が容易であり、しかも平易に要約され解説されて、誰にも理解できる形で伝達されるようになっている。それらは、単純なスローガンやキャッチフレーズなど、大衆の情緒に訴える断片的な刺激として伝達される。そしてこのような傾向は学校というかつての情報源への敬意の失墜とあいまって、知識の内在的価値を軽視する風潮を助長する危険性があるという。

これらの指摘は情報化社会のポジティブな特徴と表裏一体の関係にある。その意味において、情報化施策に関する答申で用いられている情報化社会の「影」という表現は適切であろう。「光」がなければ「影」は存在しないからである。しかし、光と影を分離可能なものとしてとらえている点には疑問が残る。むしろ切断不可能な二面性をもつものとしてとらえ、その長所と短所をどれほど的確に発見し自覚するかという点が強調されるべきであり、教育に携わる者が常に明確に意識しておかねばならない課題である。

## 2　教育改革施策の流れ

我が国の情報化に対応した教育施策は、コンピュータの発達とともに開始された。例えば、「情報（化）社会」という術語の定着のきっかけを作ったと考えられる一九六九年産業構造審議会情報産業部会答申の中では、[6]「（コンピュータによる）情報処理教育」を「政府の取るべき施策」の第一に掲げている。

情報化社会という文脈の中で教育改革を提言したのは、一九八四年に発足した臨時教育審議会である。ここでは、同審議会の答申を中心として情報化社会における教育の語られ方を概観することとする。その後の情報化社会への対応の基本的な枠組みが同審議会の答申にすでに提示されていると考えられるからである。

同審議会は、その第一次答申の「第一部　教育改革の基本方向、第四節　改革の基本的考え方」において教育改革の基本的な柱の一つとして「情報化への対応」をあげ、情報化の進展による各種メディアの功罪に対して「教育がどう対応すべきか」という側面と、「情報科学、情報技術などの成果をいかに導入、利用すべきか」という二つの側面から「学校教育、社会教育、その他の教育諸機能の全体を見直す必要がある」という基本的な考え方を示している。

ここでは、情報化社会を構成する諸メディアを教育の対象としてとらえる視点と、教育の手段として活用するという視点の二面が明白にとらえられている。高桑康雄（一九九二）の指摘するとおり、この二つは教育の今日的課題を情報手段という視点から考える上での重要な視点であり[7]、端的に情報化へ「対応する」教育が意図されていることが読み取れる。

さらに、この第一次答申の中では、「第二部　本審議会の主要課題」のなかで「社会の情報化を真に人々の生活の向上に役立てるうえで、人々が主体的な選択により情報を使いこなす力を身に付けることが今後重要である。また、各種ニューメディアの発展に伴い、家庭、学校、社会を通じ、従来の教育システムを生涯学習社会の建設に向けて柔軟なものへと転換することが必要である」という観点から、「家庭、学校、地域を通じた教育へのニューメディアの健全な活用、情報化社会における教育内容、方法、情報化社会に対応した人材の育成等について検討する」ことを提唱し、情報化への対応が公教育システムの再編をも視野に入れた改革になりうるとの認識も示している。

「人々が主体的な選択により情報を使いこなす力を身に付けること」とは、後の答申で出される情報活用能力の育成を示唆するものであることは言うまでもないが、情報化の文脈の中で「柔軟な教育システム」を謳っていることに注目すべきであろう。

たしかに、柔軟性それ自体が公教育システムのどのような改変、あるいは再構築を意味するのかには触れられていない。例えば後に触れるようなインターネット上での学習組織などは想定されていなかったと思われる。しかしながら、生涯学習への転換といった大きな方向性が示されるなかで「柔軟性」という情報化社会を語るキーワードのひとつが盛り込まれている点には注目しておきたい。ここで出された「柔軟性」への転換という方向性は、その後の教育施策において実現化されることとなるからである。

以上のような第一次答申の後、第二次答申においては「社会の情報化に備えた教育を本格的に展開する」「すべての教育機関活性化のために情報手段の潜在力を活用する」「情報化の影を補い、教育環境の人間化に光をあてる」という情報化に対応した教育に関する原則が示され、「情報活用能力」の育成が盛り込まれるが、これ以降の答申では「情報化」をほぼ「コンピュータの利用」と読み替えても差し支えないような方向に収斂させている。これは後に見るように、コンピュータの発達がある意味において教育にとって「革命的な」ものとして受け取られたことと関連があると思われる。

臨時教育審議会の第四次（最終）答申とほぼ時を同じくして、一九八七年の教育課程審議会答申では「情報の理解、選択、整理、処理、創造などに必要な能力及びコンピュータ等の情報手段を活用する能力と態度の育成」を提唱し、あわせて「情報化のもたらす様々な影響についても配慮する」ことを求めている。一九八九年告示の学習指導要領の中でも「情報化への対応」がほぼこれまでの流れを受ける形で、盛り込まれることとなった。

一九九六年以降の諸答申・諸報告では、情報化社会ということばの中に、ネットワーク化を射程にすえた提言が読み取れる。たとえば、「情報化の進展に対応した初等中等教育における情報教育の推進等に関する調査協力者会議」の第一次報告の中では、「高度情報通信社会」ということばが用いられ、「高度情報通信社会という言葉に違和感がなくなるほど、昨今の情報化の進展は著しく、我々の生活様式のみならず社会の様々なシステムを変更しつつある」という認識が示されている。そこでは、情報活用能力を中心にすえた、体系的な情報教育カリキュラムの編成が必要であるとされ、中学校および高等学校で独立教科「情報」の設置も、二〇〇二年度実施予定の学習指導要領への提言として打ち出されている。

以上、情報化に対応するための教育方策を概観したが、学校における教育の情報化は、教育とコンピュータの関係を中心としながら、情報化社会への取り組みを意図するものであった。そしてここでも、テクノロジープッシュによる学校へのコンピュータ導入の様子が見てとれる。しかしながら、そのような情報教育のなかにこそ、情報化を考えるうえでの鍵が潜んでいるように思われる。そこで、次に、教育の中でコンピュータを中心とした情報化がどのように展開されてきたのかを概観することとする。

## 3　教育における情報化＝学校でのコンピュータ利用

教育における情報化の問題もまた、技術開発と同時に展開されてきた。例えば、坂本旬（一九九六）は、これまで情報教育に関わる問題がもっぱら「教育工学」のテーマであったことを指摘し、教育学固有の問題によって情報教育の問題が論じられることはほとんどなかったと言う。[8]実際、その善悪の判断は保留したまま、コンピュータは学校へ導入されてきたのである。

我が国におけるコンピュータ教育が本格的に展開しはじめたのは、一九八五年とされている。[9]当時の学校における普及率を示すものとして、一九八三年と一九八六年の数字を参照してみると、この三年間にとくに高等学校で際だって普及率が上昇していることがわかる。[10]

しかしながら、当時はコンピュータが普及しつつあるとはいえ学校に定着し、活用されているとは言えない状況があった。昭和六一年の調査によれば、保有状況のもっとも高い高等学校では比較的利用度は高いが、中学校と小学校では八割以上の学校で教員の利用がゼロとなっていた。コンピュータがその数年間のうちに急速に発達してきたことを考慮に入れれば、やむをえない状況であったかもしれない。しかし少なくとも現場の教職員に対するこの面での研修機会が十分に保障されていたとは言えず、行政上の対応が後手に回っていた。[11]そのため、以降の中央教育審議会答申、教員養成課程審議会答申等において、教員へのコンピュータリテラシー養成が強調されたのは周知のとおりである。

ところで、コンピュータの利用形態にも変化が見られることに注目しておきたい。例えば、日本より先にコンピュータが普及したアメリカでは、導入後数年のうちにコンピュータの数学的な利用の比率が下がる一方で、文書処理や画像処理などの非数理的処理のための利用割合が高まり、さらには、電信・電話などの既存のメディアと一体化することで、データベースなどを利用するためのコミュニケーション手段としても位置づけられるようになったことが報告されている(12)。

我が国のコンピュータ利用の形態にも同様の変化が見られる。とくに一台一台が孤立して配置された当初の時期には、コンピュータを〈目的〉とした教育という面と、〈手段〉とした教育という面の二つが強調された。その後コンピュータの周辺装置およびコンピュータ間の接続環境の改良に伴って、ネットワーク化が進み始めると手段としての利用、とくにコミュニケーション装置としての利用が強調されるようになった。そして後に触れるように、その先には情報ネットワークにより構築される新たな社会像が見えてきたのである(13)。

## 4 「新しい学力観」と情報教育

臨時教育審議会答申をほぼ継承した形で一九八九年三月に告示された学習指導要領では、その基本理念を表現するキャッチフレーズとして、「新しい学力観」ないしは「新学力観」という語が用いられその後定着してきた。文部省の指導書によれば、この「新しい学力観」では「自ら学ぶ意欲や社会の変化に主体的に対応できる能力」をこれからの教育において「育成すべき中心的な学力」と見る。そのため、「これからの教育においては、これまでの知識や技能を共通的に身に付けさせることを重視して進められてきた学習指導のあり方を根本的に見直し、こどもたちが進んで課題を見付け、自ら考え、主体的に判断したり、表現したりして、解決することができる資質や能力の育成を重視する学習指導へと転換を図る必要がある」としている(14)。ここには情報化という社会変化を見据えた教育の理念が読みとれる。

今井康雄(一九九八)は、一九七〇年ごろから消費社会ないしは情報化社会によってもたらされた「生活の美学化」を現代の教育の変節の鍵ととらえ、新しい学力観の中に読みとれる学習を支える価値は、メタレベルの能力の獲得で見出される〈美的〉感覚であるとしている[15]。

新しい学力観に基づく学習を支えるものは特定の知識の真理としての価値や、特定の技能の道具的な価値ではなく、学習の過程それ自体の中で味わう「楽しさ」や「充実感」である。つまり、子どもたちはメタレベルの能力を獲得していく過程の中で「楽しさ」や「充実感」の体験に先導されるのである。このような学習過程をメタレベルの能力へと結びつける能力の育成は、「情報化への対応」以降、教育の今日的課題である情報活用能力の育成と深いつながりがある。坂本旬が指摘するように、今日の情報教育の理念の中心にあるのは「主体性」や「創造性」、「表現力」の重視であり、いわゆる「新学力観」と「情報教育」の結合である[16]。

初期のコンピュータにかかわる教育がコンピュータ自体を教育の目的とし、コンピュータについての知識やその操作技能の習得に重点を置いていたのに対して、近年の教育はコンピュータを学習の手段として活用する方向に変わってきた。コンピュータというメディアを用いて、主体的かつ創造的に情報を探索し、操作し、さらには自己を表現するという体験を通じて獲得することが期待されているのは、メタレベルの学習能力にほかならない。

岡東壽隆(一九九六)も、「新しい学力観」を、教え込む「教育」から子ども自らが学ぶ「学習」へのパラダイムシフトを要請しているものだと述べている[17]。岡東の指摘する教授=学習の関係性の再構築は、社会の情報化という変化のなかで「学ぶこと」の価値が相対的に高まることを指摘するものであるが、新しい学力観は学習観そのものの転換を前面に打ち出しているという意味においてもパラダイムの転換を求めるものであるといえよう。

以上のように、情報化に対応した教育改革の中に位置づけられる「新学力観」から生み出されてくるものは、「教える=学ぶ」の関係そのものに対する考え方を将来的には変えていく可能性を持つものである。そしてこのことは、必然的に人々の学校に対する認識をも変えていくことになるだろう。そこで、あらためて情報化社会とはどのようなものとして捉えられているかを概観し、公教育原理との関係を見ていくことにしよう。

## 二節　公教育システムの変化

これまで教育現場へのコンピュータの導入、教育内容の情報化への対応といった情況を論じてきたが、次にこのような社会の情報化が公教育という社会制度にどのような影響を与えつつあるのかに視線を向けてみたい。そのために、現代の公教育制度を支える学校のウチとソトの問題として捉えることを試みる。

### 1　生涯学習体系

まず、情報化社会における多様化は、学習機会の多様化を促していることを指摘しておこう。とくに生涯学習体型への転換である。情報化社会論が登場して間もない一九七三年に新堀通也は生涯教育という考え方が情報化社会の出現と密接に結びついていることを指摘している。[18] 一つには科学技術の発達に伴い、生みだされ続ける情報、つまり新たな知識や技術は、到底人生の一時期に過ぎない学校教育の中で覆いきれるものではないからである。また一つには、情報通信技術の発達によってコミュニケーションの形態が変わり、学習の組織の仕方においても大きな変革が生まれ、様々な学習機会を構築できるという期待が高まっているからである。[19] 後者についてインターネットに代表されるネットワークの可能性を探ってみたい。

まず、同一の空間を共有する必要がなくなるという点に注目しておく必要がある。通信手段の発達は情報の発信者と受信者が同じ場所にいなければならないという、空間の共有という問題を解消した。それは、同時に、情報の発信者と受信者が同一の時間を共有しなければならないという問題も同時に解消している。

教育といえば、ある一定の時間と場所を共有して行われる一斉指導が想定されるが、必ずしもそれが唯一の形態ではない。とくに、近年の情報通信網の発達は、時間の共有の長所を生かしたまま、空間的分離という壁を克服するものとなっている。衛星通信などの例をあげるまでもなく、マスメディアを介して離れた場所の事柄をその同じ時間に目撃することも日常的になっている。当然ながら、従来のマスメディアの欠点であった一方向の情報伝達も、双方向の情報通信が可能となるような技術開発が継続され、さらに通信メディアはパーソナル化の方向に進展している。

インターネット上で既に見られるように、個人の側からの情報発信も容易になってきている。例えばホームページと称されるものが公開され、個人の情報が発信されている。初期のインターネット関連の解説書では、ホームページをつくることで個人を世界に向かって発信できるといった、非常に楽天的なものも見られたが、個人が自己表現の機会を持ったという意味は大きい。

不特定多数のインターネット閲覧者に対して自己を表現する一方で、匿名による情報発信が行われるのもインターネット上の世界の特徴でもある。チャットルーム（談話室）では、匿名での書き込みが行われ、見知らぬ者どうしでの情報交換が行われている。ここで、興味深いのは、何かを知りたいという書き込みに対して、多くの回答が寄せられていることである。それが周囲にとってはたわいのないやり取りであっても、意見の交換者たちには切実な情報の交換である。そうした情報交換には数人から十数人の人々が関わっている場合もあり、ボランティア的な学習のネットワークが成立しているように見える。[20]

何らかのメディアを介して、空間と時間の共有なしに行われる活動は、一見、教育活動と学習活動が共時的には生起しないものとなる。いうまでもなく従来型のメディアが基本的には一方向性のものだったからである。しかしながら、インターネットなどネットワーク型の情報空間の中では、「教える側」と「教えられる側」という役割分担が交換可能であり、かつ流動的になりえるのであり、共生的な教授と学習の関係が成立する可能性が高い。佐藤学（一九九二）が「学習共同体」と呼ぶ、多様な文化を担った人々が出会い、多様な文化の交流を通して共同で学習

する場となることも期待できる。(21)

## 2　学校経営の変化

情報化社会における多様性と差異化の原理は、学校の多様化と差異化を促していくことが予想される。このことは一九九八年の第一六期中央教育審議会の最終答申（以下、同答申とする）のなかにも読みとることができる。「今後の地方教育行政の在り方について」と題された同答申は、教育行政における国、都道府県及び市町村の役割分担の在り方についての検討を柱としており、その第三章のなかで学校の自主性・自律性の確立を論じている。その中で「全体として横並び意識が強く個性や特色ある学校づくりへの取り組みが不十分であることなどから、公立学校が全体として没個性的になっている」との指摘は、横並びと没個性からの脱却、すなわち個性や特色ある学校づくりを志向するものであり、学校制度改革の中に多様化と差異化の方向性を打ち出していることがわかる。

### (1)　情報化社会における自律性

情報化社会は多様で多量な情報の流通する社会であり、その情報価値の判断は基本的には主体性と自律性という概念に求められる。したがって、情報の受信者となるものが能動的な受信を行ない、送信者が主体的で創造的な情報を発信する。そこで、求められるのは自己責任の原理であるはずだ。すなわち、情報化社会の情報の波に押し流されないためには、主体の自律性を前提にしか個は成立しえないはずである。それでは、学校という主体を措定したときに、その〈自律性〉を情報化の文脈でどう捉えることができるであろうか。

同答申では、教育委員会と学校の関係について、「教育委員会の関与を整理縮小し、学校の裁量権限を拡大する観点から、学校管理規則の在り方についてその運用を含め幅広く見直すこと」などを提唱している。換言すれば、従来から述べられてきた学校の〈自律性〉は一言で言えば受動的な自律性とでもよべるものであることが分かる。学校は、教育委員会等の他者が生み出す情報を取捨選択し、自己に有利で有益な情報を獲得し、知識化していくことによって、少なくとも他者に遅れをとることがない、という程度の自律が可能だったはずである。それは例えば地方教育行政における指導・助言によって、実質的には一律の水準を維持することが保証され、安定した基盤の上において語られた学校の自律性であったはずである。そのため学校は基本的に似かよったものだということが承認されてきた。

しかるに情報化社会における自律性は、その個体独自の意味世界を拡大していくことに求められるはずである。同答申の文言に準じれば、学校裁量権限の拡大である。多様な情報が交錯する中で、その組織が情報洪水の中に埋没しないためには、自らが情報を創造し発信していくことで個性を表出することが要求されることになるはずである。とくに、情報化社会における〈差異化〉の原理はこのことを促進する。

公教育という枠の中でも学校の自律的独自性は、その価値をさらに増大させていくことが予想される。いうまでもなく独自性とは他者との差異である。例えば、得意種目による全国大会への出場、斬新な校舎建築、著名デザイナーの意匠による制服の採用などは、外的なイメージ戦略として重要な意味を持つはずである。言うまでもなく私立学校においては、このような情報戦略は差異化のための欠くべからざる手段となっているが、必然的に公立学校にも波及していくものと考えられる。

以上のような学校経営の自律性は、その学校における教育の具体的基盤となる教育課程の編成において最も顕著に表われる。当該の学校の教育理念は教育課程を通じて具現化されるという意味において、教育課程の編成は新たな意味づけの契機となる可能性が高い。二〇〇〇年度から導入された「総合的な学習の時間」では、各学校の創意工夫による運営が求められているが、真剣に取り組み、効果を高めようと努力すればするほど、実践的には解決すべき多大な課題が課せられる。しかしながら、そうした問題解決を通じて、例えばシャイン（一九八四）の指摘するような、その学校における独自の組織文化を構築していくことにもなる。(22) 文化とは情報を処理するための枠組み、すなわち知識枠組みであるから、独自の文化を醸成していくことで、さらなる知識枠組みの拡大を図ることができよう。

このことは組織運営にあたって、スタッフの創意と工夫を奨励するような経営戦略が不可欠になることを意味する。野中郁次郎(一九八五)は、組織に対する多様な情報負荷に対処するためには、組織内部に同等かそれ以上の多様性を持つことが必要だと言う[23]。それによって、学校の組織内部に創発的な文化を構築していくことが求められる。そのためには、学校という組織を内部からも開いていくことが求められることになるだろう。

### (2) 開かれた学校

情報化社会のボーダレス化という特徴は、生涯学習機関として学校を開くという意味だけでなく、学校の情報公開、地域住民の学校運営への参画といった情報レベルでの学校の開放を進展させる可能性を持つ。

先に触れたように、同答申では学校裁量権限の拡大の提起に対応して教育委員会における学校管理規則の見直しを求めている。それは同時に、学校が自律的に教育活動を展開していくうえでの鍵であるが、各学校の組織的な情報処理能力の向上なしには達成不可能である。例えば、その地域に根差した特色ある学校づくりをするためには、まずその地域の文化や風土の特色、ニーズを的確に把握しなければならない。さらにそれを教育課程編成にも反映させるためには、その情報を収集し、的確に分析しながら学校独自の教育理念に照らし合わせながら、新たな価値づけを行なっていくことが重要になるであろう。それは抽象的に表現するならば学校の情報処理能力に依存することとなる。

また、そのためには学校運営組織がそのような情報のマネジメントを効果的に行なえるような形に組み替えられなければならないことを意味する。同答申においては、主任制、職員会議、企画委員会などの組織体制の確立が重要とされているが、情報処理能力という観点からすれば、組織内に多様性を確保し、異質な情報をできる限り採り入れることが可能な組織づくりをすることが求められる。既に述べたように、情報化社会は多様な価値に基づく情報が組織に対して負荷としてかかる。それゆえ、野中郁次郎の指摘するような組織内部での「ゆらぎ」を持ち続け

ることが重要だと考えられる。(24)

そのためにも、「学校を開かれたものとするとともに、学校の経営責任を明らかにするための取組」として地域住民の学校運営への参画という同答申の指摘は重要である。同答申においては、地域の実情に応じて学校評議員を設けることなどが提案されているが、教師だけでなく、子ども、親さらには地域住民を含めた参画を促すためには、学校運営における透明性を確保することも重要である。

とくに、公教育という視点からは、坂本秀夫（一九九七）が指摘するような情報公開という学校の説明責任が重要になる。坂本は、「学校が情報を子どもや親に知らせないのが当然であると考えてきたのは、学校の自律性というものを教師だけの自治と考えたから」ではないか、また、「教師の専門性を、子どもや親はしろうととして排除する、という方向で考えてきた」という疑念を呈しながら、「そのような古い学校の自律観や教育専門性観から脱皮することで、開かれた学校をつくる重要性を説きながら、「情報公開・開示は学校にとって、外圧などではない。むしろそれを積極的に内発的な自己改造のチャンスにしなければならない」と論じている。(25)

情報化社会においては匿名の中傷など不確定な情報もまた流れやすいという一面がある。仮にそのような情報の流布を防止するうえでも、学校運営にかかわる情報についてもできる限り公のものとして議論の俎上に載せることも重要であろう。例えば、答申の提言するような自己評価の公開だけではなく、子ども、親さらには地域住民を含めた学校評価も視野に含めることができよう。その際に、明白で多様な尺度において評価するという点を欠くことはできない。学校の多様な意味世界を一面的に評価するのは、かえって情報空間の閉鎖という自体を招く恐れが強いからである。

最後に、コンピュータを中心とした情報通信手段の変化による学校組織の枠組み変化の可能性も指摘しておきたい。例えば、天笠茂（一九九二）はとくに学校の情報管理という側面から考察を加え、静態的な情報管理から動態的なそれへと転換を図ることが必要であるとしている。そのために、情報そのものを重視した経営過程を採用し、問題解決に活かされるような情報管理を推進すること、さらに、ネットワーク化によって、学校間、学校と各種教育機関等との連繋を図ることが提案されている。そうした動態的な情報管理によって、学校内部システム自体の改善を志向しその促進要件も含まれると論じている。[26]

企業組織等で運用されているLAN（Local Area Network）もまた学校組織内部のコミュニケーション形態を変える可能性を持つが、職員室や対面状況という場の空間性を重視する学校にあっては、メディアに媒介された情報交換は好まれないかもしれない。むしろ、外部との接触の垣根が低くなることのほうが、学校組織に対してはより影響が大きいと考えられる。例えば、インターネットのホームページによる情報発信に対して外部からのコメント等が寄せられることで、情報レベルでは開かれた関係を構築することが可能になるだろう。対面状況であれば遠慮されるような内容でも電子メールを介することで発言しやすくなり、組織内部にとっては文字どおり忌憚のない意見を受け付けることができる。

たしかに、匿名者からの中傷の電子メールや外部からのネットワークへの無法侵入等の情報犯罪など、既に現実的に起きているネガティブな面も存在する。しかしながら、そのような危惧を差し引いてもそれぞれの学校が創造的な活動の一環として情報を発信し、また可能な限りの情報開示という方法で学校の説明責任を果たすことの意義の方がはるかに大きいと考えられる。その点からも簡便な情報ネットワークが構築される意味は大きい。

## おわりに――展望と課題

社会の情報化に対応して、多様な学習のあり方と学校への関わりを保証できる公教育システムの構築が要請されているのは明らかであろう。しかしながら、そこには同時に公教育システムそのものに対して、公共性、機会均等、中立性というこれまでの公教育を支えてきた基本原理を維持しながら、市場原理を生みの親とする社会の情報化といかに整合性を確保するかという当面の大きな課題が残っている。さらには、情報化社会の進展に伴う諸変化によって、様々な問題が実体的に明らかになってくるであろうし、それらの多くが知のあり方や人間のあり方に関わるものであり、すなわち教育学の課題として常に提起され続けることであろう。それは同時に、公教育システムにとっての新たな問いかけとして生まれ続ける可能性があることも銘記されねばならない。

しかしながら、ここまでみてきたように技術革新によって引き起こされた様々な変化を社会全体としては、その中に組み込んできたことも明白である。同様に、公教育システム自体もそうした自己組織的な作用によって、情報化のもたらす様々な変化を組み込んでいく可能性が強い。自己組織化論で提唱されるように、多様性という混沌から新たな秩序を創造していくというシステムの自省的機能[27]がここにたちあらわれてくることは十分に考えられる。その方向性が概ね多様性と開放性を用いた柔らかなものに向かうのは、まさに情報化社会の方向性と一致するものではないだろうか。

**註**

(1) 梅棹忠夫「情報産業論」一九六二年(梅棹忠夫『情報の文明学』中央公論社、一九八八年、二七―五二頁に掲載。同書三一頁より)。

(2) 佐藤俊樹『ノイマンの夢・近代の欲望――情報化社会を解体する』講談社、一九九六年、三一―三三頁。

(3) 佐藤俊樹、前掲書、五三―六二頁。なお、佐藤俊樹氏はこうした「情報化社会論」言説そのものに強い疑問を投げかけている。

(4) O・E・クラップ著、小池和子訳『過剰と退屈――情報社会の生活の質』勁草書房、一九八八年。

(5) 新堀通也「生涯教育」向坊隆ほか著『学習する社会I　情報化社会の教育の展望』(講座情報社会科学一二)学習研究社、一九七三年、一〇七―一二八頁。

(6) 高桑康雄「情報をめぐる教育の今日的課題」『日本教育経営学会紀要第三四号』第一法規出版、一九九二年、二―一一頁、二頁。

(7) 高桑康雄、前掲論文、四頁。

(8) 坂本旬「情報化社会と学校教育」堀尾輝久、汐見稔幸編『変容する学校』(講座 学校 第三巻) 柏書房、一九九六年、一〇一―一四八頁、一〇三頁。

(9) 坂本昴「情報教育の課題」『教育学研究』第五七巻第三号、一九九〇年、二三九―二四一頁。

(10) 文部省社会教育局視聴覚教育課「マイクロコンピューターの教育利用に関する調査」(一九八三年一月一日付で実施)と同省同局学習情報課「学校および社会教育施設における視聴覚教育設備の状況調査」(一九八六年五月一日付実施)の数字による(新井郁男「これからの学校経営とオフィスオートメーション」『教育と情報』第三〇六号、第一法規、一九八三年、八―一〇頁による)。

(11) 社会教育審議会教育放送分科会報告「教育におけるマイクロコンピュータの利用について」一九八五年。同報告書第三章三「研修の充実」において行政的な立場からの研修の充実に関する報告がなされている。

(12) Ragsdale, R.G., *Permissible Computing in Education: values, assumptions, and needs* (Praeger, 1988), p.15.

(13) 一九九七年十一月四日の閣議後の記者会見において、町村信孝文相(当時)はマルチメディア時代の学校教育について、全国で計約四万校の小、中、高校をインターネットで結ぶ具体的な目標年度を明らかにした(中、高で二〇〇一年度、小学校で二〇〇三年度)。

(14) 文部省『小学校教育課程一般指導資料 新しい学力観に立つ教育課程の創造と展開』東洋館出版、一九九三年、七―九頁。

(15) 今井康雄「現代学校の状況と論理――〈生活と科学〉から〈美とメディアへ〉」佐伯胖ほか編『学校像の模索』(岩波講座 現代の教育 第二巻) 岩波書店、一九九八年、一七〇―二〇三頁。

(16) 坂本旬、前掲論文、一〇二頁。

(17) 岡東壽隆「学校の組織文化とリーダシップ」科学研究費一般研究C報告書、広島大学教育学部教育経営学研究室、一九九六年、二頁。

(18) 新堀通也、前掲論文、一一七頁。

(19) 新堀通也、前掲論文、一一七―一一八頁。

(20) ここでいうボランティアとは「助けることと助けられることが融合し誰が与え誰が受け取っているのか区別することが重要でない」という意味での相互扶助的な関係性である（引用は、金子郁容『ボランティア——もうひとつの情報社会』岩波新書、一九九二年、六頁より）。

(21) 佐藤学「学校を問うパースペクティブ」佐伯胖ほか編『学校の再生をめざして1　学校を問う』東京大学出版会、一九九二年、一九七—二二四頁、二一三頁。

(22) Schein, E. H., *Organizational Culture and Leadership : A Dynamic View* (Jossey-Bass, 1984).

(23) 野中郁次郎『企業進化論』日本経済新聞社、一九八五年。

(24) 野中郁次郎、同右書。

(25) 坂本秀夫『教育情報公開の研究』学陽書房、一九九七年、七頁。

(26) 天笠茂「学校経営における情報——情報管理改善の視点」『日本教育経営学会紀要第三四号』第一法規出版、一九九二年、一二—一九頁。

(27) 今田高俊『自己組織性——社会理論の復活』創文社、一九八六年。

（福本　昌之）

# 4章　高齢化、少子化社会における社会構造変容と公教育

## 一節　高齢化、少子化の進行と人口減少社会の到来

### 1　急激な高齢化の進行

一九八〇年の『厚生白書』は、「高齢化社会への軟着陸をめざして」という副題を付しており、その総論のなかで「高齢化社会への対応はひとり社会保障制度だけの課題ではなく、産業構造、就業構造や各種の制度、慣行等にも密接な関係をもつものであり、社会全体として総合的に対処していかなければならないものであ」ると述べている。そして、「本格的高齢化社会は目の前にきている。我々は、今から本格的高齢化社会に焦点を当てて、その準備を開始しなければならない」と強調し、「高齢化社会を安定した活力ある福祉社会にしていくため、社会全体のシステムを変革していくことは、「国民的課題となっている」と呼びかけている。

人口高齢化という言葉は、六五歳以上の人口が総人口に占める割合、いわゆる老人（高齢者）人口比率が高くなっていく傾向を意味する。近年、日本においては高齢化が加速しており、他方では出生率も出生数も長期的なスパンでみれば減少の一途をたどっていて、少子化傾向が確実に進行している。高齢化と少子化は今後も同時的に進行していき、「二一世紀初頭、我が国の人口は減少に転じ、以後二一世紀を通じて減少を続ける」と予測されている。

国連は、高齢者人口比率が七パーセント以上の社会を高齢化社会、一四パーセント以上の社会を高齢社会と呼称

している。ただし、七パーセントおよび一四パーセントとするその根拠については明らかにされてはいない。日本においても超高齢社会、長寿社会などという表現があるが、その明確な概念についてのコンセンサスはない。ちなみに、六五歳から七四歳までの人を前期高齢者、七五歳以上の人を後期高齢者と称することがある(たとえば総務庁の場合など)。

高齢者人口比率が七パーセントを超えて一四パーセントに達するまでに要した(または、要すると予測される)年数は、ドイツの場合は四二年(一九三〇—一九七二)、イギリスは四六年(一九三〇—一九七六)、アメリカ合衆国は六九年(一九四五—二〇一四)となっており、フランスでは実に一一四年(一八六五—一九七九)も要している。日本の場合についてみると、わずか二四年(一九七〇—一九九四)にすぎず、先進諸国に比べて高齢化の速さはまさに劇的ともいえよう。しかもそれは、少子化の進行とあいまって日本の社会構造に大きな影響を及ぼしつつある。

日本の高齢者人口は、一九五八年に五〇七万人、七九年に一、〇三一万人、九一年には一、五五八万人、そして九八年一〇月一日現在では二、〇五一万人(総人口比一六・二パーセント、前年度より七五万人増)となり、初めて二、〇〇〇万人を超えた。五八年に比べて実に一、五〇〇万人の増加である。二、〇五一万人の内訳をみると、前期高齢者人口は一、二三七万人(男性五六八万人、女性六六九万人)、後期高齢者人口は八一四万人(男性二八四万人、女性五三〇万人)である。

高齢者人口は将来的に総人口が減少になっても増加傾向がしばらく続き、二〇二〇年ごろから二〇五〇年ごろの期間は三、三〇〇万人程度、その後は減少していくと思われる。ちなみに、中位推計値によれば、二〇一五年の高齢者人口は三、一八八万人、その総人口比率は二五・二パーセントとなり、初めて二五パーセントを超える。すなわちそれは、四人に一人は高齢者となる数値である。二〇二五年の比率は二七・四パーセント、二〇五〇年には三二・三パーセント(一〇人に三人強が六五歳以上の人)にまで達すると予想されている。なお、二一〇〇年にかけてその割合は三〇パーセントを微増減すると見込まれている。

## 2　少子化の進行と人口減少社会の到来

次に、子どもの出生数についてみてみると、第一次ベビーブームの頂点である一九四七年は二七〇万人、第二次ベビーブームの頂点の七三年には二〇九万人、それ以降は減少傾向をたどり、九七年には四七年の半数以下の一一九万人にまで激減している。

合計特殊出生率（一五歳から四九歳までの女子の年齢別出生率を合計したもので、一人の女性が仮にその年次の年齢別出生率で一生の間に子どもを産むとした場合の平均子ども数）に関しては、四七年は四・三二、七三年は二・一四であった。翌七四年から減少傾向が基本的に続いている。現在の人口を将来も維持するのに必要な水準（人口置換水準）は二・〇八といわれているが、一九九七年にはこれを大きく下回り、過去最低の一・三九となった。

継続的な出生数の減少と出生率の低下は、一五歳未満の子どもの著しい減少をもたらしている。総務庁の調査によれば九九年四月一日現在、年少人口（一五歳未満の子ども数）は前年より三一万人少ない一、八八八万人に減り、総人口に占める割合（年少人口比）は一四・九パーセントとなり、一二年連続して戦後最低記録を更新している。なお、年齢階級が下がるほど子どもの数は少なくなる傾向にあったが、九九年の子どもの数を〇－二歳の年齢階級に限定してみるならば、前年度のそれよりも五万人増えている。

年少人口比率が高齢者人口比率を初めて下回ったのは九七年で、その割合は一五・三対一五・七となっている。両者の格差は、二〇〇〇年には一四・七対一七・二、二〇一〇年には一四・三対二二・〇と大きく開いていくことが予測されている。出生数と出生率が低下し少子化が進行することにより、生産年齢人口（一五歳から六四歳までの人口）にも影響が現われ、その人口比率は九五年（総人口比六九・五）以降、減少傾向が続いている。

一九九八年一〇月一日現在の推計人口によれば、人口減少の県は前年より一県増えて一八道県、うち六県は一二年連続して減少している。高齢者人口が年少人口より多いのは、前年より四県増えて三九都道府県に達している。このように、過疎化や人口の減少、高齢化等の進行は特定の地域や県だけでなくて、次第に全国的な状況へと広がってきている。

日本の総人口については一九九八年一〇月一日現在、約一億二、六四九万人となっており、昨年度比で三二万人の増加である。増加率は九六年以降〇・二パーセント台で推移している。ここ数年の間は徐々に増加していき、二〇〇七年にはピーク(一億二、七七八万人)に達する。それ以後、総人口は減少を続け二〇五〇年には約一億人、二〇六〇年は九、二〇〇万人、そして二一〇〇年には約六、七〇〇万人にまで減ずると推測されている。

このように、現在の日本は少子化が長期にわたって進行しており、次代を担うべき子どもたちの数が少なくなり、生産年齢人口も減少し高齢化も急激に進行するとともに、二一世紀の全体を通じて総人口さえも著しく減少していく、と予想される。このような少子・高齢社会、人口減少社会の到来に今まさに直面しようとしているのである。

## 二節　社会構造の変容と諸施策の展開

### 1　高齢化の進行にともなう諸問題

一九八四年に総務庁長官官房老人対策室が出版した『高齢者問題の現状と施策』は、その「まえがき」において、「二一世紀には、国民の五人に一人が高齢者であるという社会が到来する」ことを予測し、「人口の高齢化が、我が国の社会経済に様々な影響を及ぼしてくることは明らかであ」ると述べ、「高齢者の所得、就業、保健、介護、生きがいなど高齢者を巡る諸問題」に対して、「行政の各般において、社会経済情勢の変化を勘案した長期的総合的な施策を推進する」必要性と、国民が「高齢者問題を自らの問題としてとらえ」て「理解と認識を深めること」の重要性を強調している。

急激な高齢化の進行にともなって生ずる問題は数多くあり例えば、加齢による失業や病気、収入減による経済生活の不安定化、再就職の厳しさ、老人単身世帯の増加、生産年齢人口の相対的減少に起因する国民の扶養負担の増加、老人人口の増加に伴う公的年金や保健・医療、社会福祉等の社会保障給付費の増加、公的年金制度の見直し、介護を必要とする人の増加、介護のできる人の養成と確保、バリアフリーの生活環境の整備、高齢者の学習活動や社会参加に対する援助システムの整備充実、生活・労働・医療・福祉等を関連づけた施設の設置などなど、それらすべてが社会構造の根幹に関わる問題であり、しかも早急に解決しなければならない喫緊の課題でもある。

これらの問題に対して、先述した『現状と施策』は年金制度全般にわたる改革、定年延長や雇用促進助成金制度、シルバー人材センターやパートバンクの設置、労働条件の改善などによる雇用就業機会の確保、保健医療制度の見直し、老人福祉対策の確立、学習活動や社会参加への援助、生活環境の整備等々、関係各省庁の諸施策をとりまとめて概説し若干の提言も行っている。しかしながらこの時期は、政府・関係省庁が高齢化に伴う諸施策を総合的に策定し実施していく段階には未だ至っていなかった、といえよう。

## 2　高齢社会対策基本法

一九九五年に公布施行された高齢社会対策基本法は、高齢社会対策の基本理念と基本的施策を定めたはじめての法律として注目される。同法は、「急速な高齢化の進展が経済社会の変化と相まって、国民生活に広範な影響を及ぼしている状況に」対応すべき施策に関し、国・地方公共団体の責務等を明らかにし、「高齢社会対策を総合的に推進し、もって経済社会の健全な発展及び国民生活の安定向上を図ることを目的と」している（第一条）。

高齢社会対策の基本理念として、次のような社会を構築していくことが目指されている。国民が生涯にわたって(ア)就業や社会的活動に参加する機会が確保される社会、(イ)社会を構成する一員として尊重され、自立と連帯によって形成される社会、(ウ)健やかで充実した生活を営むことができる社会（第二条）。

さらに同法は、高齢社会について国民の理解と努力を求めるとともに、政府が推進すべき高齢社会対策の指針として、基本的かつ総合的な高齢社会対策の大綱を定めること、法制上財政上の措置を講ずること、高齢化の状況および高齢社会対策の実施状況に関する年次報告書を国会に提出すること、など、を義務付けている（第五—八条）。基本的施策としては、就業・所得、健康・福祉、学習・社会参加、生活環境、調査研究等の推進、国民の意見の反映など、六つの分野にわたって提示されている（第九—一四条）。

なお、同法第一五条により総理府に特別な機関として、高齢社会対策会議が設置されることになった。同会議は、会長を務める内閣総理大臣と、関係行政機関の長のうちから内閣総理大臣が任命する委員をもって構成され（第一六条）、高齢社会対策大綱案作成のほか、関係行政機関相互の調整、重要事項の審議、対策の実施等を所掌する（第一五条）。

### 3　高齢社会対策大綱

高齢社会対策会議（全閣僚）において九六年一〇月に決定された高齢社会対策大綱は、基本法に規定されている事項に基づいて、目的及び基本的考え方、分野別の基本的施策、推進に際しての留意事項、推進体制などを詳しくかつ具体的に述べている。「大綱策定の目的」においては、高齢社会に向けて経済社会のシステムを不断に見直すこと、国・地方公共団体、企業、地域社会、家庭、個人、ボランティアなど社会を構成するすべての者が交流・協力しあい、自助・共助・公助を適切に組み合わせること、社会全体で支え合う体制の下で施策を推進し、経済社会の発展と国民生活の安定向上を図ること、などを提言している。

基本的施策の「健康・福祉」の分野の中では、活力ある高齢社会の構築のためには少子化への対応が重要であることを鑑み、「安心して子供を生み育てることができ、子供自身が健やかに成長できる環境づくり」を目指して、子育て支援施策の総合的かつ計画的な推進について提起している。

「学習・社会参加」に関しては、高齢社会においては学習を通じて生きがいを追求したり、経済社会の変化に対応して新たな知識や技術を習得する機会が必要であることから、多様な学習機会を提供できるような生涯学習の推進体制と基盤の整備なども指摘されている。たとえば、夜間大学院の設置、開放講座や余裕教室の活用による学校の教育機能の開放などが挙げられている。さらに、高齢者と若年世代との交流機会の拡充や、高齢者の自主的な活動への支援等も課題とされている。

大綱は、諸施策の推進に際して、規制緩和や地方分権、情報公開などの行政改革、男女共同参画社会や障害者のノーマライゼーションなど、高齢社会対策と密接な関連をもつ政府の諸課題の実現にも配慮するよう促している。

## 4　人口減少社会への対応

厚生省の人口問題審議会は一九九七年に、「少子化に関する基本的考え方について——人口減少社会、未来への責任と選択」と題する報告書を発表した。報告書はその「まえがき」において、低い出生率のもとで子どもの数は減少し続け、生産人口も減少を始め、総人口さえも減少に転ずると予想し、「少子・高齢社会」「人口減少社会」は現実のものになりつつある、と認識している。報告内容は、Ｉ少子化は我が国社会への警鐘、II少子化の現状と将来の見通し——人口減少社会の到来は目前、III少子化の影響—概ねマイナス面の影響、IV少子化の要因とその背景、V少子化がもたらす人口減少社会への対応のあり方、VI人口減少社会を「ゆとりと潤いのある社会」に——、の四部構成になっている。

報告書は、「少子化が社会全体の様々な局面において計りしれない影響をもたらす」と予測し、経済・財政構造改革や社会保障構造改革など現在進行中の構造改革を遂行してもなお楽観はできないと認識している。そして、「社会全体のあり方に深く関連する少子化の社会的背景を幅広い視点に立って見極めながら、これらの構造改革とあわせてさらに」、「男女共同参画社会を目指すなど社会全体のあり方に関わる改革を実行する必要に迫られて」いるのだ、と主張している。

報告書では、少子化のもたらすマイナス面の影響として、労働力人口の減少と経済成長率低下の可能性、少子化と高齢化の進行による現役世代の経済的負担の増大、単身者や子どものいない世帯の増加、異年齢の子ども同士が交流する機会の減少、広い地域で過疎化・高齢化が進行することによる福祉や医療サービスの低下、などの諸点が指摘されている。

これらマイナス面の影響を最小限にするために対応すべき諸施策として、就労意欲を持つあらゆる者が就業できる雇用環境の整備、少子・高齢社会にふさわしい財政構造、住民サービスや住民参加等の視点からの地方行政体制の整備、子どもの独創性や社会性を養う教育内容の創造、などの事項を提示している。

一九九八（平成一〇）年度の厚生白書には、「少子社会を考える――子どもを産み育てることに『夢』を持てる社会を」という副題が付せられており、人口減少社会の諸問題と全般的な対応および提言等を初めて本格的に論じた厚生白書として、画期的な意義を有している。その内容は、少子化の進行状況と社会的な要因、家族形態の変遷、地域社会の子育ての支援、就業構造の変化、学校・家庭・地域社会における教育の改革、子どもを産み育てることに夢を持てる社会の全体像など、多岐・多方面にわたっている。

少子化・高齢化の進行する社会において、厚生白書は、少子化の問題と課題解決の方向性を、公教育の制度や教育内容も視野に入れつつ、これを広く社会経済の全体の大きな変化と新たな社会の形成との関連において位置付け、構造的に把握しようと努めている点で特徴的である。厚生白書の第一部第四章「多様な生き方と調和する職場と学校」の第二節「学校とその他の教育の場」においては、公教育が抱えている諸問題について批判がなされ、改革の進行状況だけでなく改革提言もおこなわれている。

## 三節　高齢化、少子化社会における公教育

### 1　「高齢社会に対応する教育の在り方」

戦後初の内閣直属の審議会として一九八四年に発足した臨時教育議会が、四次に及ぶ答申において国民教育の全般にわたっての改革提言を行って以降、中央教育審議会、生涯学習審議会、教育課程審議会、教育職員養成審議会、大学審議会等の審議会が文相の諮問に応じて次々と答申を提出し、これら答申に基づいて教育制度も教育内容も様々に改革が進められている。

臨時教育審議会の答申は、生涯学習社会の建設を標榜しこの理念のもとで、学校中心の考え方を脱却し「二一世紀のための教育体系の総合的な再編成」を推進していく改革方策について、詳しく論じている。臨時教育審議会の答申は国際化・情報化・個性重視など、時代の変化に対応した、多様で柔軟な生涯学習プログラムの開発等もうたっている。しかし、少子化の問題や人口減少社会に対応すべき教育施策についてはまったくふれてはいない。

子どもたちに「生きる力」と「ゆとり」をはぐくんでいくことを基本課題とした中央教育審議会第一次答申（一九九六年）を受け継いで、九七年六月に発表された「二一世紀を展望した我が国の教育の在り方について――第二次答申」は、その第五章の表題を「高齢社会に対応する教育の在り方」としている。この答申は、文部省の各種審議会の答申のなかで、高齢社会に対応する教育の在り方を、初めて取り上げたものとして注目される。

答申は、少子化と高齢化があいまって二〇一五年には四人に一人が高齢者となることから、二一世紀は「高齢者の世紀」であるととらえ、医療や社会保険関係の財政負担の増大、労働人口の減少等による経済の活力の減少、介護を要する高齢者の増大などの問題を挙げる一方、高齢者が社会に参加し貢献する積極的な面も指摘している。そして高齢社会に対応する子どもたちの教育について、以下の三点を基本的な考え方として提示した。

(1) 思いやりの心をもち、高齢者のために行動しともに生きていく意欲や態度の育成
(2) 生涯にわたって学んでいく態度、基礎的な健康や体力の育成
(3) 高齢者が子どもの教育に参加するとともに、子どもが高齢者から生きた知識や生き方を学ぶこと

そして、学校における取り組みとして次のような事柄を提起している。

高齢者との日常的な交流活動や、介護・福祉に関するボランティア活動を重視すること。地域社会や学校外の関係施設・団体との連携を図ること。高齢社会の課題について各教科や道徳、特別活動、「総合的な学習の時間」などにおいて指導方法の改善・充実を図ること。「高齢者から学んでいる」という気持ちを培うこと。教員の養成や研修の段階において、介護や福祉などの体験や、盲・聾・養護学校での実習体験ができるように施策の推進を図ること。高齢者を学校教育の場で積極的に活用すること。学校施設と高齢者福祉施設との複合化を検討すること。余裕教室の活用方法の一例として高齢者福祉施設に転用すること。

さらに、家庭や地域社会における取り組みとしては、家庭教育への支援策を展開していくこと、地域社会において子どもたちと高齢者が触れ合う機会を積極的に設けること、情報提供を充実させ子どもたちの積極的な参加を促すこと、などが重要であると指摘している。

## 2 「少子高齢社会に対応した教育」

一九九七年八月に改定された「教育改革プログラム」は、中央教育審議会の二次答申を受けて、少子高齢社会に対応する教育の充実を新たな課題として掲げている。その具体的な施策としては次のような事項が提示されている。幼稚園や小学校段階での高齢者との触れ合いプログラムの導入、中学・高等学校段階での介護体験活動、学校と高齢者施設との連携、地域社会における高齢者と触れ合う機会の充実、学校と高齢者福祉施設との複合化、高齢者の学習・社会参加活動等について厚生省など関係省庁と連携し推進すること。

一九九八年七月、教育課程審議会は完全学校五日制のもとでの教育課程の在り方を示した答申を発表した。答申は「教育課程の基準の改善の方針」において、「少子高齢社会への対応」という一項を設け、あらまし次のような事項を述べている。

高齢化と少子化が進行し、少子高齢社会が現実のものになっている今日、幼児児童生徒に少子高齢社会についての理解を深め、男女が協力して、子どもを産み育て、高齢者のために行動する態度を育成すること、他者を尊重し共に生きていく考え方を育成することは、きわめて大切である。今後は、各教科、道徳、特別活動、「総合的な学習の時間」において、少子高齢社会に関する理解、子育ての意義、介護・福祉など少子高齢社会の課題について理解を深めること。幼児、高齢者、障害のある人等と交流する活動や、介護・福祉に関するボランティア活動を重視すること。

答申に示されたこのような「少子高齢社会に対応した教育」について、個々の学校において児童生徒の発達段階を考慮しながら、地域社会の様々な実態や特性に応じてどのような学校教育実践を創造していくか、さらに、学校と家庭と地域のそれぞれの教育をめぐっての独自の役割と相互の連携をどのように展開していくか、それらは少子高齢化の傾向が加速している現在、まさに焦眉の課題であるといえよう。

### 3　児童生徒数減と学校教育

国立社会保障・人口問題研究所の調査によれば、年少人口（〇歳―一四歳）は一九八〇年代の二、七〇〇万人を頂点にして減少傾向が続くと予測されている。九五年度の年少人口は二、〇〇三万人であったが、中位推計の結果に基づけば九九年には一、八八二万人に減少する。その後二〇一四年までは一、八〇〇万人前後で推移し二〇一五年以降は一、八〇〇万人台を切り、以後はわずかな減少傾向が続く。二〇五〇年には一、三〇〇万人台となり、二〇五九年には一、二〇〇万人未満となり、二〇九〇年代後半には一、〇〇〇万人以下となる。

このように、年少人口は今後一世紀の間に半減すると見込まれている。年少人口が半減すると推測されているおよそ一〇〇年後の学校教育が、どのような状況を呈するのかについて予想することは不可能であろう。

ここでは近年の児童生徒数の減少問題に関して、少し触れてみることにする。児童数については、一九八二年度から九八年度まで連続して減少を続けている。九八年度の児童数は、前年度より約一九万一、九〇〇人減少して約七六六万三、五〇〇人、学校数は八一校減の二万四、二九五校、学級数では四、七四六学級減って二七万八、二二八学級となっている。児童数・学級数の減少にともない本務教員数についても減少が続き、五、二二一人減の四一万五、六八〇人。本務教員一人当たりの児童数は一八・四人となった。

中学校の生徒数は八七年度から減少が続き、九八年度は前年度よりも約一〇万九〇〇〇人減じて約四三八万六〇〇〇人。学級数は二、三〇四学級減の一三万二、六五九学級、学校数は六年連続して減少しており、前年度より二一校少なくなり一万一、二三六校となった。本務教員数は三、五〇〇人減の二六万六、七二九人、本務教員一人あたりの生徒数は一六・四人となった。

次に高等学校についてみると、生徒数は九〇年度のピーク（約五六二万人）の後は減少が続き、九八年度は前年度より約一一万三、〇〇〇人減の四二五万八、三八五人、本務教員数は前年度より約二、八〇〇人減の二七万三、三〇七人となっている。

このような児童生徒数の減少は、プラス面とマイナス面の両方をもつと考えられよう。

プラス面としては、教員一人当たりの児童生徒数が少なくなることによって、個別指導や個人的相談、そして行き届いた教育の実践が可能になること、保護者とのつながりも密接になること、また「余裕教室」をさまざまに活用できること（九七年度は約五万七、〇〇〇教室が余裕教室になっている）。他方、マイナス面としては学校・学級の規模の縮小により子どもたちの人間関係の幅や生活体験が狭くなり、社会性の発達に支障が生じたり、学習面では、自分とは異なる多くの考えや意見に接する機会が少なくなることなどが危惧されよう。さらには、学級数減に連動して教員採用者数も激減しており、競争率が数十倍という科目もあるし、年度によっては採用試験そのものを実施しないという科目もある。数年にわたる採用者数減により二〇代の若い先生が一人もいない小学校や中学校がいまではめずらしくない。そのことは、教師集団の活力や教育力にも影響するし、全体としての年齢構成からしても好ましいことではない。

学校学級の小規模化などの問題に対しては、学校種を超えての共同体験・学習の機会拡充を図る、インターネットを利用して全国の児童生徒と情報交換や交流ができるようにする、縦割り学級編成を試みるなど、学校学級経営面での創意工夫が今後いっそう重要になるであろう。高齢化、少子化が急激に進行する社会における学校教育の実態の把握と課題解決の方途について、実践的な調査研究が推進さるべきである。

## 4　一八歳人口の減少と高等教育

一八歳人口は、一九九二年度の約二〇五万人をピークに減少が続き、九八年度は約一六二万人となっている。減少傾向はさらに進み、二〇〇〇年には約一五一万人、二〇〇九年には約一二〇万人になると予想されている。九七年の大学審議会答申「平成一二年度以降の高等教育の将来構想について」において示された試算によると、大学及び短大の臨時的定員を最低半数解消した場合、二〇〇九年度には志願者数と入学者数が一致する、つまり志望校に固執しないのであれば志願者全員が大学または短大に入学できる時代となる。

九八年に発表された大学審議会答申「二一世紀の大学像と今後の改革方策について――競争的環境の中で個性が輝く大学」では、二一世紀初頭の社会状況の特徴について次の諸点を指摘している。①社会・経済の急激な変化など流動的で複雑化した行き先不透明な時代、②地球規模の協調・共生と国際競争力強化の時代、③少子高齢化の進行と生産年齢人口の大幅な減少、産業構造・雇用形態等の大きな変化、④生涯学習需要の増大、⑤学術研究の進展と学際化、総合化。

上記③については高等教育との関連において答申は次のような指摘をしている。人類が経験したことのない少子高齢化社会を迎えることが予想され、生産年齢人口の大幅な減少に伴い、終身雇用の形態が大きく変化し労働力の流動化が進行すること。それと同時に産業構造の変化や社会の高度化・複雑化により、高度な能力や専門性を必要とする職業や業務が増加し、高等教育における再学習機能の強化が必要になること。一八歳人口の減少と大学等への進学率の上昇などにより、学生の能力・適性・履歴などの多様化が進み、それに応じて高等教育の在り方を見直すことが求められること。生涯学習の需要の増大に応じて高等教育機関は、社会人も高齢者も含めて幅広い年齢層の知的探求心にこたえるよう、より開かれた場にしていく必要があること。

社会人や高齢者、留学生など一八歳人口以外の入学枠をさらに広げるとしても、少子化の影響は先にみたようにきわめて大きく、個別大学等にあっては定員の確保が困難となる厳しい事態も生じている。国内外の社会・経済状況の変化や、さまざまな年齢層の学生たちが期待する多様な学習内容などに対応して、全学的な組織体制の改組や教育課程・教育方法等の改革・充実を行っていくことが強く求められている。その成否の行方は今日、個々の大学等の存立に関わる課題となりつつある。

## 5　児童生徒数減と教員養成制度

児童生徒数の減少に起因する学級数減により、小・中・高校の教員採用者数は一九八〇年代半ばを境にして減少している。この減少傾向に関して、「教員養成は目的養成である」との国の方針により一九八七年度以降、国立教員養成系大学・学部は教員養成課程定員の二五パーセント以上の削減を余儀なくされ、教員免許状の取得を卒業要件とはしないいわゆるゼロ免課程を創設したり、他学部の定員を増加させる等の改革に取り組んできた。

さらに文部省は財政構造改革の一環として、教員養成大学・学部の教員養成課程入学定員を二、〇〇〇年までの三年間で五、〇〇〇人削減して九、七〇〇人にする政策を一九九七年に発表した。これによって同課程の入学定員は、ピークだった八六年度の二万〇、一〇〇人に比べてその半数を割るほどになった。教員養成大学・学部は長期にわたる教員採用者数の減少という現実、国の定数削減政策そして社会状況の大きな変化等々に対して、改革に次ぐ改革を行っている。なかには教育学部の呼称自体も改めて、教育人間科学部、文化教育学部、教育地域科学部、教育福祉科学部等の新学部も誕生している。

なお、九八年度の入学生より小・中学校教諭免許状取得の要件として、高齢者や障害者に対する「介護等の体験」（社会福祉施設等五日間および特殊教育諸学校二日間、合わせ七日間以上）が法令上義務づけられた。さらに、教育職員養成審議会答申を受けて教育職員免許法等が大幅に改正され、総合演習の創設や中学校教育実習の拡充など教職に関する科目の充実を図り実践的な指導力を有する教員の養成をめざす新しい教育課程が、二〇〇〇年度の入学生から完全実施されることになった。教員養成制度もまた、人口が減少する時代におけるその新しい在り方を追求し続けている。

高齢化、少子化の急激な進行は、国際化、情報化等の波と増幅して日本の社会構造を揺るがし、明治以来発展を続けてきた伝統的な教育制度を根底から変革していく重要な要因として、次第にその影響力を増してきている。人口減少社会の到来に向けて、初等教育から高等教育にいたる教育の制度と内容、さらに家庭や地域における教育の在り方等を、社会全体の動向との関連において、グローバルに追求していくことが必要であろう。

**参考文献**

（1） 厚生省編『厚生白書――高齢化社会への軟着陸をめざして』大蔵省印刷局（昭和五五年度版）、一九八〇年、一六二頁、五頁。
（2） 厚生省編『厚生白書　少子社会を考える――子どもを産み育てることに「夢」を持てる社会を』大蔵省印刷局（平成一〇年度版）、一九九八年、八頁。
（3） 総務庁長官官房高齢社会対策室編『数字で見る高齢社会　一九九七』大蔵省印刷局、一九九七年、一三頁、三頁。
（4） 統計局・統計センター。ホームページ。

(5) 出生率の将来動向に関しては次の三種類の仮定がある。中位（長期的に合計特殊出生率が一・六一の水準に推移する）、高位（同様に一・八五の水準に推移する）、および低位（同様に一・三八の水準に推移する）。国立社会保障・人口問題研究所編『日本の将来推計人口　平成九年一月推計』参照。

(6) 厚生統計協会、一九九七年、一頁、六三頁。

(7) 総務庁統計局　ホームページ「統計局インフォーメーション」一九九九年四月二八日。

(8) 総務庁統計局　ホームページ「平成一〇年一〇月一日現在推計人口」。

(9) 総務庁長官官房老人対策室編『高齢者問題の現状と施策』大蔵省印刷局、一九八四年。

(10) 総務庁高齢社会対策室　ホームページ。

(11) 厚生省大臣官房政策課編『人口減少社会、未来への責任と選択』ぎょうせい、一九九八年、二五頁、三一頁。

(12) 厚生省編『厚生白書』（平成一〇年度版）、一九九八年、前掲書、二〇六―二一七頁。

(13) 文部省　中央教育審議会第二次答申「二一世紀を展望した我が国の教育の在り方について」『文部時報』一九九七年七月臨時増刊号　ぎょうせい、八一―九〇頁。

(14) 文部省　ホームページ。

(15) 国立社会保障・人口問題研究所編（前掲書、六三頁、一七七頁。

(16) 文部省『文部統計要覧』（平成一一年度版）、大蔵省印刷局、一九九九年、四七―六〇頁。

(17) 小泉祥一「少子化減少と学校教育の課題」日本教育経営学会編『日本教育経営学会紀要』第三五号、第一法規出版、一七―二五頁。

(18) 山崎博敏『教員採用の過去と未来』玉川大学出版部、一九九八年。

（有吉　英樹）

# 5章　生涯学習社会における国民形成の内実

## はじめに

「生涯学習社会における国民形成の内実」という問題設定は、これまでの生涯学習論においてほとんど行われてこなかったように思われる。生涯学習は、「いつでも、だれでも、どこでも、なんでも」というキャッチフレーズのもとに推進されており、それによって公的機関または民間のカルチャーセンターなどが提供する学習機会を利用する者は増大しつつある。生涯学習は量的にみるかぎり顕著であるといってよいであろう。しかし、そのことによって国民が形成されているかというと、そうはいえないであろう。というより、生涯学習には、「なんでも」というキャッチフレーズが示しているように、元来、国民形成という理念は含まれてはいないように思われるが、政策としては、これについてどのように考えられているのだろうか。

本論は、このことの内実を考察することを目的とするが、この問題は学術的にも実践にかかわる論議においても、ほとんど取りあげられてこなかったし、筆者もあまり深く考えてこなかったことであり、序論の域を出ないことを最初に断っておきたい。

## 一節　法律・政策は生涯学習に国民形成を期待しているか

### 1　教育基本法の規定にみる国民形成の視点

教育基本法は、第一条において、「教育は、人格の完成をめざし、平和的な国家及び社会の形成者として、真理と正義を愛し、個人の価値をたっとび、勤労と責任を重んじ、自主的精神に充ちた心身ともに健康な国民の育成を期して行われなければならない。」と、教育に国民形成を要請している。また、同法は、第二条において、「教育の目的は、あらゆる機会に、あらゆる場合において実現されなければならない。」としている。いいかえるならば、国民形成という教育の目的は、「いつでも、どこでも」行われなければならないとしているのである。

ここで問題になるのは、教育とは何かということである。教育には、さまざまな定義のしかたがあるが、教育基本法が規定する教育は、家庭などで行われる私教育は含まないこと、すなわち、公教育を意味するといってよいであろう。しかし、学校、家庭、地域の連携・融合が喧伝される今日においては、家庭教育は私教育だとして公教育の枠外に置くことができない部分があるであろう(1)。

公教育は、一般に、公共的性格をもつものであって、国または地方公共団体など公的な主体によって管理される教育のことを意味している。学校教育法に規定される学校——いわゆる一条校——は、私立学校といえども、その設置、教育の目標・内容が、学校段階によってその程度は異なるにしても、公的に——法律などによって——決められていることから、そこで行われる教育は公教育であるというのが一般的な見解であろう。

それでは生涯学習についてはどう考えたらよいだろうか。

生涯学習は生涯教育（lifelong education）という言葉でユネスコによって提唱されたものであるが(2)、「教育」概念が伝達観的あるいは管理的なイメージを随伴するといった批判が、国際的にも国内的にもあることなどから、最近は、生涯学習という言葉が一般化している。特に、臨時教育審議会の提言からは、国家政策推進のキーワードとしても、生涯教育は生涯学習に切り替えられている。行政機関内部の組織名称も、文部省では昭和六二年七月に、社会教育局を生涯学習局に拡充・改組しているし、都道府県、市町村においても、それに相前後して、知識の名称を社会教育から生涯学習、生涯学習推進などへ改編をするところが増えている。

しかし、日本生涯教育学会においては名称の変更を行っていないことなどに照らしても、生涯教育が死語になったわけではない。

あらためて、昭和五六年の中教審答申「生涯教育について」において行われた、生涯教育と生涯学習についての概念整理に注目する必要がある。同答申は、両概念について次のように述べている。

今日、変化の激しい社会にあって、人々は、自己の充実・啓発や生活の向上のため、適切かつ豊かな学習の機会を求めている。これらの学習は、各人が自発的意志に基づいて行うことを基本とするものであり、必要に応じ、自己に適した手段・方法は、これを自ら選んで、生涯を通じて行うものである。その意味では、これを生涯学習と呼ぶのがふさわしい。

この生涯学習のために、自ら学習する意欲と能力を養い、社会のさまざまな教育機能を相互の関連性を考慮しつつ総合的に整備・充実しようとするのが生涯教育の考え方である。言い換えれば、生涯教育とは、国民の一人一人が充実した人生を送ることを目指して生涯にわたって行う学習を助けるために、教育制度全体がその上に打ち立てられるべき基本的な理念である。

以上の指摘からわかるように、生涯学習はあくまでも、人々の自発性に根差した行為であり、それを可能にする条件整備が生涯教育である。そこで問題になるのは、公的な機関が、国民一人一人の自発性に根差した行為としての生涯学習を可能にするために行う条件整備が公教育になるかどうかということである。これについても、別途詳しく論ずべき課題であるが、以上のような意味での生涯教育が公教育であるかどうかは、整備された条件の内容によって判断するべきものであろう。

たとえば、大学などの公教育機関が、一般社会人の生涯学習を活発にする観点から行っている社会人のための特別入学枠の設定は、公教育といえるであろうし、公民館などの社会教育施設が実施する主催事業なども公教育であろう。

一方、コミュニティ・センターのように、専門スタッフは置かずに、人々が自主的に行う生涯学習の場を提供するような条件整備を公教育と言えるかどうかということになると異論があるところであろうが、たとえ場の提供だとしても、公的機関が設置した施設の場合には、その提供のしかた——使用できる者や使用目的など——に中立性や機会均等などの原則によって一定の制約が課されていることなどを考えるならば、やはり公教育の一環とみなすべきであろう。

では、生涯学習を、条件整備といった形で保障する場合に、そこに国民形成という意図があるだろうか。

ここで問題にすべきことは、国民形成とは何かということである。

教育基本法は、教育の目的を、「平和的な国家及び社会の形成者として……心身ともに健康な国民の育成を期して行わなければならない。」と述べているが、ここでいう「国民」というのは、日本という領土に住んでいる人々、あるいは日本人という国籍を持った人々の集団といった客観的な存在を意味しているのではない。国民はネイションの訳であるが、ネイションは国家と訳される場合もあれば、民族という言葉で置き換えられることもある。重要な点は、先験的にネイションという存在があって、それが国家やナショナリズムを作り出したのではなく、ベネディクト・アンダーソンがいみじくもいうように「想像された共同体」(imagined communities) である。[3] 国民というのは、ある国家が自らの統治を実現するために「創出」しようとするものである。国民とは何かについては、グローバリゼーションの流れのなかで国家機能が縮小していく傾向と同時に、一方で、民族を単位にした新しいナショナリズムが発生している状況を踏まえ、国家、民族、エスニシティなどとの関係を問う文献がたくさん出され、検討されていることであるので、ここではそれに深く立ち入ることはしない。論を進めるにあたって確認しておくべき点は、国民が先験的存在ではなく、「創出」されるものであること、すなわち、国家が放任しておいては国民は存在するようにはならないということである。もちろん、明治維新のときのように、黒船という外圧が国民的意識を醸成する契機になることはあるにしても、「想像された共同体」としての国民を形成するには、やはり教育という計画的な営為が必要になる。教育基本法が、教育の目的として、平和的な国家の形成者としての国民の育成を掲げているのは、そのような理由によるといってよいであろう。

生涯学習の推進が国家政策の一環ともなっている以上、この教育基本法の教育目的規定は政策的に推進されようとしている生涯学習にも当然適用されるべきことであろう。

学校教育の場合には（学校教育も生涯教育の一環に位置づけられるべきものであるがここでは、生涯教育一般として問題にすることにする。）、学校教育法において、達成に努めるべき目標の一つとして、小学校については、「郷土及び国家の現状と伝統について、正しい理解に導き、進んで国際協調の精神を養うこと」（第一八条二）、中学校については、「国家及び社会の形成者として必要な資質を養うこと」（第三六条一）、高校については、「国民及び社会の有為な形成者として必要な資質を養うこと」（第四二条一）と規定されている。大学については、このような規定はないが、義務教育機関ではない高等学校についても、国民形成という目標が掲げられているのである。というより、高校の場合には「有為な形成者」というのであるから、国民形成は高校の段階で完成させることが目標とされていると解することができるであろう。

しかし、法規定の論理からいうならば、教育基本法の規定は、公がかかわるものは、対象が児童・生徒でなくても適用されるべきであろう。そこで生涯学習についてはどうであるかについて考えてみることにするが、まず、生涯学習推進が提唱される以前からわが国で発展し、生涯学習推進の一環として、重要な役割を果たすことが期待されている社会教育の場合にはどうであるかについてみてみよう。

社会教育法では、社会教育を「学校教育法（昭和二二年法律第二六号）に基づき、学校の教育課程として行われる教育活動を除き、主として青少年及び成人に対して行われる組織的な教育活動（体育及びレクリエーションの活動を含む。）をいう。」と第二条で定義し、国及び地方公共団体の任務を「すべての国民があらゆる機会、あらゆる場所を利用して、自ら実際生活に即する文化的教養を高め得るような環境を醸成するように努めなければならない。」と規定している。この規定のかぎりでは、国民の形成という視点は打ち出されてはいない。「実際生活に即する文化的教養」というのでは、国民を「創出」する視点とはいえないであろう。国民という言葉は使われているが、ここでの国民は、先験的に存在する国民を意味しているのであって、「創出」する国民ではない。

しかし、第一条において、「この法律は、教育基本法（昭和二二年法律第二五号）の精神に則り、社会教育に関する国及び地方公共団体の任務を明らかにすることを目的とする。」と述べられていることから、社会教育も、学校教育と同様に、「平和的な国家の形成者」としての「国民」の「創出」を前提にしているといえるであろう。

では、生涯学習はどうであろうか。

## 2　政策は生涯学習に国民形成を期待しているか

前述したように、昭和五六年の中教審答申「生涯教育について」は、生涯教育を「国民一人一人が充実した人生を送ることを目指して生涯にわたって行う学習を助けるために、教育制度がその上に打ち立てられるべき基本的な理念である」と述べていたが、ここでいう国民も、社会教育の場合と同じように、「創出」すべきものとしてのそれではなく、先験的な存在としてのそれである。すなわち、政策提言においては、生涯学習に国民形成を期待しているとはいえないであろう。

また、昭和五九年から六二年まで設置された臨時教育審議会は、その答申において、わが国が今後、時代の変化に主体的に対応し、豊かな活力のある社会を築くためには、学歴社会の弊害を是正するとともに生涯学習体系への移行を図っていくことが大切であるとした。そして、どこで学んでも、いつ学んでも、その成果が適切に評価され、多元的に人間が評価されるよう、人々の意識を社会的に形成していくことが必要であると指摘した。

中教審は平成二年一月三〇日、「生涯学習の基盤整備について」答申を出し、以上の答申の趣旨と、学校教育、社会教育などの分野において、生涯学習を振興する観点から各種の施策が進められており、さまざまな学習の機会が提供されている現状とを踏まえて、生涯学習を推進するに当たっての留意点をあげているが、そこでは生涯学習の基本は「生活の向上、職業上の能力の向上や、自己の充実を目指し、各人が自発的意志に基づいて行うこと」にあるとしており、国民形成のいう視点はやはり見られない。

この答申を受けて、平成二年六月二九日に、「生涯学習の振興のための施策の推進体制等の整備に関する法律」がつくられているが、この法律は、「生涯学習の振興に資するための都道府県の事業に関しその推進体制の整備その他の必要な事項を定め、及び特定の地区において生涯学習に係わる機会の総合的名提供を促進するための措置」などを定めることによって「生涯学習に振興に寄与すること」とされており、生涯学習自体の目的については触れられていない。

しかし、都道府県や特定の地区における生涯学習を振興するというのであるから、ナショナルな視点は入っていないといってよいであろう。「国民の自発的意志を尊重するように配慮」すべきことは指摘されているが、ここでの国民はやはり先験的な意味でのそれであり、焦点となっているのは「住民」である。「市民」という言葉もみられない。教育基本法には、「平和的な国家及び社会の形成者として」の国民の育成という視点が出されていたが、上記の通称「生涯学習振興法」には、このような視点は見られないのである。「住民」は「国家の形成者」でもないし「社会の形成者」でもない。「社会の形成者」は「市民」の理念であって、「住民」には、そのような視点は含まれていない。自分に降りかかる火の粉を防ごうとする住民運動と一般社会の価値を追求しようとする市民運動との違いを考えてみれば、そのことがよくわかるであろう。

しかし、平成四年七月二九日に提出された生涯学習審議会答申「今後の社会の動向に対応した生涯学習の振興方策について」から、新しい方向が出てくる。それは「現代的課題に関する学習機会の充実」という視点である。学習機会を提供する側にあっては、「学習者個人、家庭、地域社会、国、国際社会、地球といったさまざまな視野から現代的課題を検討することが期待される。」と提言されたのである。生涯学習は学習者の主体性を尊重するという観点から、学習の内容については「何でも」といわれてきたが、生涯学習を推進する側としては、アカウンタビリティの観点から「現代的課題」を生涯学習の重要な課題として示すことになったといってよいであろう。注目されるのは、「現代的課題」を考える視点の一つとして「国」があげられていることである。しかし、これは個人のレベルから地球というレベルまでの中間レベルとして示されているだけであり、「国」の視点にたった「現代的課題」が何であるかについての言及は全くみられない。すなわち、「国民」を形成するという意図がそこにあるのかどうかについては明確ではない。むしろそのような意識は希薄であるといってよいであろう。

## 二節　現実の生涯学習において「国民形成」につながる内容はみられるか

以上に考察したように、生涯学習政策には「国民形成」という視点は希薄であるが、現実にみる生涯学習はどうであろうか。以下、生涯学習の内容・目的面での実態について考察することにする。

平成八年度の教育白書『我が国の文教政策』（文部省）は、「生涯学習社会の課題と展望」に焦点をあてているので、それによってみてみよう。

まず、成人一般の学習者の数をみると、年々着実に増加している。総理府の「生涯学習に関する世論調査」（平成四年二月）によると、過去一年間程度の間に学習に取り組んだという人は、昭和六二年九月には四〇・一パーセントであったものが平成四年二月には四七・六パーセントになっている。また、公立の生涯学習機関の中心である公民館の学級・講座への参加者数は平成元年度の約七六六万人から四年度には約八七七万人に、民間の生涯学習機会提供機関であるいわゆるカルチャーセンターの延べ受講者数は、二年度の約一三八万人から五年度には約一九二万人に増加している。また、開かれた大学を目指す取り組み（社会人のための特別選抜、科目履修生の制度など）によって、大学等の教育機関で学ぶ一般社会人（従来の年齢層以外の学生）も徐々に増えている。

このように生涯学習者は量的には増大しつつあるが、人々は何を目的に学習しているのであろうか。白書は「全般的には、健康・スポーツ、趣味的なものが主、職業関連は少数、学習の活動自体が目的化する傾向」とまとめている。

前掲の総理府調査の結果によると、学習の内容は多岐にわたっているが、健康・スポーツ（健康法、医学、栄養、ジョギング、水泳など）二三・七パーセント、趣味的なもの（音楽、美術、華道、舞踊、書道など）二三・三パーセント、職業上必要な知識・技能の修得を目指す学習九・九パーセント、家庭生活に役立つ技能（料理、洋裁、和裁、編み物など）八・五パーセント、教養的なもの（文学、歴史など）六・三パーセントとなっている。

こうした調査の結果からわかるように、生涯学習の内容には「国民形成」につながるようなものはほどんどない。「教養的なもの」には「歴史」が入っているが、一般的には、郷土の歴史あるいは郷土にゆかりのある歴史であるのが一般的で、日本という国家の歴史であるとか、地域に住んでいる外国人労働者の国の歴史、その国と日本との歴史的関係などについての学習はほとんどないに等しい状況である。(4) 国際理解にかかわる講座もみられるが、そのほとんどは異文化理解が中心であり、「国民」とか「国家」という観点からの理解にかかわる学習はみられない。これは学校における国際理解教育についても同様である。

## 三節　国民形成の観点からみた生涯学習の課題

以上のように、生涯学習における国民形成の視点は政策としても実態においても希薄であるが、これでよいのかどうかについて以下若干のコメントを行うことにする。

## 1　国際化社会の状況

国際化社会とは、その字句が示しているように、「国」と「国」との交「際」が活発化する、あるいは活発化した社会ということであるが、この場合の「国」というのは人々、文化、物、資金、情報などを象徴的に示している。つまり、国際化社会というのは、国家間の外交が活発化した社会というだけでなく、人々や文化などの国家という壁を越えた相互関係が活発化するようになった社会ということである。また、世界規模で環境破壊問題、資源（エネルギー）危機問題、人口問題、難民問題など一国の枠内や国家を中心とした観点からだけでは、認識や解決が難しい多くの問題（地球的問題群などとも呼ばれている。）が発生している。このような状況のなかで、国家＝政府だけでなく、自治体、国際組織、多国籍企業、非政府組織（NGO）、市民といった多様な主体や市場（マーケット）というメカニズムの間の多元的で多様な相互関係が複雑に作用し合うようになっている。そのなかで経済はボーダーレス化し、情報のネットワークは国民国家の境界線を越えて地球規模で拡大しつつあるが、その一方で、一九八〇年代の後半以降（冷戦後）、世界各地で、民族を単位とした新しいナショナリズムの波が激しさの度合いを増し深刻化している。[(6)]

一九九一年一一月のユネスコ総会での要請に基づいて一九九三年始めに発足した「二十一世紀教育国際委員会」が一九九六年に発表した *Learning : The Treasure Within*[(7)]と題する注目すべき報告書（委員長の名にちなんでドロール報告書と通称されている。）は、以上の国際化社会を第一章「地域社会から国際社会」（From the local community to a world society）において以下のように展望している。

(ア)　人口の過剰化が進行する地球（An increasingly crowded planet）
(イ)　人々の活動の世界化（Towards the globalization of human activity）
(ウ)　コミュニケーションの普遍化（Universal communication）
(エ)　地球的相互依存の多面化（The many faces of global interdependence）

(オ) 不可実性の世界（An uncertain world）

(カ) 地域的なものと地球的なもの（The local and the global）

(キ) 世界の理解と他者の理解（Understanding the world and understanding others）

(ア)は、人口が途上国において過剰化していることにともなう問題で、国際協力の課題であるだけでなく、難民、外国人の不法入国、外国人労働者などの形で、わが国における地域レベルの問題にもなっているところである。

(イ)については、経済活動のボーダーレス化ということだけでなく、そこで生じている仮借のない開発競争のなかで勝者と敗者の差が色濃く現れるようになったことから、重大な犯罪の世界化という危機があることも指摘されている。

(ウ)は、技術革新のおかげで、人類は地球的拡がりを持つコミュニケーションの時代に足を踏み入れたが、このような発展から取り残された世界の半分を忘れてはならないことや、画一的で内容空疎な世界文化の伝播によって、それに接した人々のアイデンティティを喪失させてしまうおそれがあることにも注意を促している。

(エ)では、経済や技術の分野だけでなく、他の分野（例えば、環境問題）の人間の営みのなかでも、公私を問わず行われるいろいろな決定や活動が地球規模的に錯綜していること、国際的な人の移動が活発化していること、それが統計上の数字だけでは表現できない深刻な影響を出身国と受け入れ国の双方にもたらしていること、人口移動の活発化のために、特に大都市においては、言語の多様性（一億人以上が使用している言語は十あまりにすぎないが、世界には約六千の言語があるといわれている）を踏まえなければ対応できないような状況――国際語となっている英語だけでは対処できないような状況――が生まれていることなどを重視している。言語の多様性については、異なった集団のコミュニケーションの障害としてではなく、むしろ言語教育の強化という観点から考えるべきだということも指摘されている。

(オ)では、軍備競争がもはや限られた国だけのものではなく、政治グループやテロリスト集団といった非国家集団までも巻き込んでいること、世界が核の拡散防止に成功したとしても、高性能な化学兵器や生物兵器の危険は依然として存在すること、国家間の紛争の危機に加えて、市民戦争や広域暴力団などの危機も生じていることに目が向けられている。

(カ)では、世界化が進行している一方で、さまざまなルーツへの回帰の模索がみられるため、政治的にだけでなく社会にとっても、また個人にとっても、今日の人間のあらゆる営みのなかに見られる多くの相克する緊張関係をうまく乗り越えることがますます難しくなっているという状況が指摘されている。

(キ)は、以上のような現実に存在する相互依存性を、望ましい連帯性 (solidarity) に転換しなければならないこと、そのためには人々がまず総体的な知識を獲得し、ついで物事を相対的に眺め、情報過多に対しては批判的態度をとれるようになるための教育が重要であることなどが指摘されている。

## 2　国際化社会を展望した生涯学習推進の課題

以上のように、国際化社会は、現実には決してバラ色の理想的社会なのではなく、さまざまな困難をかかえた社会であり、そこに大きな教育の課題があるわけであるが、このことは、わが国も例外ではない。

こうした状況認識に基づいて、平成一〇年度の『我が国の文教政策』は、国際化に対応した文教政策として、次のような三つの課題への取り組みを強化していくべきことを指摘している。

(ア)　日本人としての自覚とともに国際的な視野と経験を身に付け、二一世紀の国際社会の中で生きる日本人を育成すること

(イ)　各国の人々とお互いの文化、習慣、価値観等を理解し合い、信頼関係を築いて行くために、教育・学術・文化・スポーツの分野での国際交流を一層推進する。

(ウ)　我が国の国力と国際社会における地位にふさわしい国際貢献を行い、諸外国の我が国への期待にこたえていくとの観点から、人づくり等に貢献する国際協力を積極的に推進していく。

なお、多くの地域では外国人労働者が増えているが、その母国と日本との過去の歴史的な関係が微妙な形で日本人との関係に投影されている場合があるといわれているので、その辺に配慮した教育的取り組みが必要なこともあるであろう。

最後に、国民形成にあたって重要と思われる「国」の学習に関しての私見の一端を示しておきたい。

「国」については、多様な理解のしかたがある。西と東という分類、北と南という分類、先進諸国と発展途上国という分類、アジア・ヨーロッパ・アメリカといった地域的な分類、宗教による分類などきわめて多様である。しかし、これまでに見られた分類は、その根底に共通した考えがあった。「国」はすべて遅れた状態から進んだ状態に向かって発展していくという進歩観である。文化についても、このようなとらえ方が根強く、われわれはとかく、進んだ文化、遅れた文化というように考えがちである。「国民形成」の観点から先験的存在としての国民を、「想像の共同体」としての国民として形成するにあたって重要なことは、上のような考え方を払拭することである。われわれが身につけなくてはならない考え方は、文化にはそれぞれ固有の価値があるという文化相対主義の考え方であろう。

ということは、日本以外の国を、発展途上国などとしてくくってしまい、日本より遅れた国であるというように単純にとらえるのではなく、個々の国の制度、歴史、文化などを具体的に理解し、それを尊重できるようにすることが必要だということである。こうした学習も含めた生涯学習の発展を期待するものである。

**註**

(1) この点について、相良惟一編『精解・学校六法』(共同出版、昭和五四年版)は、教育基本法第一条についての解説において次のように述べている。

「本条に掲げる教育の目的は教育全般に及ぶのかどうか、たとえば、わが国の家庭教育の目的まで、すべてカバーするかどうかという問題も提起されよう。これについては、文部省筋の見解は、家庭教育を含む一切の教育の目的について規定したものというのであるが、主として公民教育などの社会教育について、その目的を規定したものと解してよいであろう。」一九―二〇頁。

（2）この点については、筆者は次の論文で考察している。「現代学校教育の課題を考える一視点――〃教育〃概念と〃学習〃概念の統一的把握を通して」日本学校教育学会編『学校教育研究』一九八六年、二一―二二頁。

（3）Anderson, Bendict, *Imagined Communities-Reflections on the Origin and Spread of Nationalism* (Verso, 1983)（ベネディクト・アンダーソン著、白石さや、白石隆訳『増補・想像の共同体――ナショナリズムの起源と流行』NTT出版、一九九七年）。

（4）文部省『平成八年度　我が国の文教政策：生涯学習社会の課題と展望――進む多様化と高度化』一〇―一一頁。

（5）この点は、『国際理解教育の理論的実践的指針の構築に関する総合的研究』（研究代表者・中西晃、一九九八年三月）において、第二次大戦終了後におけるわが国の初等・中等学校における実践の分析から明らかにされている。

（6）Birgit Meyer と Peter Geschiere はその編著 *Globalization and Identity* (1999) において、この状況を Flow と Closure という言葉で表現している。

（7）天城勲監訳『学習：秘められた宝』ぎょうせい、一九九七年。

（新井　郁男）

# II部　公教育の変容と教育行政

# 6章　教育行政における規制緩和の意義と限界

## はじめに

周知のように、第二次大戦後半世紀を経た現在、わが国は戦後最も大きな行政制度全般の改革を行おうとしている。こうした中で、そのキーワードとなっているのが「規制緩和」である。本稿は、こうした規制緩和に向けた行政改革の動きが、教育行政にとってどのような可能性と問題点を持っているのか、その意義と限界を明らかにすることを目的とする。そこで、本稿では、まず第一に、教育行政の特質について整理し、戦後の教育行政の課題について明らかにする。第二に、特に一九八〇年代以降提唱されるようになってきた「規制緩和」の意味とその背景を明らかにすると同時に、教育行政の視点から見た規制緩和の意味と意義について明らかにする。第三に、教育行政における規制緩和の中でも特に大きな焦点となっている「学校選択」問題を取り上げ、その意義と問題点を明らかにする。最後に、以上の検討を踏まえた上で、今後の教育行政に求められる新たな役割と課題を明らかにする。

## 一節　教育行政の特質とわが国の教育行政の課題

教育行政の規制緩和の意味を検討する前に、まず、教育行政の特質について、あらためて確認しておくことが必要であろう。

## 1　教育行政の特質

教育行政とは、国家によって制定された公教育における、国家または地方自治体による行政である。したがって、それは、一方で国家のあり方によって、他方で教育の本質によって、その性質を規定される。すなわち、国家は非個人的・抽象的性格をもっているのに対して、「人間を人間たらしめる」教育の本質は個性と自発性にある。皇至道は、教育とは「本来個々人がその個性のうちに秘めている、価値可能性の自主的形成作用」であり、「このような人間の全生涯を貫く、精神的生活としての教育行政は、その理論的根拠を教育作用の本質のうちに見いだすべきである」と述べている(1)。したがって、このような立場に立って教育行政をとらえた場合、教育行政は、次のような特質を持つことになる。第一に、教育行政による教育への関与の仕方・範囲・程度にはおのずから限界があること、第二に、教育行政はできるだけ権力による統制を避け、指導助言、助成を中心にしたものにならざるをえないこと、第三に、教育行政が一般行政から分離・独立することが望ましいこと、第四に、教育制度とその運用においては、具体的・個別的な教育関係に応じて専門家が自主的に判断できる余地が用意されていなければならないこと、第五に、教育の判断は可能な限り教育現場の近くに置くことが求められるため、教育行政においては地方分権が望ましいこと。

以上のような特質は、教育に関する国家権力の関与の限界という側面からの指摘であったが、他方、国家が教育に関与することの積極的意義も忘れてはならない。それは、国家の目的が共同善、公共の秩序・福祉の達成にあり、その「規制力」は、人権としての「教育を受ける権利」の保障、教育の機会均等の保障にあるのである。すなわち、教育行政は、個性の自発的発展を中核とする教育の本質と、それを機会均等の原理によって助成または強制しようとする国家権力との調和のうえに成立しているのである。したがって、教育行政における「規制緩和」とは、この微妙なバランスの上に成り立っている教育と国家権力のあり方を見直し、国家の役割の縮小を図ることであると言えよう。

### 2　第二次大戦後の教育行政の課題

わが国の戦後の教育行政は、戦前のドイツ型からアメリカ型のサービス行政へと変更された。それは、上記のような、教育に関する国家権力の限界を前提とした上での「指導助言」「地方分権」「民主性」「専門性」を特徴とするものであった。しかし、まもなく、わが国の教育行政は、地方教育行政法の成立とともに国家的規制力を再び強め、これらの当初の理念のいずれにおいても大幅な後退を見たのである。この後の教育行政をめぐる対立、例えば、教科書裁判、学習指導要領をめぐる対立、教育長の任命承認制等は、いずれも、これらの点を巡っての対立であった。それは、一言で言えば、「国家からの自由」、特に、「国家からの団体の自由・自治の確保」が課題であったといえるだろう。そして、それは、教育の本質論から、そして、民主主義の視点から、当然確保されるべきものであったが、いわゆる「五五年体制」「保革対立」という政治的対立状況の下で、その十分な実現は果たせなかったのである。こうした戦後改革期当初の理念回復の要求は、「教育の自由」として主張されてきたが、それは、「国家からの自由」を求めるという意味で、一つの「規制緩和論」であったということができるだろう。

## 二節　新しい「規制緩和論」の出現とその特色

一九九〇年代に入ってからの冷戦の終結は、わが国の教育行政の長年の課題であった上記のような「国家からの自由」を可能ならしめる状況を生み出した。しかし、冷戦の終結は、同時に、一九八〇年代以降広まりつつあった小さな政府を求める「新保守主義」の下で、こうした枠組みとは異なる、新たな自由の概念をも加えることになったのである。すなわち、「国家対市場」という枠組みの登場と、それに基づく「国家からの消費者としての個人の自由」という課題である。それは、まず、政府による経済社会分野での改革として始まり、次第に、教育行政を含むわが国の行政全般にわたる見直しとなった。これが、新しい「規制緩和論」である。以下、その動向を示してみよう。

## 1　政府の規制緩和策の動向――臨時教育審議会まで

政府の規制緩和への取り組みは、業務の簡素合理化や国民負担の軽減を目的に、「許認可等の整理」として随時行われてきたが、より積極的な取り組みが行われたのは、昭和五六年から昭和五八年までの第二次臨時行政調査会（第二次臨調）においてであった。ここでは、公的部門の役割の見直しや民間活力の発揮の必要性を背景に「規制緩和」が取り上げられ、許認可等についての改善点が具体的に指摘された。さらに、昭和五八年から平成五年までは、第一次から第三次までの臨時行政改革推進審議会（行革審）が設置され、より一層の規制緩和が提唱された。実際、この間、中曽根政権下においては、国鉄・電電公社・専売公社の民営化、金融の自由化等の実施がなされた。これらの改革が、一九八〇年代のアメリカやイギリスにおける小さな政府をめざした「規制緩和」の国際的動きと連動していたことは明らかであった。

こうした動きを背景として、この時期、教育分野における規制緩和に先鞭をつけたのは、昭和五九年から昭和六二年まで設置された臨時教育審議会であった。「教育大臨調」を提唱していた中曽根首相の下で、臨時教育審議会は、当初、「教育の自由化」を議論したが、それは、画一的な現行の教育制度を変えるため「教育行政分野における許認可・各種規制、補助金等の全面的な見直し、教育分野への民間活力の導入……学校の民営化、塾の合法化、選択の自由の拡大と競争メカニズムの導入」を内容とするものであった。これは、明らかに、公教育への自由主義的競争原理導入をねらいとする「新保守主義」の立場からの「教育の自由化」であった。しかし、「自由化」という言葉の持つあいまいさと、「公教育解体」への反発の大きさから、教育改革の原則としての「自由化」は、「個性化」へ、そして、最終的には「個性重視」へと変更された。その結果、学校の民営化や塾の合法化は検討課題として残されたものの、第一次から第四次の報告書には、「個性重視の原則」と「選択の機会の拡大」の実現に向けて、大学設置基準および学習指導要領の大綱化、大学入学資格の自由化・弾力化、教科書検定の簡素化、地方分権の推進、通学区域（学校選択）の弾力化、私立小・中学校設置の促進等が盛り込まれた。

このように、臨時教育審議会は、最終的には教育の「私化」には踏み込まず、「教育の自由化」は「弾力化・多様化」として妥協されたが、これらの「弾力化・多様化」策もすべての提言が直ちに実現することはなかった。しかし、これによって、公教育に選択の自由の拡大と競争メカニズムを導入するという新保守主義路線への布石が打たれ、その後のわが国の教育改革の筋道が決定されたと言ってよいだろう。

## 2　五五年体制の崩壊と規制緩和策の実現へ

平成三年のソビエト連邦の崩壊と冷戦の終結、及び、その二年後の五五年体制の崩壊と連立内閣の成立は、政府の規制緩和への取り組みを本格化させることになった。すなわち、平成六年二月、「行革大綱」が閣議決定され、規制緩和の目的が、従来の「国民の負担軽減や行政事務の簡素化を図る」ことに加え、「内外の透明性の向上と国際的調和を図る」ことや、「中長期的に自己責任原則と市場原理に立った経済社会を実現する」という、より積極的な意味を持つことが明示された。翌平成七年三月には、「規制緩和推進計画」が閣議決定され、一七九七事項にわたる規制緩和方策が実施された。さらに、同年一二月、政府の行政改革委員会が「規制緩和に関する意見（第一次）――光り輝く国をめざして」を発表し、流通、物流、情報・通信、金融、エネルギー、農産物、ニュービジネス、住宅・

土地、等の分野を中心とした規制緩和の一層の推進が提唱されたのである。

こうした中で、平成八年一二月、教育における規制緩和を正面から打ち出した二つの報告書が出された。第一に、政府の行政改革委員会第二次報告書である。そこでは、教育内容等の多様化を通じて特色ある学校を作ること、および、その教育内容を保護者、子供が評価、選択できるように制度改革を行うことを方針として示した。具体的には、「教育を与える側の自由を確保する方策」として、教科書検定制度の透明化と採択制度の改善、社会人教員の登用の促進、学校（大学）設置の弾力化を、また、「教育を受ける側の自由を確保する方策」として、学校選択の弾力化と中学校卒業程度認定試験の弾力化を提言したのである。

第二の報告書は、『地方分権推進委員会第一次勧告――分権型社会の創造』である。前年の平成七年五月、村山内閣の下で「地方分権推進法」が成立し、それによって地方分権推進委員会が設置された。翌平成八年一二月に出されたその報告書は、機関委任事務の廃止などを含めた大胆な提言を行ったが、教育行政に関しても重要な提言を多数含んでいた。それらは、いずれも、従来国の規制に縛られてきたものを地方の判断において可能にしようとするものであった。例えば、教育課程基準の一層の大綱化・弾力化、教育長の任命承認制の廃止、文部大臣の教育委員会に対する指揮監督の廃止、文部大臣の、都道府県・市町村に対する指導・助言・援助を教育委員会の自立性を高めるよう改善すること等である。

次いで、平成九年一月には、文部省の「教育改革プログラム」が発表された。そこでは、「国民一人一人が将来に夢や目標を抱き、創造性とチャレンジ精神を存分に発揮できる社会をつくる」ことを目標に、教育を、「あらゆる社会システムの基盤」と位置付け、これを、行政改革、経済構造改革、金融システム改革、社会保障構造改革、財政構造改革の五つの改革と一体となって、改革を実行するとうたった。具体的には、まず、「教育制度の弾力化」として、大学入学年齢制限の緩和、中学校卒業程度認定試験の受験資格の弾力化、通学区域の弾力化、盲・聾・養護学校における訪問教育の充実、が示された。また、「地方教育行政システムの改善」として、教育長の任命承認の廃止、教育長に適材を確保するための方策、教育委員に多様な人材を確保するための方策、他部局との柔軟かつ積極的な連携を挙げ、早急に検討するよう求めた。このように、「教育改革プログラム」は、前年に出された行政改革委員会と他方分権推進委員会による二つの報告書の内容を受け継ぐものであった。

さらに、平成一〇年にも、教育行政の規制緩和策を提唱する二つの報告書が出された。第一に、九月に出された中央教育審議会答申「今後の地方教育行政のあり方」である。それは、教育行政における国と地方との役割分担のあり方を見直し、教育行政における地方分権の推進と学校の自主性・自律性の確立を提唱した。具体的には、教育課程等の基準の緩和、各学校の学級編制の弾力化、教育長の任命承認制度の廃止、校長の任用資格の弾力化、地域住民が学校運営に参画する学校評議員制度等を提案したのである。第二に、一二月に出された小渕首相直属の諮問機関である経済戦略会議の中間報告書「日本経済再生への戦略」である。これは、「過度に公平や平等を重視する社会風土から効率と公平を軸とした社会の変革」、「健全な競争社会の構築」を強調したもので、特に教育に関しては、義務教育に複数校選択制を導入することによる、「学校間の競争促進」を提言した。

その他、平成八年一〇月に出された経団連社会本部人材育成グループによる報告書「創造的人材育成に向けた規制緩和の推進」は、カリキュラム編成・教材選択・教員資格・学校選択の弾力化、修業年限の緩和および大学入学年齢制限の引き下げ等を提言した。また、平成一〇年七月には、社会経済生産性本部・社会政策特別委員会が「教育改革に関する中間報告書」を発表し、公立小中学校の学区制の廃止や学校長への学校経営権の委譲等を提案した。

### 3　教育行政における規制緩和論の構造と特色

以上、各種の報告書・提言の検討から、広い意味でとらえた場合、教育行政における規制緩和とは、次の三つの関係の間の権限の再配分としてとらえ直すことができる。

①「中央政府」対「地方政府」

②「中央・地方政府」対「学校」

③「中央・地方政府、学校」対「親・住民」

各種委員会等による規制緩和の提言をこの分類によって具体的に整理してみると、次のようになる。①「中央政府」対「地方政府」における「規制緩和」に含まれるのは、機関委任事務の廃止、教育長任命承認制の廃止等の、いわゆる「地方分権」にかかわる事項である。②「中央・地方政府」対「学校」における「規制緩和」に含まれるのは、教科書採択の弾力化、学校設置の弾力化、教育課程編成の大綱化、校長・教員資格の弾力化、自律的学校運営等の提案である。ここには、学校における「自律性・専門性」の尊重と、学校の「競争・選択」の尊重の、二つのねらいが含まれている。③「中央・地方政府、学校」対「親・住民」における「規制緩和」に含まれるのは、学校選択の弾力化、中学校卒業程度認定試験の弾力化、大学入学年齢制限の引き下げ、学校評議員制度等である。これらは、「学校選択」と「学校参加」の二つの意味を含んでいる。

結局、現在、教育行政に規制緩和が求められている背景には、二つの流れがあることがわかる。第一に、「地方分権的視点」である。これは、戦後の新しい教育行政が、その後、地方教育行政法によって、国の規制力を強め、地方分権や市民参加、専門性の尊重などの戦後教育行政改革本来の理念を大幅に弱めてきたことへの批判として求められている規制緩和論である。東西冷戦を背景として拡大された国家の規制は、冷戦が終了した現在、緩和されるべきであるとする立場である。それは、また、「市民・公民」としての国民像に立って、新しい「公」あるいは「公共性」を求めて、「参加と共同」によって教育行政の改革を行おうとする立場でもある。第二に、「経済社会的視点」である。すでに明らかにしたように、政府の規制緩和への取り組みは、もともと「我が国経済社会の抜本的な構造改革」を行うためにスタートしたものであった。それは、「国際的に開かれ、自己責任原則と市場原理に立つ自由な経済社会」の確立を目指していた。(2) こうした自由な経済社会に生きる「消費者」としての国民像に立って、多様な学校教育の選択肢を用意し、その「選択と競争」によって教育の質を向上させる改革を求めているのが、第二の規制緩和論である。現在のわが国の教育改革における規制緩和は、この二つの流れを包括したものととらえることができる。

しかし、この二つの立場は、国家＝官僚性批判としては共通の側面を持つものの、基本的な指向性において対立する面も持っており、この二つのどちらの立場に立つかによって、教育行政における規制緩和の実際の姿は、大きく異なることになる。現在のわが国における教育行政の規制緩和政策は、この両方の立場を包括した形で推し進められているため、その根底には大きな矛盾を抱えていることになる。(3) 教育行政の規制緩和をめぐる現在の論議と対立は、以下で述べるように、正にこの点をどう解釈するかをめぐって展開されているのである。

## 三節　「学校選択」の意義と限界

規制緩和問題で最も議論を巻き起こしているのは、「学校選択問題」、すなわち、「義務教育学校における学校選択の自由化」であろう。それが教育行政の規制緩和のシンボル的存在として扱われていることは、すでに分析した各種提言から明らかであった。それだけに、学校選択問題の扱いは、今後のわが国の規制緩和政策の方向性を決める大きな試金石になるだろう。なぜならば、この問題は、すでに示した規制緩和の第一の立場と第二の立場によってとらえ方が大きく異なるからである。そこで、ここでは、この学校選択に焦点を当てて、その意義と問題点を明らかにしてみよう。

### 1　「学校選択」の意義と動向

すでに述べたように、「学校選択の自由」が初めて本格的に論議されたのは、臨時教育審議会においてであった。その第三次答申においては、現行の学区制度において学校選択ができないことが、「学校教育の画一性、硬直性、閉鎖性と子どもの自主的精神・個性の伸長を妨げている」と指摘し、「学校選択の機会を漸進的に拡大していくため、当面、具体的には、調整区域の設定の拡大、学校指定の変更・区域外就学の一層の弾力的運用、親の意向の事前聴取・不服申し立ての整備など多様な工夫をすべきである」と述べた。こうした論調は、その後も現在までの政府の各種答申に引き継がれている。

他方、文部省は、昭和六二年五月、臨時教育審議会第三次答申を受けて通知を出し、保護者の希望を生かすため、通学区域の運用について市町村教育委員会に多様な工夫を行うよう求めた。その後、平成八年一二月の行政改革委員会の答申は、「指定された学校以外の選択は困難という硬直した状況から、自らの意思で多様な価値の中から選択できる状況になるということは、選ぶ側の意識を柔軟にするとともに責任感を感じさせ、ひいては、逃げ場がないために生じている不登校の問題の解決にも寄与していくと考えられる」とその意義を強調した。そして、昭和六二年の文部省通知後、教育委員会の取り組みが十分行われていないことを批判し、政府が、教育委員会に対して、学校選択の弾力化を行うよう指導すべきであること、また、教育委員会の取り組みに役立てるため事例等を収集して情報を提供すべきこと、さらに、学校指定の変更や区域外就学の仕組みについて、そのための「相当の理由」を弾力的に取り扱えることを周知するよう求めた。これを受けて、文部省は、平成九年一月、「通学区域の弾力的運用について」と題する通知を出し、市町村教育委員会に対し、第一に、通学区域制度の運用に当たっては、地域の実情に即し、保護者の意向に十分配慮した多様な工夫を行うこと、第二に、学校指定の変更や区域外就学については、地理的な理由や身体的な理由、いじめの対応を理由とする場合の外、児童生徒の具体的な事情に即して相当と認めるときには、保護者の申請により認めることができること、第三に、これらのことを広く保護者に周知し、保護者に対する相談体制の充実を図ることを指示した。また、同年九月には、「公立小学校・中学校における通学区域制度の運用に関する事例集」を出した。

このように、わが国の「学校選択」は、現在までのところ、市町村教育委員会による学校指定を基本にしながら、通学区制度運営の「弾力化」という形で進められているが、地域によっては、実質、「自由化」に近い学区もあるという。(4)

このような状況の中、すでに述べたように、平成一〇年の経済戦略会議が複数校選択制を、また、社会経済生産性本部が学区制の廃止を主張するなど、自由化への提言が続いており、将来的に、公立学校間の完全自由化に向かうことが予想される。

## 2　「学校選択」の問題点と課題

しかし、学校選択の自由化の実施に対しては、批判も多い。学校選択をめぐる主要な対立点は、大きく分けて三点あった。

第一は、それが、受験競争の激化・低年齢化を招き、学校の序列化・学校間格差を生むのではないか、という点である。これに対して、行政改革委員会は次のように反論している。「学校が、受験し進学するための学力という単一の価値でない多様な教育内容を提供し、保護者に選択する機会が与えられることにより、その意識の変化が促される」「学校の序列化・学校間格差の発生に対する懸念は、……我々国民が学校の在り方を学力という単一の価値で判断するかどうかにかかっている。各学校の教育内容が多様化し、それぞれの内容に価値を認めていければ、単一の価値を前提とした序列化の懸念は払拭されるとともに、学校間に多様性が存在することが『格差』であるならば、今後このような『格差』を義務教育制度の中でも積極的に肯定していく必要がある」。これに対して、堀和郎は、「選択の機会を与えることで期待される『意識の変化』が促されるという主張にはあまり根拠はない。教育風土を前提とするとき、公立中学校の学校選択は、当面は『悪い学校』を避ける形で展開する可能性が高く、学校の序列化は避けられない」(5)と批判する。同様に藤田英典も、「日本の場合、義務教育段階で学校選択の自由を認めることになれば、中学校の序列化と中学受験競争の弊害が新たな問題として大きくクローズアップされることは必至のことと考えられる」「アメリカの場合と違って、日本の学校教育には、すでに過剰ともいえる競争がある。そこに新たな競争原理を導入すれば、それによって実現されるメリットよりもデメリットの方がはるかに大きいと考えられる」(6)と批判する。

第二の対立点は、それが、学校と地域社会との結び付きの弱まりをもたらすのではないかという点である。これに対して、行政改革委員会は、「地域の教育力は、その地域の学校に通っている子供のみならず広く地域全体の子供に対して発揮されるべきものであろう」と述べ、その疑念に反論している。同様に、葉養正明も、「学校制度の多様化を含め、学校ごとの特色が進むことになれば、地縁原理に基づく学校指定校制度には明らかに無理が生じてくる。学校の『特色』を、学校を取り巻く地域の文化・風土を感じ取ってつくりだすことになっても、親の側にはそのような色付けを拒む自由があるはずだからである。伝統的な閉じられた農村社会ではまだしも、今日のように多様な価値観・生活意識を持つ住民によって構成される地域では、地域の色合いを一色でとらえようとすることには明らかに無理がある[7]」と述べる。これに対して、堀和郎は、「義務教育学校は地域社会の凝集性を維持する基本システムであり、学校によってかろうじて地域のまとまりが維持されており、地域の教育力は学ぶ場と生活する場が重なることによって初めて生ずることへの認識に欠けている。つまり、学校選択の弾力化が学校と子どもの生活を地域社会から引き離し、地域社会の脆弱化をもたらすことに無頓着である[8]」と厳しく批判する。

第三の対立点は、教育の商品化＝私事化のもたらす帰結である。堀和郎は、次のように批判する。「学校が選択の対象となり教育の私事化が促進される結果、教育はpublic good（公共善）のために提供され、子どもたちは共通の場で共通の経験を共有すべきであるという公教育の観念が廃れ、『公共的討論』を通じて学校をつくるという親・住民の学校作りの主体としての立場は見失われる[9]」。藤田英典もまた、同様に、学校を民主主義社会の「共生」と「公論」という二つの基本的価値を支えるものとして位置づけた上で、まず、「共生」に関して、「学校を市場メカニズムのなかに置き、学校教育の早い段階から選択行動の対象として位置づけていくことは、この価値を軽視し、選択と共生のバランスを崩していくことにつながる」と述べる。他方、「公論」については、「それは、公共性にかかわる諸現象を公論の対象にし、社会的（集合的）な選択・決定をしていく場を支える価値であると同時に、その場とプロセスを支配するルールでもある。学校教育は、すぐれて公共的な営みであるから、常に公論の対象となり、人々の合意のもとにその在り方が決められていくべきものである。……学校を、市場メカニズムのなかに置き、消費者主権の対象としてのウェイトを高めていくとき、……学校は公論の対象としての地位から市場における商品の地位に転落することになる[10]」と批判する。これは、明らかに、規制緩和の二つの流れのうちの、第一の立場よる第二の立場への批判ということができるだろう。

その他、「学校選択」に伴う問題としては、施設・設備や教職員数に著しいアンバランスが生じ不公平感が発生すること、他の学区への希望者が集中した場合、本来の学区の教育環境の悪化とそこの児童生徒への悪影響が予想されること、離れた学区の学校を選択した場合、通学手段や時間等の面で児童生徒の負担が大きくなること等があげられている。

わが国の学校選択政策が、「弾力的運用」から「自由化」に踏み出す前に、以上のような疑問と批判にどう応えるのか、その限界をどう克服するのか、慎重に検討する必要があるだろう。

## 四節　教育行政の新たな役割と課題

規制緩和の流れが一層進む中で、必然的に教育行政の役割は変化せざるをえない。というよりも、教育行政の変化こそが、規制緩和を進める鍵になるといってよい。すでに述べたように、現在進められているわが国の規制緩和策は、地方分権的視点からの流れと経済社会的視点からの流れの二つを内に含んでいる。従って、今後のわが国の教育行政の最も重要な原理的課題は、この二つの視点をいかに統合するかということである。このような視点から見た場合、具体的には、次のような二つの課題を指摘できる。

## 1　地方分権の確立と学校選択

中央政府による規制を緩和する最も重要な方策が「地方分権」の推進であろう。その実現のためには、今後、以下の四点が特に必要である。

第一に、地方への権限と財源の大幅な委譲である。現在、機関委任事務の廃止が検討されているが、しかし、財源については未定である。教育行政にかかわらず行政全般における財源の委譲が伴わなければ、真の意味での地方分権とは言えない。この点、現在審議が進められている地方分権一括法案は、大きな課題を抱えているといえよう。第二に、戦後教育行政の原理であった教育委員会の「素人統制」と「専門的指導」のうち、「素人支配」が十分実現されなかったことが、官僚支配に結びついた要因のひとつである。真の地方分権実現のためには、地方教育行政に地域住民の声を反映させる新たな仕組み、行政参加の仕組みを作りだす必要がある。この点、平成一〇年九月に出された中央教育審議会答申は、十分な提言を行っていない。第三に、教育行政に関する情報を住民に提供する情報公開の促進である。第四に、「専門的指導」を行うに足る力量を備えた「教育行政専門職」が今後ますます必要となる。教育長や指導主事等、教育行政専門家としての採用、養成、資格制度の見直しが急務となろう。

このような教育行政における地方分権の確立は、規制緩和のもうひとつの流れの主要テーマであった「学校選択」実現にも不可欠である。なぜならば、「学校選択」の導入自体が、その地域社会に与える影響が極めて大きく、この問題は、正に、地域の問題として、住民の総意の下に決定されるべきだからである。したがって、この問題の取り扱いこそ、住民不在の官僚行政から脱却できるかの試金石になると考えられる。こうした点を考えるならば、問われなければならないのは、「規制」の存在そのものではなく、「規制」の中身であり、教育行政における官僚制のあり方である。その中身を問うのが住民自治であり、参加である。例えば、アメリカでバウチャー制度導入の是非を決めたのは、住民投票であった（カリフォルニア州の例。この場合、否決された）。「選択」は「参加」と「公開」をベースに実現すべきものであろう。したがって、官僚制の弊害を撤廃することを主要な目的のひとつとする、わが国の教育行政の規制緩和を進める上で、その前提となることは、そして、最も最初に行うべきは、教育行政への住民参加・民意反映のルートを作ること、及び、情報公開の実現である。今後の教育委員会改革の最大の課題のひとつは、まさにここにあるといってもよい。

## 2　学校運営の自律性を高めるための規制緩和策とその課題

第二の課題は、学校運営の自律性を高めるための規制緩和策の実現である。学校教育の画一性を打破し、創造的で個性を尊重した教育を行うためには、まず、学校で毎日子どもたちと接する専門家教師が専門性と創造性を十分発揮することが可能でなければならない。かつて臨時教育審議会答申は、学校教育の画一性の原因を、学校選択ができないことに求めたが、当時教育界でどれほどの人がそれに同意したであろうか。従来、学校教育が画一的であった最大の原因は、何と言っても、文部省と教育委員会による規制の存在であったといってよいだろう。規制緩和を求める各種答申は、これらの規制の緩和を求めているが、より徹底した規制緩和が必要である。まず、文部省の学習指導要領の法的拘束力は、教科名や時間数などの形式的なものにとどめ、教育内容については法的拘束力をはずし参考にとどめるべきであろう。また、教育委員会の学校管理規則の大幅緩和も必要であり、教材の扱いや教科書の採択も学校に任せるべきである。さらに、予算、人事等においても学校に大幅な権限を与えなければならない。平成一〇年九月の中央教育審議会答申も、学校の自律性を提唱し、人事面での権限の一部を校長に与えるべきであるとしたが、学校が真に必要とする人材を集められるような、より大胆な人事改革が必要である。教育内容、教材、予算、人事に関する権限がそろって初めて自律的学校運営が可能となるのである。

したがって、教育行政は、今後、こうした自律的学校運営をサポートするための支援機能に、その役割の焦点を移すべきであろう。すなわち、戦後教育行政の本来的機能であった「サービス行政」へと転換を図るべきである。特に、本来的な意味での専門的助言や指導などを行える体制の整備が必要であり、そのための研究の裏付けが求められる。文部省には、国内外の教育に関する研究と調査の機能を格段に充実させる必要があるであろうし、教育委員会においても、教育政策立案の裏付けとなる地域の教育に関する調査を担う研究所の充実、学校への専門的助言等が行える人材の育成と教育センターの充実等が必要となろう。

他方、こうした学校運営の自律性の拡大に対しては、それをチェックするものが必要である。住民への情報の公開と住民の参加は、学校作りへの「協同・協力」という面だけではなく、このチェック機能も持っている。中央教育審議会が学校評議員の提言を行ったのもそのような理由からであろう。素人統制と専門家の指導が戦後教育行政の重要な原則であったのと同様、学校運営においても、親や住民によるチェックと専門家教師の指導が必要である。特に、学校運営が自律性を増せば増すほど、地域住民によるチェックが求められる。しかし、チェック機能を持つのは、「選択」も同様である。そもそも、初めて学校選択を提唱したアメリカの経済学者フリードマンによれば、公立学校に競争をもたらそうとしたねらいは、親による「選択」という手段によって、教育の質の向上を図ることにあったという。いわば、「選択」によって、教師の教育の質に関するアカウンタビリティーを問うことにあった。黒崎勲は、アメリカの学校改革における二つの原理として、「選択」と「参加」を挙げ、前者の適用例としてイーストハーレムの学校選択制度を、後者の例としてシカゴ学校改革運動の例をあげている。黒崎は、後者の「参加」による改革よりも、前者の「選択」による改革を高く評価しており、特に、前者の学校選択の理念が教師と親とのチェック・アンド・バランスの原理として機能し、「教育改革を専門家に促すメカニズムとなるもの」である点を評価している。[11] しかし、アメリカで学校選択が切実に求められた背景（貧富の差とそれに伴う教育の不平等）とわが国の状況はかなり異なっており、そのままこれをわが国にあてはめ、学校参加ではなく学校選択を、このような「教育専門家」のチェック装置として積極的に推し進めることには、疑問の余地がある。むしろ、チェック機能としては、わが国の場合、まず、「参加」の充実を図っていくことが先決であろう。

**註**

（1）皇至道『教育行政学原論』第一法規出版、一九七四年、三五頁。

（2）総務庁編『規制緩和推進の現況』大蔵省印刷局、一九九六年、「発行に当たって」。

（3）『地方自治ジャーナル・特集・地方分権推進委員会「第二次勧告」をどう読むか』公人の友社、一九九七年九月、七六頁。

（4）池本薫「『学校選択の自由』を問う」『学校経営』第一法規出版、平成一〇年一二月、五二—五三頁。

（5）堀和郎「公教育をめぐる規制緩和の問題点」『日本教育行政学会年報二四』一七五頁。

（6）藤田英典『教育改革』岩波書店、一九九七年、二四〇頁。

（7）下村哲夫編『学校裁量と規制緩和読本』教育開発研究所、一九九七年、二〇六頁。

（8）堀和郎、前掲書、一七五—一七六頁。

（9）堀和郎、前掲書、一七六頁。

（10）藤田英典、前掲書、Ⅷ—Ⅸ頁。

（11）黒崎勲『学校選択と学校参加』東京大学出版会、一九九四年、一七三—一七四頁。

（牛渡　淳）

# 7章　教育行政における地方分権の推進と教育委員会制度

## はじめに

今次の地方分権改革は、教育委員会制度の原理や制度運用をめぐりさまざまな課題の検討を迫っている。それら諸課題の検討については、筆者は別の機会に論じてきたし[1]、また、本書の他の多くの章でも試みられている。そこで本稿では、紙幅の関係もあり、又、それらとの重複をさけるために、今次改革と関連法令改正によって文部省と教育委員会の関係がどのようなものとなるのかを確認し、地方教育委員会制度の幾つかの基本的課題を整理する。

## 一節　教育行政における国—地方関係の特徴と分権改革の意味

### 1　「特別法」としての地教行法

教育行政における文部省と地方（教育委員会）の関係は、他の行政領域と比べて中央の関与・統制がより強いという印象をもって語られることが多いが、その論拠として引合に出されてきたのが地方自治法に対する地教行法の「特別法」的な位置づけであった。例えば、それは、今次の地方分権推進委員会の勧告作成過程で「くらしづくり

**表1**　設問「文部省と地方教育委員会との関係は各省庁と首長部局との関係に比べて縦割り性が強いと思われますか」

| | | 市町村 | 都道府県 |
|---|---|---|---|
| 1 | そう思う | 206 (29.3%) | 6 (18.2%) |
| 2 | どちらかといえばそう思う | 275 (39.1%) | 8 (24.2%) |
| 3 | どちらともいえない | 129 (18.3%) | 14 (42.4%) |
| 4 | どちらかといえばそう思わない | 52 ( 7.4%) | 1 ( 3.0%) |
| 5 | 思わない | 28 ( 4.0%) | 2 ( 6.1%) |
| 6 | わからない | 14 ( 2.0%) | 2 ( 6.1%) |
| | 合計 | 704 ( 100%) | 33 ( 100%) |

部会長」の大森彌氏が、「教育行政の特例法、あれにやっと手を付けることになりましたので将来は大きな意味をもつのではないでしょうか(2)」と語り、また、行政学者・辻山幸宣氏も「教育について言えば、今まで、地方自治法の特別法みたいな形で国が教育にいろいろ関与している。今度これは一応、除かれますからね(3)」と指摘していることなどに現れている。文部省の地方に対する関与や縦割り性が他の行政分野と比較して強いとする認識は、こうした行政学研究者の指摘にとどまらず教育長の意識の上でも同様にみられる。表1は、筆者らが実施した都道府県・市町村教育長を対象にした意識調査結果であるが、「縦割り性がより強い」という設問内容を肯定している割合（「そう思う」＋「どちらかといえばそう思う」）が、市町村六八・四パーセント、都道府県四二・四パーセントで、否定の割合（市町村一一・四パーセント、都道府県九・一パーセント）を大きく上回っている（但し、都道府県で評価留保が四二・四パーセントあり、否定九・一パーセントと合計して他省庁と変わらないという意識として見た場合、都道府県と市町村の教育長の間で意識上の大きな違いがあることに留意したい(4)）。

地教行法の「特別法」的内容として特に問題とされてきたのは以下の三点であった。

一つは、教育長の任命承認制であり、この制度は批判者から、「元来このしくみは、地方公務員人事を異例に中央官庁認可にかからしめ『地方自治の本旨』に反する違憲性を帯びていたものであり、そうした変則を一応可能にした点で、教育委員会制度の独立性が〝仇〟になっていたと見られた。もし教委制度なかりせば、府県教育長は府県自治体の公選知事の下に在る教育部長のはずで、その国家承認人事制などはとうてい立法化されえなかったにちがいない[5]」と指摘されてきたものである。

二つは、文部大臣による是正改善措置要求の特例であり、旧地方自治法第二四六条の二（内閣総理大臣の是正改善要求措置）の規定の特例として、旧地教行法第五二条は「地方自治法第二四六条の二の規定にもかかわらず」、文部大臣が必要な措置を講ずることを求めることができるとしていた。

そして、三つは、指導助言の規定である。地方自治法の規定は、文部大臣以外の国務大臣については地方自治法の一般規定のみが適用され「技術的な助言」（旧地方自治法第二四五条四項）となっているのに対して、文部大臣、教育行政では「指導、助言、援助」という規定になっており、それが他の行政分野に比べて地方に強く関与する行政手法となっていると批判されてきていたものである。事実、文部省関係者の著作でも、その点については、これまで「地教行法に基づく指導、助言、援助は『技術的な』という制約がなく、広く必要なものを行うことができ、また、『行うものとする』とされ、文部大臣の職務として積極的に行うべきものとされている[6]」、「地方自治法上も国が地方公共団体に対し、助言・勧告をすることができることとされているが、それは技術的な助言勧告に限られているのに対し、文部大臣は、都道府県および市町村の教育委員会の任務、権限の全般にわたり、積極的に指導・助言・援助を行うこととされており、その指導的地位が重視されている[7]」と述べられていたものである。

## 2　地教行法の「特別法」的性格の後退とその意味

今回の「地方分権の推進を図るための関係法律の整備等に関する法律」（以下、「分権一括法」）による関連の法改正によって右記のような地教行法の「特別法」的性格を構成していた内容が改められ地教行法の「特別法」的性格が大きく後退することになった。しかし、そうした地教行法の改正が従来の国―地方にかかわる教育行政の手法・運用を大きく変えていくことになるのかといえばそうではないと答えざるをえない。今回の地教行法の改正は、前述の大森氏や辻山氏が指摘するような意味において地教行法の「特別法」的内容を払拭したというより、逆に、地方自治法改正で新しい創設された関与法制がむしろ地教行法の「特別法」的内容を不必要にしたと見る方が妥当である。教育長の任命承認制の廃止は機関委任事務廃止に連動して妥当だとしても、文部大臣の是正改善措置要求や指導助言規定の見直しは、改正・地方自治法で新たに創られた関与法制によって再構成されているといってよいだろう。

「分権一括法」により、地教行法第五二条（文部大臣又は都道府県委員会の措置要求）が全面削除されることになったが、改正・地方自治法の第二四五条の五（是正の要求）において、この是正要求の権限が従来の内閣総理大臣から各大臣に変更される形で新たに規定されることになった。いわば、地教行法から第五二条が削除されて改正・地方自治法の第二四五条の五に移動することで文部大臣の特例が他の各大臣に一般化されたということであり、更に、是正の要求を受けた地方自治体は「是正又は改善のため必要な措置を講じなければならない」（第二四五条一項一号ハ）という規定まで加わっている。

また、文部大臣又は都道府県委員会の指導、助言又は援助に関わる規定である地教行法第四八条は以下のように改正された（傍線が改正箇所）[8]。

1 ……文部大臣は都道府県又は市町村に対し、都道府県委員会は市町村に対し……必要な指導、助言又は援助を行うことができる。

2 ……（省略）……

3 文部大臣は、都道府県委員会に対し、第一項の規定による市町村に対する指導、助言又は援助に関し、必要な指示をすることができる。

4 地方自治法第二百四十五条の四第三項の規定によるほか、都道府県知事又は都道府県委員会は文部大臣に対し、市町村長又は市町村委員会は文部大臣又は都道府県委員会に対し、教育に関する事務の処理について必要な指導、助言又は援助を求めることができる」（3項以下の新たな規定は、改正・地方自治法の規定に対応した

新設である）

この地教行法第四八条は、改正・地方自治法第二四五条の四（技術的な助言及び勧告並びに資料の提出の要求）の「特例」的な性格をもち、改正・地方自治法によって創設された関与の全体的な仕組みのなかで理解をすることが必要であるが、この地教行法第四八条の規定は、改正・地方自治法で創られた関与法制全体の中に位置づけたときその「特例」的意味合いが大部薄れたものとならざるをえないように思われる。今回の地方自治法の主要な改正点は、機関委任事務廃止により国と地方並びに都道府県と市町村との包括的一般的指揮監督関係を廃したことである。その点は特筆されるべきであるが、それに代わって国が地方の、都道府県が市町村の処理する事務に関与できるしくみを新たに創設した。それら関与の類型は次のように示されている。

［自治事務に対する関与］

・助言又は勧告・資料の提出の要求・協議・是正の要求

［法定受託事務に対する関与］

・助言又は勧告・資料の提出の要求・協議・同意・許可、認可又は承認

・指示・代執行

改正・地方自治法の「第十一章　国と普通地方公共団体との関係及び普通地方公共団体相互間の関係」の各条文にそくして、その関与法制の特徴点を指摘すると以下のように整理できる。(9) 第一に、都道府県と市町村の対等・平等性が言われながら、市町村に対する国から都道府県を通じた様々な関与が用意されており、都道府県が事実上国と一体となって市町村の上位団体化されている点である。第二は、前述の「関与の基本類型」に入らない関与として、「一定の行政目的を実現するため普通地方公共団体に対して具体的かつ個別的に関わる行為」（第二四五条三号）といった包括的な関与を可能とする規定も存在していること（地教行法第四八条の指導・助言・援助は「関与の基本類型」に該当しない当該条文規定による関与の一形態として捉えることが可能か）、第三は、「関与の基本類型」から言えば、指示は法定受託事務を対象とした強制力のある関与であるが、しかし、①市町村に対する技術的な助

言・勧告又は資料の提出を要求するように都道府県知事・機関に各大臣が指示する（第二四五条の四第二項　助言・勧告指示）、②市町村に対して是正の要求をするようにとの都道府県知事・機関への各大臣の指示（第二四五条の五第二項　是正要求指示）、③市町村教育委員会に対する指導、助言又は援助に関し都道府県教育委員会に文部大臣が指示する（地教行法第四八条三項　指導・助言・援助指示）、というように市町村の自治事務に関係しても広く指示という関与を行うことが可能となっていること（指示とは、旧来の命令と同様の強制力のある効果をもつ処分であるといわれている）等である。

以上、今回の改正によって機関委任事務制度に連動していた包括的一般的指揮監督関係が廃止され、文部省の地方に対する強い関与・統制を担保してきたとされる地教行法の「特別法」的性格も大きく後退することになった。しかし、きわめて複雑で「法制技術」を装った集権の保持が図られていると指摘されることの多いこの新たに創設された関与のしくみを考えると、[10]これまで行政運用においてハードな関与の手段に依拠してこなかった教育行政の国と地方を通じた行政運用は、今回の分権改革によっても大きな変化を生み出すとは考えられない。ただ、包括的一般的指揮監督関係が無くなり、文部省の設定する諸基準の大綱化や弾力化が進んでいくことを考慮すれば地方自治体における教育行政分野の実務面での実践的改革、意識改革が重要な意味をもってくると考えられる。

### 3　都道府県教育委員会と市町村教育委員会との関係をめぐって

文部省と地方（教育委員会）との関係同様に、今回の改革で今後の重要な検討課題として浮上してきたのが都道府県教育委員会と市町村教育委員会との関係である。今回の改革の性格が改革の主体を都道府県主義と設定していることもあって、前述のように都道府県が国と一体となって市町村の上位団体的機能を果たすことが期待されている。加えて、教育行政領域は他の一般行政と異なり県費負担教職員制度の存在や広域人事行政の要請などもあって都道府県と市町村の権限関係をどう調整するのかについては一層複雑な問題をかかえていることも確かである。例えば、兼子仁氏は、現在の県費負担教職員制度に伴う都道府県教育委員会が保持する市町村立小中学校教職員の任命人事権は、市町村事務を都道府県に「機関委任」し都道府県教育委員会を市町村全体の広域調整機関とした異例のしくみであったが、今回の改革によってその「逆機関委任」のしくみも不問に付されていくのではないかという危惧をあらわしている。(1)

分権推進委第二次勧告で『県費負担教職員の身分は市町村職員とする』と明記されながら、その任命人事権は『都道府県の自治事務とする』と書かれ、分権推進計画の閣議決定でも同じく記されるにいたっている。しかしこれでは、市区町村立学校教育の自治にとって逆効果の大問題であり、市区町村と都道府県の自治的対等原則にも反する。……市区町村立学校教師の間に〝都道府県職員意識〟が強まり、それが学校教育を地元地域から引き離す意味あいを示しつつあることが懸念される。この懸念を現実化するような今次の都道府県自治事務化であってはならない。……教職員任命権を服務監督権等から全く切り離して都道府県事務化するということは、地域教育自治の原則に反する〝不条理〟である。

加えて、今回の分権改革によって、教育行政分野でも機関委任事務廃止に伴う権限委譲や自治事務化の多くは、都道府県教育委員会にとどまるものが大半であり、市町村教育委員会へはせいぜい学期決定、就学事務程度である。国と地方の関係同様、都道府県の市町村に対する包括的一般的指揮監督関係は廃止されたが、前述のような都道府県の市町村に対する上位団体化や関与のしくみを考えると、行政運用上は都道府県教育委員会と市町村教育委員会との関係も市町村主義を強化するものとは思われない。その背景には、中核市など一部の市を除き、小規模市町村教育委員会の行財政や政策立案・執行の能力にたいする危惧等があることは自明であるが、しかし、他方では、分権改革によって市町村自治体が政令市、中核市、特例市、広域連合、一般市町村とその規模、行財政・政策立案執行の能力、権限委譲等で多層化していくことも確かであり、その分、都道府県と市町村の関係は複雑化・多様化していくことは必至である。そうした中で、教育行政における都道府県教育委員会の役割・機能は市町村に対して一元的ではありえないということを認識しつつ、いかなる役割・機能を担うべきかを問いながら都道府県教育委員会と市町村教育委員会との関係の在り方やルールを創っていくことがこれからの重要な課題となると考える。その際、都道府県（教育委員会）の性格を国の機関的性格と上位・中間団体的性格と捉えてその役割・機能を縮減し、市町村との対等・平等な関係を指向するといったこれまでの検討の視点は今後も保持されて行くべきなのだろうか。その点にかかわって、辻山幸宣氏は、「府県は市町村と対等な地方自治体として、その上下関係の存在を否定されてきた。上下関係が生ずるのは、市町村長その他の執行機関が国の機関として委任事務を処理するときに限られ、地方自治体としてはそのような上下関係には立たないというのが通説である。だが、果たして府県と市町村は自治体として対等・平等なのであろうか。府県は市町村に比して高次な団体であるという側面から目をそらしてはならない」と述べ、府県の高次の自治体という性格（垂直的政府関係における高次性、行政資源における高次性）を認めた上で府県に期待される機能の充実・強化を図っていくことが求められており、そうした府県の機能の強化・充実は、「単に市町村との分担関係において意味があるだけでなく、中央政府に対する技術的提言を行い、政策の修正を促すことで政策目的を達成することが期待されるという意味でも重要である」と指摘する。[12] こうした都道府県（教育委員会）の役割・機能として何を期待していくのかという課題は、市町村（教育委員会）の在り方にも深くかかわることでもある。都道府県と市町村との対等・平等な関係を説く立場は一般的に市町村の規模や行財政・政策立案能力の向上をその条件とし、市町村の合併等の（教育）行政の広域化を指向していくことになりはしないだろうか。それに対して、機械的な都道府県と市町村の対等・平等性を説くのではなく、都道府県の高次性を認めた上で現存の市町村（教育委員会）の適正な行政活動を支援・援助していくための都道府県（教育委員会）の役割・機能を充実・強化していく方策を探ることの方が、市町村合併等による（教育）行政の広域化を無理に促進していくことを抑制していくことにならないだろうか。そうした意味でも、教育行政分野において、辻山氏が指摘する市町村（教育委員会）を支援・援助していく都道府県（教育委員会）の新しい役割・機能の充実・強化の方策を探りながら、都道府県教育委員会と市町村教育委員会との関係（権限関係、ルール等）を検討していくことは重要な課題であると考える。

## 二節　教育委員会と首長部局の関係をめぐって

### 1　分権改革と教育委員会制度の見直し動向

今回の地方分権改革で教育委員会制度により大きな課題を投げかけているのは、国－地方という縦の関係より地方自治体における教育委員会－首長部局という横の関係の見直しであろう。教育委員会制度が合議制の行政委員会として設置されていることのメリット・デメリットをその戦後五〇年の経過の中で再吟味してみることは今後の地方教育行政の在り方を考える際には、避けて通ることのできない課題であるが、教育委員会制度が他の一般行政にはみられない国－地方関係を形成し（文部省と教育委員会が〝一対一〟の対応関係でより高度に一貫した縦割り機構を特徴とする）、又、地方自治体レベルでは、地域住民の統制が及ばない「教育行政孤島」をつくり出してきたという批判等も生みだしてきたことは否定できない一面の事実である。[13]そうした教育委員会制度に基礎づけられて形成されてきた従来の教育行政における文部省－教育委員会の関係を問い直す契機を、今次の地方分権改革は可能性として内在させていると考える。それは、地方分権改革から要請される地方行政の総合化や行政効率化の立場から教育委員会制度への問い直しがこれまでになく強まってきているところに今日の地方教育行政改革論議の特徴を見いだすことができるからである。[14]事実、幾つかの地方自治体では、「子ども課」や「お年寄り課」等の新設などによって教育委員会の所管事務を他部局に移管する動きや他部局事務との統廃合を図るような取り組みも見られるようになっているし、文部省や中教審が地方分権改革と教育委員会制度の大幅な見直しに踏み出し教育委員会の活力を一段と強めるよう提言した大きな理由一つには、こうした教育委員会制度の存在意義と役割への危機認識があったことは否定できない事実である。中教審答申でも、「第4章　地域の教育委員会制度と教育委員会機能の向上と地域コミュニテイの育成及び地域振興に教育委員会の果たす役割について」において、地方行政の総合化＝首長部局への教育行政の一体化がすすむ中で教育委員会の独自性や役割が改めて問われてくることを見通し、旧来の学校や社会教育の領域にとまらずに、地域コミュニテイの育成や地域振興といった事業に首長部局等の関連機関と連携しながら積極的に取り組んでいくことが重要であると述べている。こうした教育委員会の役割・機能の見直しは、総合的な問題整理と課題策定の視点として地域住民との関係の新たな切り結びを要請してくるだろうし、教育委員会並びに教育委員会事務局のあり方も再考させていくことになろう。

## 2　教育委員会運営と事務局の在り方をめぐって

紙幅上に余裕のない本稿では、関連する多くの課題の検討を省略せざるをえないが、市町村教育委員会の運営のあり方については、中野区の行政経験を踏まえた西山邦一氏の以下のような指摘は重要と思われる。[15]第一に、学校に対して学校管理機関としての教育行政が無用の遠慮をしてきたのではないか、指導助言をこえた対応があってもよい分野があるように思えるとしたうえで、「今日の生徒指導の現実は、学校と教育行政の役割を峻別する自主性・自立性といった牧歌的な論議では済まないように思える。事態は学校と教育行政の密接な連携を要求しており適時適切に援助できるシステムが必要とされている」としている点である。第二は、合議体という教育委員会の組織趣旨を活かす意味でも議決のための定例会・臨時会より協議会での審議を大切にし、協議会での論議が教育長の活動に方向性をあたえるような機能を創造していくことであり、「市町村教育委員会の行政委員会としての役割は限られているが、地域の教育審議会のような役割が期待されている」としている点である。そうした協議会の運営は、改めて、教育委員の選出や活動、委員会会議のあり方（公開制等）等の見直しを要請することになるだろう。第三は、市町村教育委員会には、公平な調整者のような立場で問題を解決したり教育紛争を処理する機能が期待されているのではないかとし、「教育委員会による解決は、当該事件の処理というよりも、将来の教育や教育行政の在り方につなげた問題の解決ということからも重視されるべきであり、補佐的な機構を付け加えるとしても、市町村教育委員会は出来るだけ自ら問題に取り組み、その解決を通じて行政としての課題を見つけ政策に生かして行くべきであろう」と指摘している点である。また、教育委員会事務局の在り方をめぐっても多くの問題が指摘されてきたが、ここでは事務局職員の人事・組織の在り方に関する問題の一つである事務局内部の学校出身職員と首長部局からの人事交流職員との間にある「壁」の問題に触れておきたい。教育行政における「専門性」とは何かについては論議のあるところであるが、教育行政と一般行政との大きな違いは学校の存在である。学校教員の資格職（免許制度）を前提に、学校の教育活動と学校の経営管理上の「専門性」を教育行政上で担保するために、教委事務局のそれら関係部局（指導主事・管理主事等の指導課・人事課など）には教員経験者がキャリアラダーの一ポストとして多く配置され、それ以外の部局の多くは首長部局との一般交流人事で占められているのが一般的である。こうした人事・組織の在り方が、双方の職員と仕事上の交流を阻み、首長部局職員からは教委事務局への配置は「島流し」的人事で一般行政の論理が通じづらい領域として消極的に捉えられ、逆に、学校出身職員からは、学校・教育行政の現場実態や「専門性」を軽んじるものとして批判の的とされてきた。筆者は、これら双方の適正な緊張関係が必要であると思っているが、教委（事務局）の政策立案能力向上の必要性がこれまで以上に唱えられ、又、地方分権の推進でますます要請されてくる地方行政の総合化の中で教委部局と首長部局との連携・協力や事務の統廃合を検討せざるを得ない状況となっている今日、こうした教委事務局内部の人事・組織上の問題をそのまま見過ごすことはできないと考えている。そうした問題を考えるとき、千葉県・市川市教委が一九九九年四月から実施した「教委行政職員学校現場研修」の試みは注目されてよい。[16] この研修の目的は、「市教委行政職員が学校現場において、校長、教頭及び教職員等とともに勤務し、学校が取り組んでいる業務を実際に体験しながら、学校現場への認識を深め」「各自が所管している事務事業等について、学校現場より見直し、事務事業の見直しを行い、教育行政のさらなる推進を図る」ものとしている（研修対象者は、各部課の副主幹以上であるが各課の事業内容に応じて主査・主任にも拡大）。首長部局からの交流人事職員が、こうした学校現場での研修を通して、教育行政に対する認識をどのように変えたり深めたりして、担当事務・事業や教委事務局の仕事内容を全体的に見直していくことになるのか興味深い。教委事務局の人事・組織上の大きな問題からすればこうした市川市の新しい試みはその一部分の見直しにとどまるものかもしれないが、しかし、それは同時に教委事務局の人事・組織の在り方を考え、教育行政の「専門性」の内実を問うていく(「専門性」を強調することの是非を含めて)うえで一つの大きな端緒を開く試みとして今後の成果を見守りたい。

**註**

(1) 小川正人編著『地方分権改革と学校・教育委員会』東洋館出版社、一九九八年十二月、西尾勝、小川正八編著『分権改革と教育行政』(ぎょうせい 二〇〇〇年)など。
(2) 「座談会 地方分権推進委員会第一次勧告をめぐって」『ジュリスト』一一一〇号、一九九七年四月一五日。
(3) 『地方自治 Journal』二三〇号、一九九八年。
(4) 小川正人、他「教育委員会制度と分権改革に関する調査研究――都道府県・市町村教育長の意識調査報告」『東京大学大学院教育学研究科教育行政学研究室紀要』第一八号、一九九九年。
(5) 兼子仁「地方分権と教育」日本教育法学会年報第二八号『教育改革と地方分権』有斐閣、一九九九年。
(6) 文部省教育法研究会編『教育法』ぎょうせい、一九八八年、四七頁。
(7) 菱村幸彦『改訂 やさしい教育法規の読み方』教育開発研究所、一九八五年、一〇〇頁。
(8) 地教行法第四八条一項の旧規定である「行うものとする」が「行うことができる」と規定ぶりが改正されたが、これは地方自治法の規定にならったものである。その違いは、前者が原則を示しているのに対して、後者は「なし得る」可能性や権限を保持しつつも「してもよい」し「しなくてもよい」というような裁量の余地があるという意味として捉えられ(菱村、前掲書 三三―三四頁)、旧来言われていたような「職務として積極的に行う」という意味合いが薄れたものと受けとめることが可能であろう。また、この改正が文部省と地方分権推進委員会との論議の中で、教育行政の特性として国と地方が連携・協力して国民の教育を受ける権利を充足するため、国が非権力的な作用によって自主的・主体的な活動を促進し教育の振興を図っていくことが必要であり、そうした教育行政を円滑に実施するためには、国として目指すべき一定の方向性を示し非権力的な作用によって政策的誘導を図ることが必要な場合があるという文部省側の主張が認められる中で、「都道府県や市町村の教育委員会の自立性をできるだけ高める観点に立って見直す」という地方分権推進委員会第二次勧告の趣旨を踏まえてなされたことを考えると、同条四項の地方の求めに応じて「行うことができる」と理解することが妥当であろう。

(9) 自治体問題研究所編『地方自治法改正の読みかた』自治体研究社、一九九九年、『ジュリスト』(№一一六一、一一九九年八月、一・一五号合併号)の特集「行政改革の理念・現状・展望」所収の木佐茂男「日本における地方分権の理念と到達点」、辻山幸宣「国・自治体関係の改革」の各論文など参照。

(10) 例えば、木佐茂男「日本における地方分権の理念と到達点」前掲『ジュリスト』№一一六一所収、など。

(11) 兼子、前掲論文。

(12) 辻山幸宣『地方分権と自治体連合』敬文堂、一九九四年、二二〇頁—二二三頁。都道府県の役割・機能に関する再吟味については、西尾勝編『都道府県を変える』(ぎょうせい 二〇〇〇年)を参照。

(13) 荻原克男「中央—地方関係からみた戦後文部行政の特質」『日本教育行政学会年報』第二一号、一九九五年、前掲書『地方分権改革と学校・教育委員会』など。

(14) 前掲『地方分権改革と学校・教育委員会』拙稿「地方教育行政改革と教育委員会の新しい役割——地域社会の教育課題と地方教育行政のあり方」(『都市問題』第九〇巻五号、一九九九年五月号)。

(15) 西山邦一「教育委員会の組織・権限の現状と課題」前掲『教育改革と地方分権』所収。

(16) 拙稿「教育委員会事務局行政職員の学校現場研修——注目したい市川市の新しい試み」『悠』一九九九年九月号、最首輝夫「教育委員会事務局の政策立案能力向上の試みと地域教育の「活性化」方策の展開」(西尾・小川編、前掲書、所収)を参照。

(小川　正人)

# 8章　教育行政における住民代表制と親・地域社会の参加

## 一節　教育行政における住民自治の意義と現行制度

本章の検討対象は教育行政における住民自治（住民統制）である。

国民主権の下での戦後の国家統治の基本原理を定めた日本国憲法は、その基本原理の一つとして地方自治を明示している（第八章）。日本国憲法九二条に明記された地方自治の本旨は、団体自治と住民自治の二面を含意する。団体自治とは、国と地方公共団体とは基本的に相互に対等独立であって、地方公共団体の運営については可能な限り国の関与を排除して、それぞれの地方公共団体の自主的・自律的な判断・決定に任せるというものである。一方、住民自治は、各地方公共団体の運営はそれぞれの住民の意思にもとづいて行われることを意味する。こうした地方自治の本旨は当然、教育行政に関しても貫徹される。すなわち、地方教育行政においても、国に対する各地方公共団体の独立性や自主性・自律性が確立されるとともに、それぞれの団体の住民の教育・教育行政についての意思が尊重されなければならない。なかでも教育行政の場合、アメリカ教育使節団報告書（一九四六年）の指示により、地方分権（＝団体自治）と住民自治は、一般行政からの相対的独立とともに、その戦後の基本原理として位置づけられ、とりわけ重視されるべき制度理念とされてきた。教育行政では、住民自治は、住民統制、民衆統制、あるいはレイマン・コントロールとも呼ばれる。

住民自治・住民統制については、それを実現するための制度は二つに大別できる。代表制と参加制である。代表制は、住民の意思を代弁する人（代表者）を一定の手続きで選出し、通常、代表者に公式の政策決定や政策実施の権限を与えることにより、代表者を通じて住民の意思を間接的に政策や行政に反映・実現しようとする、いわば間接民主制の仕組みである。議会議員、首長などが具体例であるが、教育行政制度では、教育委員会制度が代表制の典型である。日米におけるその成立の経緯や創設の趣旨に明らかなように、合議制の教育政策決定機関である教育委員会は、地方教育行政において住民統制理念を現実化するために設けられた制度ということができる。したがって、教育委員会を構成する複数の教育委員は住民の代表と位置づけられ、住民統制を体現することが教育委員の職責ということになる。教育委員（会）による住民統制をいうとき、レイマン（素人）たる教育委員（会）の統制力と、教育・教育行政の専門家（教育長など）の制度理念上の役割である専門的指導との連携や調和がとくに強調される。

わが国の現行の教委制度を定める地教行法によれば、教育委員の選任手続きは、首長の被選挙権を有し、人格高潔で教育・学術・文化に識見を有する者のなかから、首長が議会の同意を得て任命する（四条）、となっている。こうした任命制によって選ばれる委員の住民代表たる性格は制度的には、旧教育委員会法で採られていた住民による直接選出（公選制）の場合よりは希薄になっていることはたしかに否めない。とはいえ、現行任命制による委員選出も、住民の選挙によって選出された、住民代表である首長と議員によるものであり、教育委員は住民代表であるという基本的性格は維持されていると考えられる。また住民は、委員の解職を首長に請求できるようにもなっており（八条、リコール制度）、この点からも教育委員は住民の代表であるということができる。

参加制とは、住民自ら直接、政策形成・決定や政策実施の過程に公式に関与することにより、その意思を政策・行政に反映・実現させる、いわば直接民主制の仕組みをいう。参加制は、上記代表機関による政策の決定・実施が住民意思から遊離することもあり得ることから、これを防止ないし是正することを目的とする。現行の直接参加の方式には、直接請求や住民投票（レファレンダム）などがある。

直接請求とは文字通り、代表機関がある特定の行動をとるように住民が直接要求することである。具体的には、条例の制定・改廃の請求（地方自治法七四条）と、議会の解散および議員と首長の解職の請求（同法七六―八五条）の二つが法制化されている。東京都中野区のいわゆる教育委員準公選条例は、条例の制定・改廃請求をもとに成立した条例として有名である（準公選条例は一九九五年に廃止）。住民投票は、地方公共団体のある事項に関して住民の投票を行い、投票結果をもとにそれについての意思決定を行う制度である。しかし、わが国で法制化されているのは、一つの地方公共団体のみに適用される特別法の制定に際してその団体の住民の賛否を問う住民投票（憲法九五条）と、上記の、有権者から議会の解散、および議員・首長の解職の請求があった際の解散・解職の賛否を決する住民投票（地方自治法七六―八五条）に限られており、ある問題に関して住民の判断を問う投票そのものは制度化されていない。ただし、上記地方自治法七四条の条例の制定・改廃の請求権を根拠に住民投票を実施する旨の条例の制定の請求が住民から首長に対してなされ、議会で成立した投票条例にしたがって原発設置や環境保全などに関する住民投票も行われてきている。しかし、条例制定請求権にもとづく住民投票も、請求が議会で可決されなければ投票条例が成立しないこと、投票結果の首長への拘束力のないことなど、問題が多い。

他に、政策の原案作成や政策の実施状況の監視などを役割とする各種の公的審議会へ、民意を反映させる目的で、住民がその委員として参加することも参加制の方式の一つと考えることができる。教育行政関係の審議会も、教育委員会や教育長の諮問機関などとして多数設けられている。アメリカでは、教育委員会に教育委員のみによる全体会議とは別に、個別の職務事項についての政策の形成・決定や実施状況の監視を集中的に行う常置委員会を設置し、そこに住民が委員として参加する制度も多く行われている(1)。また、公聴会における関係住民の意見聴取も、その政策への反映の実効性を疑問視する声も少なくないが、直接参加の一つの形態といえる。昨年九月の中教審答申「今後の地方教育行政の在り方について」は、地域住民の教育行政への参画を促進する方策として、教育委員会側からの積極的な広報・情報提供とともに、住民意思を吸収するための公聴会や説明会・意見交換会の積極的な設置・開催を提言している。教育行政においてこうした審議会や公聴会が住民直接参加の制度として機能することにより、教育委員会制度という代表機構を補強・補完することが望まれる。

教育行政の場合、参加の対象は、教育委員会という教育行政機関における政策決定・実施のみでなく、国の法令によって、また教育委員会から一定の権限や裁量を付与されている単位学校における経営や意思決定も考えることができる。しかし、こうした学校経営への父母・地域住民の参加については、わが国では未だ制度化されていない。ちなみに、PTAは一部の実態はともかく、そうした機能・役割を担うことを目的とする組織ではない。上記中教審答申によって、学校評議員を設置するなどして、父母・地域住民の学校運営への参画を図ることが提言された。わが国でも、教育行政レベルよりもむしろ、学校経営レベルでの参加を促進する方向にあるといえるが、本章の検討対象は教育行政における住民自治であり、学校経営におけるそれについては第一五章で論じられる。

本章は以下、こうした住民自治・住民統制の機構のうち、地方教育行政における住民自治・住民統制機構の中核である教育委員会制度に焦点をあて、その実態、改革課題・方策についていくつかの側面から検討してゆくことにする。それは、とりわけ昨年の上記中教審答申により住民統制機構としての教委制度が改革の渦中にあること、そして改革の在り方の検討に資する教委制度の運営実態とその要因についての実証的データが活用可能なことによる。

## 二節　教育委員（会）と住民統制

### 1　住民統制機構としての教育委員会制度の実態

教育行政における住民自治（住民統制）機構である教育委員会制度は、現実にはどのように機能しているのであろうか。これについては、筆者の調査研究(2)がおおよそ明らかにしているので、ここではそれを要約することで住民統制にかかわる教委制度の実態を示すことにする。それによれば、住民統制の体現者であることが求められている教育委員、およびその集合体としての教育委員会の引き受けるべき役割・職務は、二つの次元から操作的に概念定義されて分析されている。一つは、主に教育委員会の外部において、住民の代表者として地域住民と交流することにより、その教育や教育行政に関する意思や利害を発掘・吸収して教育委員会にもたらすという、住民と教育委員会との関係の側面の活動である(民意吸収)。もう一つの次元は、主に教委内部において、教委の会議などで教育長や事務局に影響力を行使して教委の政策形成・決定過程を主導することにより、発掘・吸収してきた住民意思を教委の政策に反映・実現するという、教育委員会と教育長・事務局との関係の側面の活動である(民意実現)。これら二次元の活動の実態は次のようにまとめられる。

まず、民意吸収活動。地域住民から教育に関する相談・要望・苦情を受けたり、それらを教委の会議で取り上げたりすることは、行われていないわけではないが、活発ということでもない。反対方向の、住民に教育関係の資料や情報を提供する活動はもっと行われていない。このように、教委の住民意思を吸収する活動は活発とはいい難い。むしろ、住民と活発に交流して、その意思を吸収しているのは、制度理念からはこうした住民統制の役割を課されていない教育長の方である。

次に、民意実現活動の実態。新校舎建設、通学区域設定、教員人事、学習指導などに関する政策の審議・決定過程における教育委員のリーダーシップ発揮意識は決して低くない。しかし、教育委員が、教育長の提案や施策に対して影響を与えたり、反対したりすることはあまりない。教育委員は会議などにおいて教育長の提案や施策に対して積極的に発言しており、結果として会議ではいろいろな意見が交わされて論議が尽くされている。ところが、会議は異議なく進行し、教育委員と教育長の間でも、委員間でも意見が対立することはない。教育長も、教育委員と協力して仕事をして行くことが困難だとは感じていない。このように、委員のリーダーシップ発揮意識も低くなく、会議における論議も活発ではあるが、それは教育長の施策や提案を承認・支持するためのものであって、会議は教育長のペースで運営されている。結局、教委の会議における政策審議・決定を主導しているのは教育長であり、民意実現の中心人物も教育長である。

以上のような調査研究の発見からすれば、その本来の担い手であるべき教育委員(会)によっては、住民統制役割は遂行されていないといわざるをえない。こうした実態は、都道府県教育委員会と市町村教育委員会に、多少の程度差はあるとはいえ、共通する。

このような住民統制機構としての教育委員会制度のいわば「機能不全」状態は、表現の仕方は違うにせよ、また必ずしも実証的根拠をもったものではないにせよ、国レベルの公的審議会や教育委員会関係団体によっても認識され、一定の改革策も提示されてきた。以下、これら審議会等の提案した改革方策を踏まえながら、筆者の行った分析結果をもとに、教委制度を住民統制機構として機能させる方策を検討してゆきたい。

## 2　教育委員の人選基準

まず、現行の任命制を前提にして、教育委員候補者を人選する際の基準の在り方について考えてみよう。一九八〇年代半ばに出された臨教審第二次答申や文部省の教委活性化に関する研究協力者会議報告などは、教育委員会は制度として形骸化し、活力を失っていると厳しく現状分析し、教委制度が本来の機能を発揮できるようになるためには、より一層教育委員としてふさわしい者の選任に努める必要があるとした。そして、その具体的方策として、若い人材、女性を積極的に登用することによって委員構成のバランスを図ること、地域外からの登用、教職出身者以外からの登用を提言している。

また、最近の文部省調査研究協力者会議報告「論点整理」と中教審答申「今後の地方教育行政の在り方について」も、教委会議の形式化を指摘するなど、ほぼ同じような実態認識を示している。そして、こうした状態を改善するためには、任命制は維持することが適当であるが、生涯学習、学校教育、文化、スポーツなど教育委員会の職務の範囲は広く、また地域住民の教育行政に対する関心・要望も多様化しているので、幅広い分野（教育分野、芸術文化分野、スポーツ分野、経済分野など）の人材から委員が構成される必要があるとした。

このように、これら答申等は、年齢、性、現職、出身分野などに偏りがあって教育委員の構成がアンバランスになっており、そのことが、委員が多様な地域住民の教育意思を吸収できない状態や、会議運営が形式化しているこ との原因であると考えているということができる。したがって、こうした非活性化、形骸化した状態を改善するた めの方策は、年齢、性、現職、出身分野などの教育委員の属性を多様化、広範化して委員構成のバランスを図ると いうことになる。つまり、こうした多様・広範な属性を委員の人選基準とすべきといっているのである。

たしかに、属性における教育委員の同質性は高い。市町村教育委員には地元（現住の市町村）出身者、高齢者、 男性がひじょうに多く、教職か、PTAなどの社会教育団体の出身者がその多くを占めている。こうした年齢、性、 出身分野などにおいてきわめて限られた範囲から充員された委員には、社会状況の変化にともなってますます多様 化する住民の要望をキャッチすることは期待できず、また複雑化・高度化している広範多様な教委の職務を理解す ることも難しいであろう。できたとしても、それはせいぜい一部住民の要望の吸収であったり、一部職務についい て の理解にすぎないであろう。答申等の提言するように、属性の多様化・広範化を人選基準とすることにより、委員 の属性が多様化・広範化し、委員構成がバランスのとれたものになることによって、多様な住民意思の吸収と多様 広範な職務の理解が促進され、住民統制機構としての教員委員会の運営が活性化されることが期待される。

また、教育委員の属性の傾向とそれによる教育委員会の社会的構成の有り様は、教育委員会が住民代表機関であ る程度、つまり教育委員会の住民代表性の強弱を象徴的に表現しているとも考えられる。年齢、性、職種・職位、 出身地区などの属性における住民全体の構成の傾向と教育委員のそれがあまりにかけ離れている場合、教育委員会 の住民代表性は弱いと判断することもできよう。こうした点からも、属性における委員の構成が広範化・多様化し て、地域住民のそれとできるだけマッチしたものであることが望ましい。

とはいえ、教育委員会制度の住民統制機構としての機能や能力は、当然のことながら、その現実の態様から評価 されるべきである。とすれば、委員構成の多様化・広範化の人選基準としての有効性は、教委制度の発揮している 実際の住民統制機能とのかかわりにおいて判断されなければならない。つまり、委員構成の多様化・広範化は、教 委の住民統制機能を促進することに貢献するかが問われなければならない。筆者の行った調査データの分析は、これに関して次のようなことを明らかにした。[3] ①委員の出生地、年齢、性、経歴、現職などをもとにした教育委員会の構成特性は、教育委員の住民との交流の度合や教委会議運営の様相と関連していない。②これらを促進しているのは、委員の高い就任意欲、就任後の委員としての明確で具体的な活動目的を有するなど就任時の積極的な姿勢・態度、地域の事情通・政治的手腕・専門性などの資質・力量、そして住民統制の体現者としての教育委員職の職責・役割への強い自覚であった。要するに、教育委員の属性や教育委員会の社会的構成特性という、いわば「外面的・形式的特性」ではなく、委員の有する就任動機、資質・力量、職務意識という、いわば「内面的・本質的特性」が、住民統制的な教育委員会運営の要因となっている。若い委員や女性委員、あるいは教職以外の出身者、地元以外の出身者の多い教育委員会がそうでない教育委員会よりも、委員の活動と教委の会議運営において活発なわけではない。活発な教委は、積極的な就任動機、地域通や政治的手腕、そして委員としての高い職務意識を有する委員の多いところである。

こうした分析結果から判断する限りでは、人選基準を属性に求める上記答申等の方策の実効性は必ずしも保証されていないといわなければならない。とすれば、まず第一に、実効性ある人選とするためには、委員の資質・力量等の内面的・本質的特性が人選基準として優先して採用される必要がある。もちろん、上記のように、委員属性・委員会構成の多様化・広範化という人選基準も、多様な住民意思の吸収と広範多様な教委職務の理解の促進可能性、そして教委の住民代表性の象徴という点で、必ずしも無意味ではない。内面的・本質的特性を優先すると属性・教委構成にアンバランスが現在以上に広がることも考えられる。教育委員の人選基準として内面的・本質的特性を最優先すべきであるが、外面的・形式的特性への配慮も忘れてはならないということであろう。

### 3　教育委員の選任方法

では、上記のような特性を備えた人々を教育委員に充員するために、どのような方法が採用されるべきか。年齢、性別、出身分野など委員属性を人選基準とするのであれば、それは委員の外面から容易に識別できる特性であるので、該当する候補者を捜すことはそれほど難しくはないであろう。一方、その動機、資質・力量、職務意識という内面的・本質的特性を有する人材を捜すについては、それらが外部からはなかなかわかりにくいが故に、何か特別な方法を講ずる必要があると思われる。

ところで周知のように、教育委員の選任方法として常に争点となってきたのは、住民の投票による直接選出である公選制、首長による任命制のいずれを採用すべきかということである。内面的・本質的特性を備えた人々を委員に獲得するためには、どちらの方法がより優れているであろうか。任命制の下では、自ら就任希望（立候補）を表明せずともよく、選挙運動や住民の直接的支持も必要としないので、内面的・本質的特性のうち、就任意欲の高い人、政治的手腕に優れた人、地域の事情に通じた人を得ることは明らかに難しい。むしろ、公選制において、こうした姿勢と力量を有する人々は獲得されやすいであろう。しかし、他の内面的・本質的特性である、教育・教育行政の専門的知識の備わった人、住民統制理念の求める教育委員の職責を十分に理解した人を充員するということになると、公選制が適切であるとは必ずしもいえない。公選制を導入するにしても、このような資質の人々を教委に確保するための何らかの工夫が必要であろう。むろん、前述のように、教育委員は住民代表であるという性格を表す制度としては、公選制の方が望ましいことはいうまでもない。

ところが、都道府県教委および市町村教委の全国調査[4]によれば、教育委員の就任意欲は全体的には極端に低く、自ら望んで積極的に委員になったという人はほとんどいない。とすれば、住民との関係においても、教委の会議においても教育委員の姿があまりみえず、教育長ばかりが目立つ、教委制度運営の今の状態のままで、公選制を実施しても、住民の関心が公選制の実施によって高くなるとは考えにくく、むろん例外はあろうが、公選制の実をなさない極端に低い投票率の選挙となるのではないか。また、公選制の実施によって突然「なりたい人」が増えるとも思われないので、ところによっては立候補者さえ現れない事態も予想される。こうした点で、公選制導入が現実的な教育委員会活性化策であるとは必ずしも考えにくい。

では、どのような方法が望ましいのか。現行の任命制を前提にして、次のような現実的でより実行可能と思われる方法を提案したい。それは、首長が人選・任命するに先立って、教育委員候補者を推薦する制度（推薦制）を導入しようというものである。昨年の上記中教審答申も、任命制を維持することは適当であるが、教育委員の選任の在り方を工夫する必要があるとして、その観点の一つとして、委員候補者の選考に際して学識経験者等の意見・推薦等を取り入れることを例示している。学識経験者の意見・推薦も有用であろうが、これに限らず、もっと広範な人々の意見・推薦を求めるべきと考える。

なかでも、それぞれの地方で活動している教育関係団体は推薦者（機関）としてより適任と考えられる。さまざまな教育関係団体やその連合組織が、都道府県と市町村で組織されている。ＰＴＡ、青年団体、婦人会、子供会、ロータリー・クラブ、教員団体、校長会・教頭会、地域教育協議会、設置されようとしている学校評議員（会）などである。これらの団体・組織で活動している人々は当然、地域の教育や教育行政・学校経営への関心が高く、それぞれの地域や都道府県ないし市町村で課題となっている教育問題への認識も深いであろう。また、そうした人々をよく知ってもいるであろう。そこで、知事あるいは市町村長が候補者の選考に際して、こうした団体・組織やその代表者の意見や推薦を求め、これを参考にすれば、教育委員への就任を強く望んでいる人、教育問題・課題をよく認識しその解決への自覚の高い人、地域の教育事情に明るい人、政治的・経営的力量を有する人、教育・教育行政に専門的知識を有する人、あるいは教育委員職の本来の職務を理解している人、つまり内面的・本質的特性を備えている人々を教育委員に充員できる可能性が高まると思われる。推薦制といっても様々な方式がありえようが、その具体化にあたっては、それぞれの地方や地域の実情に合わせて、それぞれの都道府県・市町村で工夫すればよい。

## 4　教育委員の研修

以上二つの方策は、教育委員を選任する段階におけるものである。すでに教育委員に就いている人々、つまり現職委員に内面的・本質的特性を身につけてもらう方策はないだろうか。臨教審第二次答申は、レイマンである教育委員が教育行政の運営に関して適切な判断・決定を行うためには、現行制度の理念、当面する教育・教育行政の諸課題についての深い理解と当事者としての自覚が必要であり、そのために教育委員の研修を改善・充実する必要があるとしている。また、昨年の中教審答申は、新任委員に対して、教育施策ついて情報提供したり、研究協議を行う機会を提供することに努めるよう求めている。

これら答申は、このように、教育委員に研修や研究協議の場を提供したり、それを充実する必要性を指摘しているのである。内面的・本質的特性のうち、地域の教育問題・課題に対する認識、教育・教育行政に関する専門的知識、および住民統制（民意吸収・民意実現）の役割遂行という教育委員の職責への自覚については、これらを深めたり高めたりする機会として、こうした研究協議や研修を活用できるのではないか。これら資質・力量を幾分なりとも向上させる方法として研究協議や研修は有効なのではないか。市町村教育委員の研修の実態について調べたある全国調査[5]によれば、市町村教育委員長のほぼ全員が、委員としての職務能力を向上させる、教育問題への理解を深める、あるいは会議における重要な方針決定に必要な能力を身につける、といった目的から、研修の必要性を強く訴えている。こうした現場での要求にも応えることになるという点からも、研修の整備・充実は効果的な方策と考えられる。

教育委員は、改めていうまでもなく、住民代表として教育委員会全体をコントロールする立場にある。こうした立場の教育委員の研修や研究協議は当然、教育長や事務局によって「与えられる」ものではなく、委員が自主的に企画して行うものを基本とすべきであろう。しかし、上記調査によれば、都道府県教育委員会や市町村教育委員会連合会の主催する研修会へは多くの委員が参加しているが、それは教育長（事務局）の呼びかけで決定されることがきわめて多い。それぞれの教育委員会において委員が独自の計画を立てて自主的に行う研修会が増やされる必要があり、そのためには自主的研修の実施に必要な条件の整備を図ることが求められる。たとえば、その経費の出所である。同調査によれば、委員はその費用が事務局予算でまかなわれることを希望しているが、実際には予算化されていなかったり、委員の報酬費や自費でまかなわれている場合が少なくない。自主研修の充実には、その経費の予算化が不可欠であろう。

こうした自主的な研修会や研究協議の場において、今日的な教育問題、それぞれの地域の教育課題や、地方教育行政における教育委員会の役割・職務権限への理解をはかる内容のものはいうまでもなく、住民統制の体現者としての職務意識を高めてもらうためには、住民統制理念の意義とこの理念の求める教育委員の具体的職務（住民意思の発掘・吸収、教育長・事務局への影響力行使・指揮監督など）への理解と自覚を深めることを目的とする研修がとくに重点的に行われる必要がある。

## 三節　教育長と住民統制

既述の教育委員（会）の活動実態から明らかなように、その本来の担い手である教育委員（会）によって住民統制役割が遂行されているとは、たしかにいえない。しかし、そうであるからといって、教育委員会制度が住民統制機構として全く機能していないと即断することは必ずしも適当でないと考える。一方、地域住民と活発に交流し、教委会議を主導しているのは教育長であった。住民統制の実現という教委制度の基本的機能は、教育委員（会）ではなく、このような職務態様の教育長によって確保されている可能性があるからである。

教育委員会との関係に関する、教育長の制度理念上の役割は、教育・教育行政の専門家として教育委員会に対して専門的・技術的助言を行うこと、つまり専門的指導であり、住民統制の役割は課されていない。むろん、住民意思の吸収・実現はより多くなされるに越したことはなく、住民統制に属する（専門的指導には含まれない）活動を活発に行っていることを理由に、教育長を非難するべきではない。専門的指導役割の遂行上、必然的に住民統制的な仕事を行っている場合も多いであろう。あるいはまた、教育委員による住民意思の吸収が不十分であるので、教育長・事務局が行わざるをえないのかもしれない。

アメリカでも、教育政治学の一連の実証研究によって、教育委員（会）は住民統制能力が衰退して無力な存在と化し、教委の政策決定過程は事実上教育長に支配されていることが明らかにされている。しかしそれでも、教育長の職務行動が専門職的基準のみにもとづくのではなく、地域住民の教育に関する価値観に規制されていたり、利害をふまえたものである限り、つまり教育長が地域社会から遊離していない限り、住民統制機構としての教育委員会制度は健在であるとする見方も教育行政関係の学会で一定の支持を得ており、こうした視点から、教育長の住民代表としての性格を実態調査する研究もすでに実施されている(6)。

ところで、前記中教審答申には、教育長の選任方法に関して、教育委員会の任命に対する文部大臣ないし都道府県教委による承認制を廃止して、新たに当該議会による同意制を導入することを提言している。住民代表である議員によって構成される議会の同意を選出手続きのなかに組み込むということは、制度的には、教育長職に住民の代表者という性格（住民代表性）を加味することを意味するといえる。その証拠に、同答申も、議会同意制導入の目的が、教育委員会の政策の実施責任者、事務局の統括者としての教育長の「リーダーシップを高める」ことのみでなく、「住民に対する（教育長の）責任を明らかにする」ことにもあることを明示している。

このような改革案が提示された以上(7)、教育長の住民代表性、および教育長を介しての教育委員会制度の住民統制機能の在り方について、教育委員会制度の「本家」であるアメリカにおける上記のような研究を参考にしながら、また教育長がすでに遂行している住民統制的行動の内実のエスノグラフィー的な解明も行って、本格的に、かつ早急に検討する必要があると考える。その際、教育長と本来の住民統制役割の遂行機関である教育委員会との関係、そして教育委員（会）の存在意義が当然、不可避の検討課題となろう。

## 四節　教育委員会の行政効果と住民統制

改めていうまでもなく、教育委員会は公教育の条件整備機関の一つである。公教育の条件整備機関としての教育委員会の任務は、学校教育や社会教育など教育現場における教育活動・経営活動の向上・改善や問題解決に貢献することである。したがって、教育委員会の政策形成・決定と教育長・事務局の職務行動、つまり行政行動は、公教育の問題解決や改善に寄与すること、つまり行政効果をあげることを目的とするものであり、それが達成されてこそその役割・責任を果たしたことになる。

前述のように、その制度理念から、教育委員会の政策決定は住民統制（レイマン・コントロール）のスタイルに即したものであることが求められている。たとえ教育委員会の政策決定のスタイルがそうであったとしても、そのことが教育長・事務局の職務行動に反映していなければ、住民統制的教育委員会運営のもつ意味は減退する。住民の教育意思が教育委員会ではその政策に取り入れられたとしても、それを実現していくのは教育長・事務局の職務行動であるからである。さらに、教育委員会の運営スタイルの規制を受けた教育長・事務局の職務行動スタイルは、学校の問題解決や学校改善の促進につながっていなければならない。そうでなければ、教育長・事務局の職務行動は、その量・程度がいくら多大なものであろうと、当然ながら実質的には機能していないことを意味する。そしてまた、教育長・事務局の職務行動を規制できた教育委員会の運営スタイルも、結局はそれほど価値があるとはいえなくなる。

すなわち、教育委員（会）によって吸収されて教育委員会の政策に実現した住民の教育意思が、教育長・事務局の職務行動を通じて学校の問題解決や学校改善につながってこそ、住民統制的教育委員会運営は意味をもつというべきである。教育委員会の行政過程のこのような状態が、住民の教育意思が教育委員会の行政過程に実現していることを、つまり住民統制という制度理念に即して教育委員会の行政過程が機能していることを示しているということができる。こうした観点からも、住民統制機構としての教育委員会制度の実態が明らかにされ、それを踏まえて改革策が検討されるべきと考える。

この観点から教委制度をみると、それは次のような状態にある。[8] ①学校における教育課程と生涯学習という限られた職務領域についてではあるが、教育委員会の政策決定過程の態様は、教育長・事務局の職務行動に影響を与え、その遂行の程度を変化させている。すなわち、相対的により住民統制的な運営スタイルのとられている教委の教育長・事務局の職務遂行度と、そうでない運営スタイルの、つまり教育長の優位な運営スタイルの教委の教育長・事務局の職務遂行度は異なっており、市町村教委では、教委の住民統制的運営スタイルが教育長・事務局の職務遂行度を高めている。②しかし一方、教育長・事務局の職務行動は、これも学校に対する教育課程行政と生涯学習行政に限られたものではあるが、学校に対して有効な影響力を及ぼしておらず、学校改善ではなくむしろ「学校悪化」を招いているといわざるをえない場合さえみられる。③教育長・事務局の職務行動が学校に対して有効でない原因は、その職務行動内容（指導内容）の有用性が低く、またその職務行動の態様・スタイルが学校・教師の個別事情や専門性・自律性への配慮を欠いた一方的・強制的なものである（と教師に認知されている）ことにある。

このように、住民統制的教委運営は教育長・事務局の職務行動を規制しているが、教育長・事務局の職務行動は学校に必ずしも有効でないのである。こうした教委の行政過程の状態は、教育委員会が住民統制的に運営されたとしても、それは行政効果を生み出すとは限らないことを意味している。では、住民統制的教委運営が行政効果を発揮できるような行政過程を形成するためには、何が改革されるべきか。

そのためには、教育長・事務局の職務行動の量・程度のみでなく、職務行動の内容と態様・スタイルにも影響力や規制力を行使できるような教委運営に改められる必要がある。前記のように、教育長・事務局の職務行動（指導）が学校に有効な影響力をもち得ない原因が、指導内容の学校にとっての有用性の低さと、学校の個別事情や教師の専門性を考慮しない一方的・強制的な指導スタイルにあったからである。それでは、教育長・事務局の指導内容・

態様にも教育委員会が影響力を行使できるようになるためには、どのような方策を講ずるべきか。委員は非常勤職であって日常的には教育長や事務局職員と接触しないこと、高度に専門的あるいは技術的という現代の学校教育や教育行政の特性などを考慮すると、きわめて難しい課題ではあるが、次のような改革案を試論的に述べてみたい。

それは、学校の現在の実状や問題に通じていて、イデオロギーにとらわれずに学校の実態や教師の生の声を代弁できる人材、端的にいえば学校・教師の代表を、教育委員に加えるべきというものである。この委員が学校現場の「真の実態」、教師の「生の声」を委員会運営に反映させることにより、教育長・事務局の職務行動の内容・態様に影響を及ぼそうというわけである。できれば、多くの教師が参加している職能団体もしくは研究団体のリーダー・代表者として活躍している人が望ましい。こうした人々は、既述の住民統制的教委運営をもたらす教育委員特性を備えている可能性が高いからでもある。推薦制の導入を提案したが、教師の職能団体・研究団体の推薦をもとに、こうした人材を委員に充員することが望まれる。ただし、現行制度では、現職教員は教育委員には登用できないので、こうした人材はきわめて限定されるという難点がこの方策にはある。また、「レイマン」たるべき教育委員に教育専門職（の代表）を登用するのは住民統制原理にそぐわないという批判も当然強いであろう。

こうした点でこの方策が現実的でないのであれば、次善の策として次の二つの仕組みの創設を提案したい。一つは、教委の主要な政策領域（職務領域）毎に常設の専門委員会（教育課程委員会など）を設置し、委員がその主要メンバー（議長など）として参加する制度である。常置委員会は個別の職務領域についての政策の立案はもとより、教育長・事務局の政策実施（職務行動）を監視することを役割とする。もう一つは、教育委員会による定期的な教育長（および事務局）評価の制度化である。いずれの仕組みも、アメリカの教育委員会では以前より実施されている[9]。これらが制度化されれば、教育委員会の影響力が教育長・事務局の職務行動の量・程度はもとより、内容・方法にまで及ぶ可能性は高まると考えられる。いうまでもなく、こうした制度が効力を発揮するためには、教育委員（会）が地域住民だけでなく、学校や教師とも日常的・恒常的に活発に交流して、学校の実状や教師の生の声に通じるていることが前提となる。ちなみに、これら二つの制度は、とりわけ教育長評価制度は、教委会議等における教育委員(会)の教育長に対する影響力を強めることにもつながり、住民統制的教委運営を促進する効果をももつであろう。

ただし、こうした提案は、学校のみに対する教育委員会の行政効果の分析結果をもとになされたものである。もちろん、教育委員会の職務の種類と範囲は、学校関係のものに留まらず、社会教育、文化、スポーツなどきわめて多様で広い。こうした他の職務領域における行政効果の分析結果も踏まえて、行政効果の観点からの教育委員会の改革策は総合的に立案されるべきである。他の職務領域の行政効果の分析結果によっては、学校への行政効果を高める観点から学校代表を委員に加えるべきという上記提案と同じように、それぞれの職務領域から「真の代表」を教育委員に選出すべきという提案もありうる。こうした点からも、昨年中教審答申のいう広範・多様な分野からの委員選出という提言は再評価され、その有効性が検証されるべきであると考える。

**註**

(1) 中留武昭『学校指導者の役割と力量形成の改革』東洋館出版社、一九九五年、三九―四〇頁。
(2) 加治佐哲也『教育委員会の政策過程に関する実証的研究』多賀出版、一九九八年、六九―一三七頁。
(3) 加治佐、前掲書、一〇一―一二二頁。
(4) 『教育委員会制度の研究』文部省科研費報告書（研究代表・高倉翔）、一九九一年、七頁。『市町村教育委員会に関する調査研究』文部省科研費報告書（研究代表・堀和郎）、一九八八年、一一頁。
(5) 廣野孝（未発表）「市町村教育委員研修に関する調査」。
(6) Boyd, W. L., *The Public, the Professionals, and Educational Policy Making?* (Teachers College Record), vol. 77, no. 4, 1976. Mann, D., *The Politics of Administrative Representation* (D. C. Heath 1978). 坪井由実『アメリカ都市教育委員会制度の改革』勁草書房、一九九八年、一九五―一九六頁。
(7) しかし、一九九九年七月八日成立の「地方分権の推進を図るための関係法律の整備等に関する法律」をみると、任命承認制は廃止されているが、議会同意制は結局導入されていない。それどころか、同答申では、意思決定を行う教育委員会の委員という立場とその指揮監督の下で事務執行を行う教育長としての立場が混在するとして廃止が提言されていた市町村教育長の兼任制が、どういうわけか、都道府県教育長にも適用されている。

(8) 加治佐、前掲書、二〇三―二八四頁。

(9) 坪井、前掲書、一八九―一九三頁。

(加治佐哲也)

# 9章　教育行政における情報公開

## 小論の意図

昭和五七（一九八二）年に、市町村段階では山形県最上郡金山町が、また都道府県段階では神奈川県が先陣を切ってスタートした行政情報あるいは公文書の公開制度は、その後、実施公共団体が着実に増加し、都道府県段階では例外なく実施されるようになり、今日にいたっている。[1] また、地方公共団体の動きに比して、実施が延び延びになっていた国（中央政府）でも、平成一一（一九九九）年五月一四日、「行政機関の保有する情報の公開に関する法律」（以下「情報公開法」という。）が公布され（法律第四二号）、公布の日から起算して二年を超えない範囲内において政令で定める日から施行することになっている（附則第一項）。

仔細な点についての検討は後に行うこととするが、明確に言い得るのは、地方公共団体に関しても、国に関しても、行政情報の公開を求める国民・住民の要求は、あたかも一つの潮流を形成しているが如くであり、今後も行政情報の公開は、国民・住民の抑制しがたいパワーに押される形で確実に進展していくであろうと予測されることである。教育行政に関する情報もその例外ではないであろう。

小論は、行政情報公開が進みつつある動向を踏まえつつ、次の諸点を明らかにすることを意図するものである。（1）情報公開制度を支え、実施させてきた「知る権利」の概念。（2）条例に即しての情報公開制度（地方公共団体レベル）の概要。（3）教育行政情報の公開・開示が遅滞してきた理由と情報公開・開示を求める訴訟事例。（4）

今後、教育行政・教育関係者のこの問題（課題）への基本的態度（方針）の在り方。

## 一節　情報公開制度を理解する上での鍵的概念としての「知る権利」（right to know）

前述の如く、わが国において、市町村段階で行政情報の公開に踏み切ったのは、山形県最上郡金山町がその最初であり（昭和五七（一九八二）年四月一日）、都道府県段階では神奈川県であった（同年一〇月一四日条例の公布、施行は翌年四月一日）。この節においては、こうして始まった地方公共団体の行政情報の公開制度（以下単に「情報公開制度」という）を理解する上での鍵的概念としての「知る権利」を確認しておくことにする。

情報公開制度の実施を促していったものは端的に言えば、国民・住民の「知る権利」の保障要求の動き（運動）である。この小論では、「知る権利」がどのようにして自覚化されたいったのかを詳らかにすることは目的外であるので省略するが、「知る権利」の概念については先ずもって確認する必要がある。

「知る権利」（right to know）は、法令関係の辞典などでは、例えば「人が社会生活を行ううえで必要な公的情報を得る権利をいい、とりわけ、国・自治体に対してその政治行政に関する情報を請求する権利を中核として発達してきた概念である」と説明されたり[2]、あるいは、より簡潔に「国民が、必要とする情報を妨げられることなく、入手できる権利であり、環境権などとともに新しい基本権の一つである」と説明されたりもしている[3]。何も今の時代に限ったことではないが、人が何ほどかのまとまった主張をするためには最低限おさえておかなくてはならない確かな情報が必要である。情報をおさえていない主張は、詰めの厳しい交渉をする場合などには、単なる個人的な心情や主観の表明として軽視され、場合によっては嘲笑の対象にされてしまうことさえある。このことは、個人対個人の関係にもあてはまる。わが国の憲法は、その前文で周知の如く「そもそも国政は、国民の厳粛な信託によるものであって、その権威は国民に由来し、その権力は国民の代表者がこれを行使し、その福利は国民がこれを享受する」と国政の原理を述べている。しかし、国政の現実が、常にこの原理に適う状態であるとは限らない。地方公共団体の場合も同様である。こうして国民・住民が国（その機関）又は地方公共団体に疑問を持ったとしても、必要な情報をつかむことなしには、対等の関係で交渉を展開することが不可能か又は極めて困難である。

一般論として言うならば、国民・住民が、地方公共団体や国が収集・整理・保管している情報のうち、ある特定情報について、その内容を知る必要に迫られるには二つの理由がある。第一の理由は、直接、自分の利益・不利益に関連する事実を確認する必要が生じた場合であり、第二の理由は、直接、自分の利益・不利益に関連していなくても、国民・住民の一人として、特定の情報を知っておくことが、その本人に社会的、文化的活動を促進したり、行政のあり方を改善していく場合に参考として重要であるような場合である。

これらの二つのいずれかの場合であっても、国民・住民は知っておく必要のある情報を正確に知ることなしに、自分が不当あるいは不公正な取り扱いを受けたりしていないか、あるいは地方公共団体または国（共にその機関を含む）が国民・住民の信託に適正に応じているかどうかを判断し、地方公共団体または国に対して迫力のある要求をつきつけ、対等な力関係において交渉を展開することができないことは明らかである。要するに、国民・住民は「知る権利」を十分に保障されることなしに、地方公共団体・国に対して、自らの要求を明示し、実現させていくことができないのである。

わが国では、現行憲法および関係法令の下で、地方公共団体・国は実に広範な分野・領域に及んで行政活動を展開してきており、その活動の必要から、収集・整理・保管していきた情報の量も膨大なものとなっている。これらの情報の中には、国民・住民の個人に関する情報（いわゆる個人情報）も少なからず含まれている。

今日の社会は、各種の情報（information）が単にコミュニケーションの手段・道具としての存在ではなく、それらが固有の経済的価値を有するようになっており（情報社会）、このような社会に生まれる人間は、日常的生活を営んでいく上で、各種の情報を知っていることがいかに重要であるかを経験的に体得しているのが一般的である。そして、このような経験を媒介として、自己の利益・不利益に直接的に関連している情報については勿論のこと、それ以外の情報であっても、住民・国民の社会的、経済的、文化的生活に関する広範な情報について関心を示す傾向が顕著となってきているのである。言わば、住民・国民の旺盛な知的興味・関心に支えられた「知る権利」の自覚化が全国民的に進行し、その「知る権利」意識に基づく個人的または組織的行動が、地方公共団体や国の行政情報の公開を一層押し進める役割を果たしているのである。

詳細な解説は省略するが、無論、地方公共団体・国に行政情報を「知る権利」が住民・国民の間に浸透していく背景には、行政を「お上」の専権的事項として捉えるのではなしに、住民・国民に多様な「参加」あるいは「参画」の下に展開していくことを当然視する、参加型行政観の普及がある。

## 二節　情報公開制度の概要

上述の如く「知る権利」の自覚化に後押しされる形で地方公共団体の情報公開制度は昭和五〇年代の後半にスタートした。地方公共団体レベルの情報公開制度は、大別して条例に基づいて行われれている場合と要綱に基づいて行われている場合があるが、大多数は条例に基づいて行われている。そして、かつては要綱に基づいて行われていたものも、ある段階で条例が制定されて今日に至っているのが通例である。

このように、地方公共団体の情報公開制度が条例に基づいて行われているのが大多数をしめているので、ここではいくつかの条例を紹介しつつ、この制度の概要を述べることにする。

### 1　情報公開条例の制定目的

情報公開条例では、都道府県条例の場合であれ、市町村条例の場合であれ、住民に対して行政情報又は公文書を公開することに関して必要事項を定めているが、ほぼ例外なく、第一条で条例（制定）の目的または趣旨を明らかにしている。一、二の例を示しておこう。

［事例1］　神奈川県の機関の公文書の公開に関する条例（昭和五七年一〇月一四日公布、五八年四月一日施行）

第一条（目的）　この条例は、地方自治の本旨に即した県政を推進する上において公文書の公開が重要であることにかんがみ、公文書の閲覧等を求める権利を明らかにするとともに公文書の閲欄等に関して必要な事項を定めることにより、一層公正で開かれた県政の実施を図り、もって県政に対する県民の理解を深め、県民と県との信頼関係を一層増進することを目的とする。

［事例2］　大阪府公文書公開等条例（昭和五九年三月二八日公布、同年一〇月一日施行）

前文　情報の公開は、府民の府政への信頼を確保し、生活の向上をめざす基礎的な条件であり、民主主義の活性化のために不可欠なものである。

府が保有する情報は、本来は府民のものであり、これを共有することにより、府民の生活と人権を守り、豊かな地域社会の形成に役立てるべきものである。

このような精神のもとに、府の保有する情報は、公開を原則とし、個人のプライバシーに関する情報は最大限に保護しつつ、公文書の公開等を求める権利を明らかにすることにより、「知る権利」の保護と個人の尊厳の確保に資するとともに、地方自治の健全な発展に寄与するため、この条例を制定する。

第一条（目的）　この条例は、公文書の公開等に関し必要な事項を定め、公文書の公開並びに公文書の本人開示及び自己情報の訂正を求める権利を明らかにすることにより、府民の府政への参加をより一層推進し、府政の公正な運営を確保し、府民の生活の保護及び利便の増進を図るとともに、個人の尊厳を確保し、もって府民の府政への信頼を深め、府民の福祉の増進に寄与することを目的とする。

［事例1］の神奈川県条例では、地方自治の本旨（本来的な趣旨の意味）に即した県政との関連で「公文書の公開」が重要であることを確認した上で、県民の「公文書の閲覧等を求める権利」を明らかにし、公文書の閲覧等に必要な事項を定めるものであること、そして、そのことによって、「公正で開かれた県政」の実施を図り、「県政に対する県民の理解」を深め、「県民と県との信頼関係」を増進することが条例の制定目的であると、あくまでもあるべき県政との関連に限定した形で条例の制定目的が規定されているのが特徴である。

これに対し、［事例2］の大阪府条例では、前文を置いて、公文書の公開が府政に対する府民の信頼を確保する上で不可欠であることを確認するにとどまらず、府が保有する情報は「本来府民のもの」であり、これを共有することにより、「府民の生活と人権」を守り、豊かな地域社会の形成に役立てるべきものであることが宣明されている（前段、中段）。

そして、後段では、この条例が、府の保有する情報の公開を原則とし、個人のプライバシー情報については、最大限の保護をしつつ、「公文書の公開等を求める権利」を明らかにすることにより、（ア）府民の「知る権利」の保障と個人の尊厳に資すると同時に、（イ）地方自治の健全な発展に寄与することを目的とするものであることが謳われている。

引き続いて第一条では、この条例の目的が公文書の公開等に関し必要な事項を定め、（ア）公文書の公開、（イ）公文書の本人開示、（ウ）自己情報の訂正をそれぞれ求める権利を明らかにすることによって、府政に対する府民の参加を推進し、府政の公正な運営を図るとともに、個人の尊厳を確立し、府政への信頼を深め、府民の福祉を推進に寄与することにあることを定めている。

現在までに制定されている情報公開条例は［事例1］のように「知る権利」を明示していないものと、［事例2］のように「知る権利」を明示しているものに分かれる。「知る権利」の認識とそれに基づく運動が情報公開制度を生み出していく力になっていることについては既に述べたところであるが、それにもかかわらず、条例上、「知る権利」が明示されているものといないものに分かれるのは、「知る権利」の実定法上の位置づけの確実性についての認識の違い（対立ではない）を反映しているものと推認される。

「知る権利」が明示されている場合といない場合とで、条例の具体的内容に違いが生じているとは言えない。

## 2　条例の解釈運用指針

情報公開条例は、一方で住民（県民、市町村民）の行政情報の権利を認めることより、住民の信頼に応える地方自治の実施をめざすものであるが、行政情報の中には、個人情報に該当するものが少なからず含まれていることから、この制度の実施にあたっては、プライバシーの保護にも細心の注意を払う必要がある。このことを踏まえ、多くの場合、条例の解釈運用指針に関する規定をおいている。一例を挙げておく。

神奈川県条例第二条（解釈運用指針）実施機関は、公文書の閲覧及び公文書の写しの交付を求める権利が十分に尊重されるようにこの条例を解釈し、運用するものとする。

この場合においては、個人の秘密、個人の私生活その他の他人に知られたくない個人に関する情報がみだりに公表されないように最大限の配慮をしなければならない。

## 3　行政情報または公文書、実施機関等の定義

情報公開条例では、行政情報または公文書の定義、実施機関の定義を行っているのが通例である。ここでは、「行政情報」の表現を用いている埼玉県条例（埼玉県行政情報公開条例、昭和五七年一二月一八日公布、五八年六月一日施行）の場合と、「公文書」の表現を用いている東京都条例（東京都公文書の開示に関する条例、昭和五九年一〇

月一日公布、六〇年一日施行）の場合を揚げておく。

埼玉県条例第二条　この条例において「行政情報」とは、次に揚げる文書（磁気テープ、フィルム等を含む。以下同じ。）で、県の機関が保管しているもの（以下、「公文書」という。）に記録された情報をいう。

一　県の機関が作成した文書で、決裁が終了したもの

二　県の機関が入手した文書で、受理等の手続きが終了したもの

東京都条例第二条第二項　この条例において「公文書」とは、実施機関の職員が職務上作成し、又は取得した文書、図画、写真、フィルム及び磁気テープ（ビデオテープ及び録音テープに限る）であって、実施機関のおいて定めている事案決定手続き又はこれに準ずる手続き（以下、「事案決定手続き」という。）が終了し、実施機関が管理しているものをいう。

「行政情報」と言う場合には、情報それ自体を表現しており、他方「公文書」という場合には、情報を記録した文書を直接的に表現しているというだけのことであり、「行政情報」と「公文書」という表現の仕方によって、直ちに意味範囲の広まりに違いが生ずるというようなものではない。

情報公開条例中の定義として、もう一つ重要なものに「実施機関」がある。実施機関とは、情報公開を実施する責務を負う機関という意味であるが、この定義は、地方公共団体の議会を含めるのか否かで広狭二つに分かれる。しかし、いずれの場合であれ、管見の限りでは教育委員会は例外なく実施機関に含まれている。

ここで注意を促したいのは、条例上は、実施機関として教育委員会が揚げられているだけであるが、実際には（実務上）、教育委員会の所管である公立小・中・高等学校等で作成しまたは入手した情報や文書の一部が情報公開（本人開示を含む）の対象とされるのであり、教育行政機関としての教育委員会が独自に作成し、または入手した情報だけが情報公開の対象とされるではないということである。教育機関としての学校で作成しまたは入手した情報または文書のうち、実際に、どのような情報または文書が公開請求や開示請求の対象とされてきたのかについては、後に「公開・開示をめぐる訴訟事例」で述べることにしたい。

## 4　非公開行政情報・公文書の範囲

情報公開条例は先に例示した大阪府条例のように「府の保有する情報は、公開を原則とし」云々と明示するのか否かに関係なく、一定の範囲の行政情報または公文書については開示することを予定しているものである。しかし、見方を変えれば、一定の範囲の行政情報または公文書以外の行政情報・公文書については、公開しないということにもなる。

条例では、例外なく、公開または開示しないことができる情報または公文書を限定的に列挙している。誤解される恐れも承知の上で、極めて概括的に言うならば、公開または開示しないということができるとされてきたのは、次の行政情報または公文書（以下単に「情報」という。）である。[4]

(ア)　法令および条例により公開または開示することができないとされている情報。

(イ)　個人に関する情報で特定の個人が識別され得るもの。ただし、法令等の定めるところにより、個人でも閲覧可能な情報、実施機関が作成、入手したもので公表を目的としている情報、公表することが公益上必要であると認められる情報はその限りではない。

(ウ)　公開または開示することにより、人の生命身体、財産または社会的地位の保護、犯罪の予防、犯罪の捜査その他の公共の安全と秩序の維持に支障が生ずるおそれがある情報。

(エ)　公開または開示することにより、公共団体と国との協力関係または信頼関係が損なわれると認められる情報。

(オ)　実施機関の会議に係る審議資料、議決事項、会議記録の情報であって公開または開示しない旨定められているものおよび公開または開示することにより、当該実施機関等の公正又は円滑な議事運営が著しく損なわれると認められるもの。

(カ)　検査、争訟、契約の予定価格、試験の問題及び採点基準、職員の身分取り扱い等に関する情報で、公開又は開示することにより当該事務事業の目的が損われたり、特定のものに不当な利益・不利益が生ずるおそれがあったり、当該事務事業の公正・円滑な執行・運営に著しい支障が生ずることが明らかであるもの。

これら(ア)～(カ)に該当するような情報の場合、原則的に非公開または非開示の扱いとなる。しかし、非公開または非開示の情報とは言っても、その情報の一部を公開または開示することの重要性が強いと判断される場合には、情報の一部公開または開示が行われることになる。

## 5　情報公開審査会

情報の一部（部分）公開または開示との関連で、非常に重要な役割を果たしているのが、情報公開審査会（正確には、名称は一様ではない）である。情報公開の請求者は、請求が認められなかった場合、納得がいかなければ、実施機関に対して不服の申し立てを行う。不服の申し立てがあった場合には、(ア)不服申し立てが不適法である場合、(イ)非公開または非開示の決定を取り消す場合を除き、情報公開審査会に諮問して、当該不服申し立てについての決定または裁決を行うのが一般的である。審査会から実施機関に対して行った答申については、実施機関はこれを「尊重」して、不服申し立てに対する決定または採決を行うものとされている例が多い。しかし、「尊重」義務は、答申内容に従うことを義務づけるだけの拘束力を有するものではない。なお、公開審査会とは別に、情報公開制度の運用のあり方などについて大局的見地から実施機関に対して意見を言う役割を担う運営審議会のような組織が設けられていることが珍しくないが、ここでは、その説明は省略する。

## 6　請求権者の範囲

行政情報または公文書の公開・開示を請求する権利を有するもの（以下「請求権者」という）の範囲については、条例によって、当該公共団体に住所を有する個人および法人その他の団体に限定している場合と住所を有していなくても、当該公共団体の行政に利害関係を有するものまでも含める場合とに分けられる。しかし、限定的に規定している場合であっても、請求権者以外の者からの申請があった場合に実施機関の公開・開示努力義務を定めているのが通例である。

概略上述のような内容を骨子として地方公共団体の情報公開制度は運用されてきており、国でも平成一一（一九九九）年五月に「情報公開法」）が制定（公布）されるに至ったところから、今後、より多くの地方公共団体で、条例制定および改正の動きがさらに活発化するものと予想される。なお一言つけ加えると、東京都の場合には、国の情報公開法の公布のほぼ二ヶ月前に、前述の「東京都公文書の開示等に関する条例」を全面改正し、新たに「東京都情報公開条例」を制定している（平成一一年三月一九日公布　東京都条例第五号）。そして、この新条例においては前文において、都民の「知る権利」を明記し、情報公開の一層の推進の方針を宣明している。

前文に続く第一条（目的）では、都が都政に関し、都民に「説明する責任」（accountabilityの訳語）を盛り込んで次のように規定している。

第一条　この条例は、日本国憲法の保障する地方自治の本旨に則し、公文書の開示を請求する都民の権利を明らかにするとともに情報公開の総合的な推進に必要な事項を定め、もって東京都（以下「都」という。）が都政に関し都民に説明する義務を全うするようにし、都民の理解と批判の下に公正で透明な行政を推進し、都民による都政への参加を進めるのに資することを目的とする。（傍点筆者）

## 三節　教育行政情報の公開・開示の遅滞と公開・開示をめぐる争訟

教育情報の公開制度が広まりを見せる中にあって、教育行政の情報公開・開示については、これまで極めて緩慢な動き、いわば「牛歩の如し」であったと評するのが似つかわしい。その原因は何かを考えてみるに、およそ三つのことを指摘できる。

まず第一は、教育行政情報の公開・開示が児童・生徒と学校職員に相互信頼関係を損うことになると、教育委員会や学校教職員が考える傾向が強いということである。例えば指導要録（学校教育法施行規則第一五条第一項第四号等）や調査書（同規則第五四条の三）は、その内容が児童・生徒には開示されないという前提の下で記録されているものであり、その前提条件に反して児童・生徒に開示されたのでは、児童・生徒と学校教職員の相互信頼関係を保つことに支障が生じたりするという主張は、その好例である。このような主張は、これまで指導要録または調査書の開示請求に対して実施機関が拒否する理由として、繰り返し行われたきたものであり、司法判断でもこのような見地に立つものがこれまでに散見される。いわゆる「内申書裁判」に関連して、原告本人に係る「調査書」提出の申し立てを行ったのに対する東京地裁決定（昭和五〇年一〇月八日）では、次のような判断が示されている。

（調査書は）その性質上、専ら教育的見地から公正な判断に基づいてありのままに記載されることが原則的には望ましいと解すべきであり、そのためには記録内容が継続的に秘密であることが制度上保障されていることが必要であり、これによって公正が維持されるべきである。

その二は、教育行政情報の公開・開示が児童生徒のプライバシーを侵害するおそれがあると考える傾向が見られることである。このような主張は、いわゆる「福岡県高校留年・中退者情報公開請求事件」において、被告・福岡教育委員会側が展開したところである。曰く、「請求された情報は、あくまで生徒個人につながる教育情報であって、一般の行政情報とは社会に対して待つ意味あいが異なる。よって高校名を具体的に開示することによって、学校教育にむしろ好ましくない影響を与えることを私どもは懸念せざるを得ない」と。[5]

この事件では、一審の福岡地裁も二審の福岡高裁も、福岡県情報公開条例が、日本国憲法に基づく「知る権利」の尊重を実現するために制定されたものであり、原告が求めた情報は、同条例が定めている非公開理由（プライバシーの侵害や行政上の支障など）に該当しないとの原告側主張を全面的に認める内容の判決を下している（平成二年三月一四日福岡地裁判決、平成三年四月一〇日福岡高裁判決）。この裁判では、被告福岡県教育委員会側が上告を断念したことにより、高裁判決が確定判決となった。

その三は、実施機関や教育機関が行政情報の公開・開示が教育行政や教育活動の安定性や独立性を損う恐れがあると考える傾向が強いということである。教育委員会の会議録や学校のおける職員会議録を公開することになれば、特定の教育委員や教職員の発言内容が推認または断定されるようなこともあり得るので、そのようなことでは、教育委員や教職員は安んじて職務に専念できず、職務に支障を生じ、また、教育行政または教育への不当な介入を招くことになるというように考えることに理由がないわけではない。しかし、個々の教育行政情報は、公開・開示になじまないと一括りに考える傾向が結果的に教育行政情報の公開・開示をめぐる争訟をも惹起することにもなってきたことは否定できない。例えば、教員採用試験に関して言えば、各都道府県・政令指定都市で試験問題としてどのようなものが出題されているかは、現在においても一、二の例外を除き公表されておらず、公表の是非が裁判で争われている例も見られる。[6]

裁判に至らないまでも、教育行政情報の公開・開示をめぐっては、実施機関の非公開・非開示決定を不服として、実施機関に対して不服の申し立てが行われ、実施機関が情報公開審査会に対して諮問し、審査会が部分公開・開示または全面公開・開示すべしとの答申を出すという事例は珍しいことではない。実施機関は最初の判断を努めて慎重に行い、もし、請求者から不服の申し立てを受けた場合には、情報公開審査会の意向を参考または尊重して決断を下すという構図を看取することができる。国民・住民（具体的には請求者）の「知る権利」のより徹底した保障を行う点で、情報公開審査会は極めて重要な役割を担っており、このことが教育行政情報の公開・開示をめぐる請求者と実施機関の溝を小さくし、結果的に訴訟事件へとエスカレートするのを抑止することになっていると言えよう。

## 四節　情報公開・開示に対する教育行政・教育関係者の基本的態度

以上の論述を踏まえ、教育行政情報の公開・開示について、教育行政及び学校教育に携わっている者は、基本的態度としてどうあることが望まれるかを提示して小論を結ぶことにする。

### 1　公開・開示請求に応じなければならない場合があることを想定し備えること

筆者は、先に、教育行政の情報公開・開示の進展について、「牛歩の如し」と形容した。しかし、牛歩の如くではあっても、確実に公開・開示の事例は数を重ねてきており「ゆっくりとしかし確実に」(slow but steadily) と形容するのが適切であろう。

(ア) 指導要録、(イ) 調査書、(ウ) 体罰事故報告書、(エ)「いじめ」問題報告書、(オ) 職員会議録、(カ) 高校入試の個人別得点などは、公開・開示を前提として作成されているのでないことは改めて解説するまでもない。しかしこれらの情報 (文書) については、すでに部分公開・開示という形ではあれ、すでに実施されたか、あるいは裁判所の判決において実施すべきことが命令された事例が累積されている。このことから知られるように、請求者の請求理由に合理性があると認められる場合には、上記の情報を公開・開示する必要に迫られることがあることを教育行政・教育関係者は自覚し、一定の備えをするという前向きの態度で臨みたいものである。

指導要録や調査書の開示の是非については、今日においても、なお、意見の対立が存在し、司法判断も分かれている。例えば、東京都大田区の女子高校生が、本人の区立小学校時代の指導要録の開示を請求した事件で、東京地裁は一部開示を認める判決を下したが、東京高裁は、区教育長が行った全面非開示決定を支持する内容の逆転判決を下すといったようにである。(7)

このように指導要録や調査書の開示の是非については、司法判断の一致を見るまでには至っていない。しかし、実体は司法判断の先のいく形をとっており、卒業後の時点ではあるが、既に平成八年一〇月末に、大阪府と大阪市の各教育委員会では、請求者(高校生)の求めに応じて「総合所見欄」を含め調査書(内申書)を全面開示している。(8)他の公共団体においてこの種の請求があった場合には、先例として請求者によって援用されることになることは確実である。

教育行政・教育関係者は、徒にこれらの情報の開示請求を恐れ、あるいは敵対視するのではなく、必要があれば請求に応じて開示できる備えをすることが望まれよう。

## 2　事実に基づいた客観的記述を旨とすること

調査書や指導要録の記載内容については、その主観性が問題点として指摘されることがままある。例えば、ある大学生(二一歳)が本人に中学時代の調査書(内申書)の全面開示を求めた事件(控訴審)で、大阪府高裁は、調査書の原本がすでに実施機関である大阪府高槻市教育委員会に存在しないことを理由として訴えを斥けはしたものの、調査書の「総合所見欄」の記載について言及し、「評定の判断基準があいまいで、記載する用語も明確でない」旨の指摘をしている。(9)

この指摘に見られるような問題点を克服するためには、少なくとも、各学校単位で、指導要録や調査書の記載について、校内研修等を通じて、事実に基づいた客観的記述を中心とするためにどのような創意工夫が必要であるか、あるいは反対に避けなくてはならない記載表現・用語はどのようなものか、プロフェッション(専門職)としての共通理解を深めるように努めなくてはならない。

このような努力を重ねることによって、平成一〇年一二月二四日、神奈川県小田原市個人情報保護審査会によって記載事項の削除が答申された「偏向的正義感が強く、接し方を誤ると親子共々、問題を引き起こす」というような記載表現は克服されていくことが期待される。(10)事実に基づいた客観的記述を中心とするように心掛けるべきことは、学校事故報告書、「いじめ」問題報告書などに関しても同様である。

### 3　個人情報の徹底管理と開示請求への備え

以上の論述は、情報公開制度に関するものが中心となっているが、内容的に言えば、個人情報保護制度に関するものも含まれている。実は、前述した指導要録、調査書、高校入試の個人別得点についての開示請求は、個人情報保護条例に基づいてなされているものである。

情報公開制度が発足する時点（昭和五〇年代後半）で、この制度の運用に当たっては、個人情報保護の徹底が必要であるとの認識が、条例を制定する役割を担った地方公共団体の議会議員の間に相当程度浸透していたと推認される。

加えて、一つには、「行政機関の保有する電子計算機処理に係わる個人情報の保護に関する法律」（以下「個人情報保護法」という。）が昭和六三（一九八八）年一二月一六日に公布され（法律第九五号）、平成元（一九八九）年一〇月一日から施行されたことにより、二つには、行政情報のコンピュータ管理化に伴って遺憾ながら発生するようになった個人情報の過失漏洩あるいは故意による漏洩事件などによって、個人情報の徹底管理についての必要な認識は、国民・住民の間で近年益々高まってきている。(11)

個人情報保護法によれば、「個人情報」とは「生存する個人に関する情報であって、当該情報に含まれる氏名、生年月日その他の記述または個人別に付された番号、記号その他の符号により当該個人を識別できるもの（当該情報のみでは識別できないが、他の情報と容易に照合することができ、それにより当該個人を識別できるものを含む)をいう。ただし、法人その他の団体に関して記録された情報に含まれる当該法人その他の団体の役員に関する情報を除く」(第二条第二号)である。因みに、同法では個人情報ファイルに記録されている個人情報は「処理情報」と呼ばれている(同条第五号)。

　同法では、処理情報の開示について、「何人も、保有機関の長に対し、自己を処理情報の本人とする処理情報(中略)について、書面により、その開示(中略)を請求することができる」とする一方で、「ただし、学校教育法(昭和二二年法律第二六号)に規定する学校における成績の評価又は入学の選抜に関する事項を記録する個人情報ファイル(中略)については、この限りではない」とし、また、当該処理情報の全部または一部について開示しないことができる場合として「学識技能に関する試験、資格等の審査に関する事務の適正な遂行に支障を及ぼすことと保有の機関の長が認める場合」を揚げている(第一四条第一項)。国では、成績の評価や入試に関する個人情報について、このように慎重な方針で臨んでいるのであるが、地方公共団体の中には、住民のニーズの高さを考慮して、これらの個人情報についても、まだ少数ではあるものの住民の求めに応じて開示する例が見られるようになってきている。例えば、埼玉県では、平成八(一九九六)年三月の市立大学入試で不合格となった受験生からの個人情報保護条例に基づき請求のあった本人の成績や順位を開示している。

　個人情報については、本人以外に知れないように保護の徹底管理に重点が置かれていたものが、本人の求めに積極的に対応し、誤りがあればその情報を請求者の求めに応じて訂正することに重点を置く方向へと「ゆっくりとしかし堅実に」公共団体の実施方針がシフトしつつあると言えよう。

　このような動向も見据えて、教育行政・教育関係者も新たな自覚と具体的な備えに取り組むべき時期を迎えており、伝統的な消極的対応から、「開かれた教育行政・学校経営」の在り方を果敢に検討し、実施に踏み切っていく積極的対応への基本的態度の転換が不可欠である。

## 註

（1）公共団体による実施状況は次の通りである。（ア）都道府県は例外なく全て条例により実施。（イ）市町村（特別区を含む）で条例によるもの八四七（市四五一、区二三、町三〇〇、村七三）、要綱等によるもの一四（市六、町六、村二）合計八六一市町村。（平成一一年四月一日現在。自治省調べ）。

（2）市川昭午、永井憲一監修『こどもの人権大辞典』エムティ出版、一九九七年、四八五頁（安達和志、「知る権利」の項目）。

（3）菱村幸彦、下村哲夫編『教育法規大辞典』エムティ出版、一九九四年、五八九頁（佐藤全、「知る権利」の項目）。因みに、「知る権利」という言葉は、一九四五（昭和二〇）年一月、アメリカのAP通信社専務理事であったケント・クーパーが、第二次大戦中のアメリカ政府によるニュース操作によって民衆が真実から遠ざけられたとの反省に基づき、合衆国憲法修正第一条の「プレスの自由」とは別に、国家権力に対抗する新しい民衆の権利概念を意味するものとして提唱したのが始まりであるといわれる。『現代用語の基礎知識1996』自由国民社、七九六頁による。

（4）紙幅の制約上、このように非公開情報を極めて概括的に説明しているが、正確には、もっと丁寧な説明が必要であることをお断りしておきたい。

（5）「読売新聞」、平成元年七月九日による。

（6）平成一一年一〇月二〇日現在、教員採用試験問題の公開を決定しているのは、愛知県と愛媛県の二県である。また、高知県では、教員採用試験問題の公開をめぐって、「子どもと教育を守る高知県連絡会」と高知県教育委員会が裁判で争っている。平成一〇年は一二月に高松高裁は試験問題の公開を命じる判決を下したが、県教委側が上告し、係争中である。「読売新聞」平成一一年七月三一日による。

（7）「新潟日報」平成一〇年一〇月二八日による。

（8）「新潟日報」平成八年一一月二二日による。因みに、指導要録の全面開示の最初の事例（大阪府箕面市）は平成四年のことであった。

（9）「朝日新聞」平成八年九月二八日による。なお、この事件については、拙稿「『調査書全面開示請求事件』大阪高裁判決」（『学校経営』平成九年一月号、第一法規）を御一読願いたい。

(10) この記載表現について、同審査会は同市教育委員会に対して「個人の尊厳を著しく侵害するものであり、指導要録の記載のあり方を逸脱している」との判断に基づき、この部分の削除をすべきとの答申を行った(「朝日新聞」平成一〇年一二月二五日による)。また、もう一例挙げると、仙台市個人情報審議会は、神奈川県大和市在住の男性(三四歳)が中学校時代の指導要録の「所見欄」記載にある「二重人格的性格」の記述表現を訂正すべしとする請求(不服申し立て)を斥けたが、そのような記述表現は「社会通念上、著しく不適切な表現」であり、指導要録に「訂正の不服申し立てあり」と付記すべきである旨、仙台市教育委員会に答申している(「読売新聞」平成一一年一月一九日による)。

(11) このような意識傾向を反映して、最近では、情報公開条例と個人情報保護条例をいわばセットで議会審議する傾向が生まれている。例えば筆者が情報公開条例の制定に向けての基本的事項の検討に加わった新潟県上越市の場合をはじめ、上越市の場合を有力な参考にして条例制定をした近郊市町村(糸魚川市、浦川原村、大島村、松之山町、安塚町、牧村など)の場合はその好例である。

因みに、個人情報保護については、条例制定の都道府県が二三、市町村レベルでは条例制定が一、五二一、条例以外の規則、規程によるものが八六五で、合計二、三八六で全体の七二・三パーセントに該当する公共団体が対応施策を講じている(平成一一年四月一日現在、自治省調べ)。

(若井　彌一)

# 10章　教育行政における私立学校行政の位置と公立学校行政との関係

## 一節　現行制度と本章の課題

わが国において私立学校は、量的にも質的にも重要な位置を占めている。一九九九年現在、大学生、短期大学生、高校生（定時制を含む）および幼稚園児のそれぞれ七三・三％、九一・七％、二九・六％、七九・三％が私立学校に在学しており、そこでは、社会からの多様な教育要求に応え、独自の建学理念に基づいた特色ある教育が期待されている。

そもそも、公立学校とは地方公共団体の設置する学校であり、私立学校とは、学校法人の設置する学校である（学校教育法第二条）。学校の設置者が、設置する学校を管理し、学校の経費を負担する（学校教育法第五条）ため、公立学校は地方公共団体が、私立学校は学校法人が管理権者となる。そして高等学校以下の学校についてみれば、前者は教育委員会が所管し（地方教育行政の組織及び運営に関する法律第三二条）、後者は都道府県知事が所管（私立学校法では「所轄」の語を使用）する（学校教育法第三四条、第四〇条、第五一条、第五一条の九、第七六条、第八二条、私立学校法第四条）。このように、高等学校以下の学校に関する行政は、教育委員会と都道府県知事において二元的に行なわれることになっている。

しかしながら、表1の「私立学校担当主管部課」にあるように、一九九九年現在、青森、岐阜の二県においては、それぞれ教育委員会の総務課、私学振興課が私学関係の事務を担当している。これは、地方自治法第一八〇条の二

**表1**　私立学校担当主管部課（1999年）（『全国教育委員会一覧』平成11年版による）

| | | |
|---|---|---|
| 総務部 | 学事課 | 北海道、埼玉、千葉 |
| | 学事振興課 | 長崎 |
| | 学事文書課 | 群馬、山口、香川、鹿児島 |
| | 教育課 | 兵庫 |
| | 広報文書課 | 長野 |
| | 私学文書課 | 宮城、山梨、愛媛、熊本 |
| | 総務課 | 茨城、石川、滋賀、奈良、鳥取、島根、大分、宮崎 |
| | 総務学事課 | 岩手、和歌山、岡山、佐賀 |
| | 総務県民課 | 徳島 |
| | 文教課 | 京都 |
| | 文書学事課 | 福島、栃木、福井、高知、沖縄 |
| | 文書学術課 | 富山 |
| | 文書私学課 | 新潟 |
| | 私学振興室 | 静岡、愛知 |
| | 私学学事振興局<br>私学振興課 | 福岡 |
| 総務局学事部 | 学事第二課 | 東京 |
| 企画調整部 | 学術振興課 | 秋田 |
| 県民部 | 私学宗教課 | 神奈川 |
| 県民生活部 | 学事課 | 広島 |
| 生活部 | 青少年・私学課 | 三重 |
| 生活文化部 | 私学課 | 大阪 |
| 文化環境部 | 学事振興課 | 山形 |
| 教育委員会 | 総務課 | 青森 |
| | 私学振興課 | 岐阜 |

を法的根拠として、教育庁職員が私立学校に関する事務を補助執行するという形をとっているものである。この「補助執行」とは、「行政事務を執行する者を内部的に補助し、その権限事務の一部を執行すること[1]」である。このような形で一元的な行政が行なわれているのは、現在では既述の二県のみであるが、最近まで秋田県と茨城県においても実施されていた。しかし、それぞれ一九九六年、一九九九年より、私立学校事務が教育委員会総務課から知事部局に移管された。

現行の二元的行政については、行政の効率化と機関相互の密接な連携の強化の観点から、これまで何度も主として政府側から問題とされ、一元化することが要請されてきた。また、先の、「二一世紀に向けた地方教育行政の在り方に関する調査研究協力者会議」および中央教育審議会の「地方教育行政に関する小委員会」においてもこの問題がとりあげられた。とりわけ今回は、私立学校と地方公共団体との関係が重要な論点の一つとされ、従来とは異なった視点をも含んで議論が展開された。

しかしながら、これまでの一連の議論において、私立学校行政の位置づけおよび公立学校行政との関係について、十分なアプローチが行われてきたのだろうか。これは、二元的行政に至った経緯と密接に関わる問題でもある。本章では、こうした点について検討し、公私立学校行政の連携の在り方を考える手がかりとしたい。そのため、まず、現行の二元的行政に至った経緯について踏まえ、次に、従来の一元化への要請提案および今次改革提案について分析を行う。その上で、公私立学校行政の現状や近年私立学校事務が教育委員会から知事部局に移管された県の動向も踏まえ、公私立学校行政の連携の方向性について若干の考察を行う。

## 二節　現行制度に至る経緯

### 1　学校教育法および教育委員会法制定に関わる議論

戦後の私立学校法制は、教育刷新委員会の第一回建議事項三「私立学校に関すること」（一九四六年一二月二七日）以後、審議を重ねる中でまとめられていったが、所轄庁に関する問題は、学校教育法および教育委員会法の制定との関わりにおいても議論された。

一九四七年三月に制定された学校教育法においては、第三四条で「公立又は私立の小学校は、都道府県監督庁の所管に属する」と規定され、都道府県監督庁とは「教育に関し都道府県の区域を管轄する監督庁」（第二三条）を指し、これは附則第一〇七条によって「当分の間、東京都長官、北海道長官又は府県知事」とするとされていた。これに対し、一九四八年七月公布の教育委員会法では、第四条第二項において「大学及び私立学校は、法律に別段の定がある場合を除いては、教育委員会の所管に属しない」と規定され、附則第九三条において学校教育法第三四条の「公立又は」という文言と都道府県監督庁に関する部分を削除した。これにより、私立学校の所管については学校教育法第三四条の規定と教育委員会法第四条第二項の規定のみが残ることとなり、高等学校以下の私立学校を所管する都道府県監督庁が何を指すのか明確でなくなった。そのため、学校教育法第三四条を教育委員会法第四条第二項にいう「別段の定」に当たるとして都道府県教育委員会とする解釈と教育委員会法第四条第二項の規定を根拠として都道府県知事とする解釈とが出された。こうした曖昧な点を残したまま教育委員会制度がスタートしたため混乱が生じ、一九四八年一二月二九日付文部次官通知「私立学校の所管について」が出されるに至った。それは、次のようなものであった。

私立学校……及び私立各種学校に関する事務の一般的な所管……については、関係法令の解釈上若干の疑義があり、当省に対し各方面から照会を受けている次第であるが、右は都道府県知事の所管に属するものと解釈するを適当と考えるので、この段通知する。なお、この解釈は、関係方面とも打ち合せずみであるから、念のため申し添える。「備考」一　都道府県知事が私立学校に関する事務を行うため、その都道府県の教育委員会の事務局及びその職員を併任等の形式でこれに当らせることとしても差し支えない。二　本年一一月一日以降この通達到着の日までの間において、都道府県の教育委員会が私立学校について行なった処分は、都道府県知事において、一括これを都道府県知事の処分とみなす措置を執るなど適当な措置を執られることが望ましい。

これが出されるまで、文部省は教育委員会の所管に属すると考え、ＣＩＥと私学関係者は都道府県知事の所管に属すると考えていたが、これにより決着がつけられたのであった。

## 2　私立学校法制定に関わる議論

こうした動きと並行して私立学校法案を作成する作業が進められていた。教育刷新委員会第二二回建議「私立学校法案について」(一九四八年八月二日)においては、私立学校代表、私立学校在学者の父母代表、都道府県議会の議員、学識経験者から構成される「都道府県私学教育委員会」構想が示された。これは公立学校所管の教育委員会に照応する行政執行機関として考えられ、私立学校の設置廃止の認可、閉鎖を命ずること、および設備、授業の変更を命ずること、ならびに教科用図書の検定、教職員の免許状の発行、規則の制定改廃等の事項に関する権限の他、私立学校の教職員が故意に法令の規定に違反した場合、学校に対しその罷免を命じる権限を与えようとするものであった。この着想は、私学側委員によるものであった。

しかし、「主として私立学校の代表者からなる機関はわが国の現在の行政組織としては認め難い」(2)とされた他、私学関係者からも、「法律上または立法技術上の困難が伴うほか、最も自主性を尊ぶべき私学にとって、却って自縄自縛に陥る危険を免れない」(3)との意見が出され、結局、この構想は実現しなかった。その後、既述のように文部次官通知によって、都道府県知事が所轄庁として確定することとなったのである。そしてその所轄の具体的内容を規定したのが私立学校法であった。

私立学校法制定にあたっては、日本私学団体総連合会がきわめて重要な役割を果たしていた。私学総連は、一九四七年一二月にＣＩＥの示唆を受け、私立学校法案立法化のための研究を始める。その契機については、当時の柴田総務局長がＣＩＥとの意見交換の際に「今後教育行政の方式に重大な変化が行われるが、私学は公共の教育委員会の管理下に立つか、或いは私学教育委員会とでも称すべき自主的教育行政の機関を設置する方が私学教育行政として適当であるのか、この問題について考えなければならない」との指摘を受け、「この問題について早速緊急理事会を開き協議の結果、自主的行政の実施を要望することに決し、この旨ＣＩＥに回答すると共に本会の委員会を設けて私学行政基礎法案の草案作成に取りかかった」とのことであった。(4) こうしてＣＩＥや文部省と連絡をとりつつ研究を重ね、私立学校教育行政基礎法案と私立学校財政特別措置法案の構想をまとめる。そしてこれに教育刷新委員会の学校法人法構想を加えて「私立学校法案」の立法化作業を文部省と協同して進め、一応の成案をみた。この案は、いったんは一九四九年二月の第五国会への上程が決まったものの、結局、当時の政治的事情によって見送られることとなった。

その後、文部省管理局における検討を受けて一九四九年一〇月に改めて出された法案は、前案に比して多くの監督条項が加えられていたため、私学総連は、他団体とともに反対運動を展開し、修正または削除すべき規定として一〇項目を指摘した。その結果、ＧＨＱの勧告もあって、これらを全面的に受け入れる形で修正案が作成され、第六臨時国会に提出された。国会においてさらなる修正を受けて私立学校法は制定された。このように、戦後の私立学校法制は、私学側との密接な連携によって形成されたのであった。

## 三節　改革提案

### 1　従来の一元化要請提案

以上のように二元的行政制度が確立されたのであったが、その直後からたびたび所轄について問題となった。一九五〇年八月の文部省報告書「日本における教育改革の進展」、一九五一年一〇月の教育委員会制度協議会答申、同年一一月の政令改正諮問委員会答申、一九五五年九月の中教審答申等において、私立学校の所管を都道府県教育委員会に移すことが提案されてきた。また地教行法成立後も、一九六七年六月の臨時私立学校振興方策調査会答申や一九七一年六月の中教審答申において、行財政上の施策の総合的・計画的推進の観点から一元化が要請されている。こうした提案に対して私学側は、現行のまま統一すれば私学の独自性・自主性が失われるとして強く反対したのであった。(5)

その後、大規模な教育改革を意図した臨時教育審議会において、改革に伴う行財政改革論議の一環として二元的行政の在り方の見直しが強く要請されるようになる。「審議経過の概要（その三）」（一九八六年一月）では、教育委員会の活性化のための諸方策の一つとして、公私立学校行政の連携の在り方について検討することが挙げられ、続いて第二次答申（同年四月）においても、「知事部局等との連携」の一例として公私立学校行政について触れられている。そしてこの答申の教育委員会等に関する提言を具体化するため、六月一三日には都道府県・指定都市教育委員会と都道府県知事に対し通知が出された。また、一九八七年五月八日の都道府県・指定都市教育委員長・教育長会議においても、当時の塩川正十郎文相が、高等学校以下の私立学校の所管を教育委員会へ移すことを検討したい旨を明らかにしている。第四次答申（同年八月）では、新たに「私学行政の推進」という項目が設けられ、より詳細に記述されている。そこでは、「高い公共的役割を担うべき」私立学校の教育は今後一層重視されるべきであるとして、地域の学校教育全体の発展を図る観点から、公私立学校の緊密な連携の確保が説かれ、その方策として、知事部局との連携強化とともに、公私立学校行政の総合的展開のさらなる推進のため、地方教育行政の組織体制の在り方を「将来の問題として検討する」ことが挙げられていた。

こうした動きに対し、私立学校側は一貫して反対の立場を表明している。日本私立中学高等学校連合会は、「臨時教育審議会に対する見解（五）」（一九八六年三月八日）において、「公、私立間の連絡を密にする名目で、教育委員会に私立学校行政も移して一元化しようという考え方」が示されており、これは「一段とこれまでの公立学校本位の行政に拍車をかけるだけであり、賛成できない」とし、第二次答申が出された後には、「臨時教育審議会に対する見解（九）」（一九八七年七月八日）で強い反対を表明した。そこでは、私立と公立では学校の性格も異なるので、行政の対応にも違いがあって然るべきとし、これまで私立学校が時代を先取りした先導的取組みによって種々の実績をあげてきたことを強調して、「過去三八年にわたって定着してきた二元化行政を改変する理由はどこにもない」と述べている。

一九八七年一二月には、第二次答申を受けて発足した「教育委員会の活性化に関する調査研究協力者会議」が報告書を提出した。そこでは大枠は第四次答申とほぼ同じであったが、方策について具体的に記述されていた。それは、「現在数県で行われている私立学校事務を教育長に補助執行させること」や、「公私立高等学校協議会」等の公私立学校間の連絡調整の場の設置及びその運営の工夫などを積極的に行うこと、公立学校行政、私立学校行政をそれぞれ担当している教育委員会、関係部局の職員の出向、併任発令等による人事交流を行ない、連携を図ること、私立学校の要請に応じて、教育委員会が教育課程、生徒指導等に対する指導、助言行うこと、私立学校の教員の研修や私立学校の児童生徒の健康管理等について援助、協力を行うことであった。これを受けて、文部省通知「教育委員会の活性化について」（一二月一六日）が発せられた。

このように、再三にわたり、一元化の検討が強く要請されたが、結局、新たに一元化した都道府県はなかった。しかし、今次改革論議で、またもやこの問題がとりあげられる。

## 2　今次改革提案

一九九七年一月に発足した「二一世紀に向けた地方教育行政の在り方に関する調査研究協力者会議」では、中教審第一次答申（「二一世紀を展望した我が国の教育の在り方について」一九九六年七月）および地方分権推進委員会第一次勧告（一九九六年一二月）を踏まえて「教育委員会を中核とする現行地方教育行政制度の意義とその見直し」を行ない、九月には「論点整理」をまとめた。そこでは、私立学校もまた「公教育を担う地域の教育機関」と位置づけた上で、「現行の私立学校に係る制度を基本としつつ、教育委員会と私立学校との関係の緊密化を図り、教育委員会が有している専門的な機能を私立学校が積極的に活用する方策について検討」することを提言した。そして具体例をいくつか挙げるが、実質的審議は中教審の「地方教育行政に関する小委員会」に引き継がれることとなる。以下、そこで展開された議論について、中間報告（一九九八年三月）、答申（九月）および議事録を基に、教育委員会が私立学校事務を所管することへの賛成論、反対論、慎重論に分けて整理する。

**賛成論**

賛成論は、私立学校の有する公共性を強調し、とりわけ学校教育内容面に知事部局が関与していないことを問題として、教育委員会の関与を求める論となっている。「都道府県の教育委員会が私立の高等学校に対していかなる指導の権限を持つのかについての掘り下げた議論が必要」（第一回会議）、「指導行政について、専門的立場に立っている教育委員会が緊密な連携をすることがこれから求められるのではないか」（第五回会議）との発言がみられ、また、全国高等学校長協会と日本PTA全国協議会もこの立場に立っている。前者は、私立学校も地域全体の教育にかかわっている、つまり同じ公教育を協力して担っているという意識を強くもって教育委員会との緊密化をこれまで以上に強めることや教育委員会の有する機能、情報などをこれまで以上に活用することを要望し（第六回会議）、後者は、私立学校との連携は「教育委員会の管下でしていただけたらいい」と明言した（第七回会議）。両者共に公私間の隔たりを教育委員会における調整によって縮小することに重点を置いており、その具体的問題として挙げているのが学校週五日制の問題であった。

一元化賛成論に入るものの、視点が全く異なる見解もあった。組織としては、教育委員会の中に学校教育担当や社会教育担当と並列して私立学校専任の部課を設け、公立学校行政組織とは別立ての形での一元化を構想したものであるが、この見解が特徴的であるのは、こうした組織を設けることによって教育行政の変容を期待した点である。つまり、「こういったものを教育委員会が抱えることによって、対公立学校に対する管理ももっと柔軟になるのではないだろうか。教育委員会を変える方向で、私学を含むことのメリットもあるのではないか」（第七回会議）というものであった。

**反対論**

従来と同様、私立学校側は、一元化に反対の立場である。日本私立中学高等学校連合会は、第七回会議での意見発表において、公私立学校行政の一元化の問題にしぼって反対論を展開した。そこではまず、現行の二元的行政に至った経緯について述べた上で、教育委員会への一元化を考えなければならない必然性はないとし、「性格も立場も異なる公・私立学校が自由濶達に競争原理の働く土壌で、相互に刺激を与え合い、質的充実と向上を図ることこそ重要」と説いている。私学側は、「私立学校の公立化」を危惧しており、「私立学校の管理、統制の強化につながる地方教育行政の一元化への見直しは、社会的にも許されるものではない」とする。公立学校行政所管部課とは別に私立学校担当部課を置くという構想についても、教育委員会全体としては公立学校の方に主たる勢力が割かれ、私立学校に関する取り扱いが片手間になる恐れがあるとの反論を行なっている。

同じ私学団体ではあるが、全日本私立幼稚園連合会は、所轄庁の問題について「従来どおり知事部局が望ましい」

との表現を用いており、やや異なる視点から見解を披露している(第七回会議)。同連合会は、私立学校の振興に資するような地方分権を要望し、具体的には、地方教育行政にも私立学校の意見が反映されるようにシステムを改善することや、市町村ごとに教育委員会と私立学校との公正な協議の場をつくること、私立学校の代表者を教育委員に登用することを義務づけることを提案している。こうした視点は、幼稚園児の約八割が私立に通っており、私立幼稚園が地域に密着した機関であることと関わっており、私立幼稚園の果たしている公共的役割を重視した見解と言えよう。

**慎重論**

慎重論は、これまでの経緯から、私立学校側の強い反対を見越したものである。「論点整理」においても「私学関係者の間には賛成する意見は少なく、理解を得ることは難しいのではないか」との指摘があり、また、全国都道府県教育委員会連合会と政令指定都市教育委員教育長協議会も同様に考えている。前者は、緊密化を図ることの重要性を認めつつも、学習指導面にまで踏み込んで教育委員会が指導することについては、私立学校が公立学校と異なる独自の教育活動をアピールして、児童・生徒を募集していることから、「私立学校側のニーズの確認など、十分な準備が必要」であり、教員の相互派遣や研修の共催などにより、関係の緊密化を図ることを検討することが必要であるとし、後者も、私学が有する独自の建学精神や教育内容を尊重しながら、「必要以上の介入にならないように配慮することが必要」とした(第五回会議)。しかし本音としては、学校週五日制の問題等についてどのように私立学校行政に関与できるのか、都道府県教育委員会連合会の意見発表者の言葉を用いるなら、「すみ分けの大枠」について、「基本的には文部省のほうでもう少し強力なリーダーシップをもって整理してほしい」とのことであった。

以上のような議論が展開されたが、結局は大勢に従い、現行の二元的行政を維持する方向となった。中間報告では、「私立学校については、その自主性・独自性を尊重する観点から、所管については、首長が所管する現行の制度を基本とするが、私立学校も公教育を担う地域の教育機関であることを踏まえ、地域全体として、一人一人の個性を生かした教育の実現を図るため、地域の状況に応じて、教育委員会と私立学校との連携の推進が必要である」と記述され、連携の強化という枠内にとどめられた。具体的なあり方としては、教育委員会による積極的な情報提供、公私立教育連絡協議会の活用、教育委員会の専門的機能の利用が提示された。この中間報告は、その後のヒアリングにおいて各種団体から好意的に評価され、答申はこれを踏襲するものとなった。

## 四節　公私立学校行政の連携の方向性

二節でみたように、現行の二元的行政は、戦後教育改革期に様々な議論を尽くして確定されたものである。もともと私立学校側は、ＣＩＥから、教育委員会の管理下に立つか自主的教育行政機関を設置するかの選択を求められ、後者を選んで私立学校教育委員会構想を育んでいったのであった。しかしこれが途中で挫折したことはすでに見たとおりであり、この構想は私立学校審議会構想に転換していった。こうした経緯について日本私学団体総連合会編『私立学校法解説』では、「学校教育法の建前に従い、文部大臣又は都道府県知事を私学の所轄庁とした上で、私学の自主性の確保の観点から、一面私学に対する行政的干渉権を極力しぼると共に、他面それぞれの所轄庁にその諮問機関として私学関係者によって組織された審議会を設置し、これによって所轄庁の権限の行使の適正を期する方式を採用するに至った」（八頁）と説明されている。都道府県知事を私立学校の所轄庁とすることは、私立学校側の本来の構想とは異なるものであり、また、私立学校法制定に携わった福田繁と安嶋彌が『私立学校法詳説』において記しているように「都道府県知事以外には所轄すべきところがないから」（一二頁）であったものの、「都道府県段階では私立学校の数が公立学校に比して少ないため、軽視されるのではないかという懸念があった」、また「教育委員会が元来、公立学校の所轄庁として構案されたものである」[6]等の理由に見られるように、これは、一定の制約を受けながらも可能な限り私立学校の独自性・自主性を尊重する制度が模索された結果であったと言えよう。したがって、私立学校側はこの制度の維持に固執し、一元化要請の受け入れを拒んでいたのである。

もっとも、わが国の教育において私立学校が果たしている公共的役割にかんがみて、公立学校行政と私立学校行政の連携をいっそう強化をしていかなければならないことを私立学校側も認識している。問題となっていたのは、三節で見たように、私立学校における公共性の原理と自主性の原理とのバランスであった。

私立学校法は、その第一条において「私立学校の特性にかんがみ、その自主性を重んじ、公共性を高める」ことを謳い、第二章「私立学校に関する教育行政」において、私学教育の自由及び私学設置の自由を保障する趣旨に添った規定を設け、第三章「学校法人」において、公の性質を持つ学校を設置できる学校法人について定めており、このことからも、この両原理の調和の重要性が裏付けられよう。それに加え、この問題は日本国憲法第八九条と私学助成をめぐって常に争われてきたのであり、この点においても、私立学校制度は両原理の微妙なバランスの上に位置していると言える。一元化の要請は、こうした根源的課題に関わる問題であり、簡単に決着のつけられるものではない。そのため今次改革論議においても、制度上の問題としてではなく、運営上の問題として対処されたのであった。

次に、現実の行政について見れば、以前に行った共同研究調査[7]により、次のことが明らかになっている。教育委員会が私立学校事務を所管していた既述の四県においては、たしかに日常的な業務処理を円滑かつ効率的に行うことができる他、私立学校の設置について適正な配置の観点から総合的に判断できる、公私立学校の実情を理解し合える等のメリットがみられたが、予算獲得において不利な面もあり、また県によっては形式的な一元化にとどまっているところもあった。さらには、そもそもこうした一元的行政は、私学の占有率が低く、公立優位という固有の状況によるものであった。他方、現行の二元的行政の枠内においても、知事部局と教育委員会の間における人事交流や知事部局に「教員席」を設けること等の人事配置に対する配慮がなされ、公私間の調整システムとして公私立高等学校連絡協議会や公私立校長会が機能し、また、伝達講習や研修の共催等によって教育内容の調整が意図され、一定程度、公私立学校行政の連携が行われていた。

さらには、秋田県と茨城県において、近年、私立学校事務が教育委員会から知事部局へ移管されたという事実をもあわせ考える必要があろう。秋田県においては、「あくまでも行政機構改革の一環」との説明であったが[8]、「知事部局が所管し、積極的に業務を推進するという理由から移された模様」とのことであり、また、現在の所管課である学術振興課については、「行政改革の一環として高等教育に関する事務、科学技術の振興に関する総合的な施策の策定に関する事務を所掌させるため」新設されたとのことであった[9]。

茨城県における所管の変更は、一九九九年七月に行なった教育委員会総務課への聞き取り調査によれば、教育委員会と知事部局の間で「素直に一から見直す」ということで協議した結果とのことであった。その際の論点は、第一に、法制度上、私立学校は知事の所轄であるということ、第二に、公立学校行政と私立学校行政のバランスの問題、第三に、助成の問題であった。第二の点については、私立学校の建学の精神を尊重し、公私立のバランスに配慮した私学の振興策を展開しようとしても、やはり一部、限界が生じてしまうこと、つまり、教育委員会が行なうことによって公立側が優勢になってしまうということ、そしてバランスを配慮した際に、私学の建学の精神が失われてしまうのではないかという危惧が生じてきたということであった。さらには、これからの少子化時代においては、公私立学校の役割分担を検討して公私間の募集定員を設定することが必要となり、公立と私立の間で利害の対立が生じることが予想できることから、私立学校の立場に立った行政が必要であろうという判断によるものであった。第三の点については、たとえば、学校を設置することによる地域の振興等、教育行政と地域振興を絡めて政策化していく場合には、教育委員会での施策の展開には限界があり、また、助成の関係からも知事部局で行なったほうが速やかに進められるのではないかとのことであった。

私学の独自性・自主性尊重の原理、公立学校が優位に立っている現状、公立学校管理権者として教育委員会が従来果たしてきた役割等、これまで検討してきた点を総合的にとらえるならば、現在の段階では、教育委員会への一元化という形ではなく、中教審答申における具体的提案を手がかりとして、運営上の問題として連携を強化していくことが現実的であろう。しかしながら、今後、国・都道府県・市町村間の関係とともに教育委員会と学校との関係の見直しが進み、教育委員会がより柔軟な組織に変わり得た場合には、公立・私立の別なく「自律的学校」の経営をサポートする機関となりうる可能性は残されている。三節で見たように、一元化を契機とすることの可否は別としても、教育委員会自体の基本的性格の変容が意図されていること、また、私立学校側からも私学の公共性をより重視する見解が出されてきていることを考慮すれば、公私立学校行政の連携は、新たな局面を迎えつつあると言えよう。

（南部　初世）

**註**

(1) 菱村幸彦、下村哲夫編集『教育法規大辞典』エムティ出版、一九九四年、八七五頁。
(2) 福田繁・安嶋彌『私立学校法詳説』玉川大学出版部、一九五〇年、二頁。
(3) 日本私学団体総連合会編『私立学校法解説』自由教育図書協会出版部、一九五〇年、八頁。
(4) 日本私学団体総連合会史編纂委員会編『日本私学団体総連合会史』一九五六年、二七四―二七五頁。
(5) 私立中学校・高等学校連合会「初等中等教育の改革に関する基本構想試案に対する意見」一九七〇年四月。
(6) 文部省私学法令研究会編『私立学校法逐条解説』第一法規出版、一九七〇年、一七頁。
(7) 秋田、青森、岐阜、茨城、滋賀、奈良、大阪、東京、神奈川の各都府県に対する共同研究調査による。詳細は、『地方における公立学校行政と私立学校行政の連携に関する調査研究』(平成五～六年度文部省科学研究費補助金交付研究一般研究（C）研究成果報告書、研究代表　上田学、一九九五年）参照のこと。
(8) 一九九九年七月に行なった企画調整部学術振興課への聞き取り調査による。
(9) 総務部広報課への文書での問い合わせに対する回答（一九九九年七月）による。なお、一九九六年に事務が知事部局へ移管された際には、総務部学事文書課が担当していた。
*なお、岐阜県では、二〇〇〇年四月の機構改革によって、私立学校事務が教育委員会（私学振興課）から知事部局（地域県民部教育振興課）に移管されたことを附記しておく。

# 11章　学校の自律性と教育委員会の権限・役割

## 一節　地方教育行政改革と学校の自律化政策

地方分権と規制緩和を軸とする行政改革が、教育政策においても具体化されつつある。教育行政改革の骨格は、二一世紀に向けた地方教育行政の在り方に関する調査研究協力者会議の「論点整理」(平成九年九月一九日)と、それを踏まえて出された第一六期中央教育審議会の答申「今後の地方教育行政の在り方について(最終報告)」(平成一〇年九月二一日)で提言されている。答申の柱は、①教育行政の地方分権化、②学校の自主性・自律性の確立、③学校運営への住民参加、である。

教育行政改革の基本方向は、国、都道府県の権限を縮小して市町村の裁量を拡大するとともに、教育委員会から学校へ権限を委譲し、学校の自律性の確立と校長のリーダーシップの発揮を目指すものである。その核となるのが、校長の権限拡大で、教育課程の編成権だけではなく、人事・予算等に関わる自由裁量権を付与する方策を検討するとしている。そして、学校運営が校長の方針の下に円滑かつ機動的に行われ、対外的に学校の経営責任を明確にするために、次の三つの方策を提言している。

第一に、主任制や職員会議・各種委員会などの学校運営組織の在り方を見直す。第二に、学校の教育目標・教育計画を明確に策定し、その実施状況や評価について保護者・地域住民に説明するとともに、教育委員会に報告する。第三に、保護者・地域住民の意向を反映するために、校長の諮問機関として「学校評議員」制度を設置する。

この学校の自律化政策は、教育における地方分権・規制緩和であり、教育に関する権限と責任を国から地方へ、地方から学校へと委譲し、学校レベルでは校長に権限を集中する一方で、父母や地域住民に開かれた学校経営を目指しており、これまでの学校経営像を大きく転換するものとなっている。

歴史的に見ると、学校運営組織の基本的構想は、校長を中心とする責任体制の確立という点では、第九期中央教育審議会答申（昭和四六年六月一一日）や、臨時教育審議会第二次答申（昭和六二年四月一日）の延長線上にある。しかし、教育委員会の機能を管理から支援へと重心移動し、学校の権限を拡大するとともに、対外的に経営責任を説明することを条件づけることはこれまでみられなかったことである。この点で、地方教育行政法の下で形づくられた現在の学校経営制度を大きく転換する可能性を秘めている。

この答申は、地方分権推進一括関連法（平成一一年七月八日成立）の一環として、地方教育行政の組織及び運営に関する法律（地教行法）などの改正によって制度化された。これによって、教育長の任命承認制度の廃止と議会同意制の導入、教育委員数を六人まで弾力化、国及び都道府県に市町村などへの指導・助言、援助を義務づけていたのを廃止し必要に応じて行うこととする、都道府県教育委員会による市町村立学校の組織編制等の基準設定権の廃止などが、平成一二年度から実施されることとなった。今後、これを受けて教育委員会と学校との権限関係を規定している学校管理規則が改正されることになる。

さらに、学校教育法施行規則（省令）の改正（平成一二年一月二一日）によって、校長などの任用資格の見直し、職員会議の制度化、学校評議員制度の導入などが行われ、これも平成一二年度から同時に実施されることとなっている。ただし、懸案の主任制の見直しについてはなお時間がかかる見通しである。このように、地方教育行政制度および学校経営制度の枠組みが相当程度変更されることになるが、現時点ではその具体化がどのような内容になるか必ずしも明らかではない。したがって、本稿では、現行の枠組みにおける学校と教育委員会の関係についての制度と実態を明らかにしつつ、現在進行中の改革によって創り出される学校と教育委員会の関係を、「学校の自律性」を軸に考察していくことにしたい。

## 二節　教育委員会と学校との規制―依存関係

### 1　「学校の自律性」の概念

学校が、教育機関として独自の判断に基づいて、教育活動・経営活動を自主的・創造的に進めていくことは極めて重要である。これまで、学校の主体性や創意工夫は教育政策において強調されてきたが、現実には学校の自律性は高いとは言えない。そこで、学校とその管理機関である教育委員会との関係から、学校の自律性を位置づけておこう。

教育委員会は、教育法規の解釈・運用を通して、学校の行財政的条件を整えるとともに、学校に対する指導や規制を行っている。すなわち、学校予算、教職員人事、学校の施設・設備について各学校に条件整備し、教育課程の編成、教科書・教材、学級編制、教職員組織について大綱的基準を示したり、指導・助言を行っている。学校は、教育委員会が行うこの人的・物的・財政的な条件整備活動を基盤とし、それに規制されながら活動している。

一方、学校は、特定の地域において個別具体的な子供を対象とする教育実施機関である。学校は、教育の技術過程と組織過程が統一される有機的組織体であり、そこにおいてのみなされうる意思決定の領域が認められる。そして、その意思決定には、経営の専門家である管理職とともに教育の専門家である教師の専門的判断が、大きな役割を果たすのである。

このように、学校は、教育委員会の学校管理の対象であるが、それに包摂された単なる下位機関ではなく、相対的に自律した機関である。つまり、学校の自律性は、独立的組織の自律性ではなく、組織の下位単位がもつ相対的な自律性なのである。

こうした見解は、たとえそれが建前であろうとも、広く認められてきたところである。たとえば、地方教育行政法の制定によって、教育行政が中央集権化し、学校の自律性が危ぶまれた頃においても、文部省は次のように回答している。

「教育機関（筆者注、学校）とは、教育に関する事業……を行うことを主目的とし、専属の物的施設および人的施設を備え、かつ、管理者の管理の下に自らの意思をもって継続的に事業の運営を行う機関である。」（昭和三二年六月一一日初中局長回答）

ところが、その後の教育政策・行政は、学校の自律性を尊重しその専門的教育意思を十分汲み上げてきたであろうか。第一六期中教審答申も認めるように、国の教育意思を最優先し、学校の教育意思は余り顧みず、その主体的活動を制約してきたのが現実である。

今回の中教審答申は「学校の自主性・自律性」の確立と並記しており、「公立学校が地域の教育機関として、家庭や地域の要請に応じ、できる限り各学校の判断によって自主的・自律的に特色ある学校教育活動を展開できるようにする……。」としている。また、文部省の「教育改革プログラム」では「現場の自主性を尊重した学校づくりを推進する」「主体性のある学校運営の実現」と明らかにトーンダウンしている。いずれも明確な定義がなされていないが、自主性には主体的な活動や創意工夫が含意され、自律性には権限と責任が含意されているとも推測されるが、両者を並記しているところに政策決定における妥協を見ることもできよう。

そこで、以上の一般的規定を踏まえた上で、学校の自律性を、「学校構成員が、教育法規の基準や教育行財政的基盤の下で、父母・地域住民の教育意思に応答しながら、教育活動および経営活動を計画・実施・評価する権限と責任の体系である。」と定義することにする。この定義には、①自律性は権限と責任、客体的条件と主体的条件から構成されること、②学校の専門的判断に基づく主体的営為が必要不可欠であること、③ＰＤＳのマネジメントサイクルとして明確に位置付けることが内包されている。

## 2　教育委員会と学校との規制―依存関係

学校は、中央集権的な教育行政体制下で、教育行政機関の政策方針や圧力に左右されやすいため、行政依存・従属的な学校経営が根強い。自校の実情や教育方針に即して行政方針を主体的に捉え返す姿勢や力量を保持している学校は、さほど多くない。教育行政機関が学校に対して過度に規制し干渉するのに対して、学校は、その受容の在り方については極めて敏感で、対立や葛藤が生じる。けれども、学校の独自の判断で主体的に取り組むべき活動についての責任は曖昧にされ回避されがちである。

もちろん、行政方針をめぐって管理職と一般教員の対立・葛藤はみられるが、行政方針はそのまま受容すべきものとして学校に立ち現れる。とくに、管理職にとっては、行政方針をどの程度実施に移せるかが、重要な関心事となりやすい。ここでは、学校が自校の実態や教育方針に即して、行政方針を捉え返すという主体性は欠落しやすいのである。

管理職である校長・教頭の基本的な経営姿勢をみると、文部省や教育委員会の意向はどうか、その強制度はどうか等をまず考える。そして、実施が不可避となれば、行政の指導に即してその制度的権威に寄りかかって遂行していかざるを得ない。そこでは管理職としての経営専門性や教育専門性に基づく権威は、どうしても後方に追いやられてしまう。学校の主体性の低さを如実に表しているのである。

けれども、これを学校の責任のみに帰するわけにはいかない。むしろ、一九五〇年代以降の教育政策・行政の必然的結果であるといっても過言ではない。これまで、国・文部省は、教育行政の集権化・官僚制化による学校の従属化、学校内部における校長への権限集中によって、教育政策が中央から地方へ、地方から学校へスムーズに浸透する体制づくりを目指してきた。そのために、教育政策・行政に異を唱える教師集団（教職員組合）の力を、学校や行政から徹底的に排除することを眼目としていた。学校では、校長を頂点とする階層制の強化による上命下服的職務執行体制の確立が課題とされてきたのである。(1)

国の強権的な教育政策・行政に対して、日教組を中心とする教育運動は厳しく批判し抵抗した。このため、学校内部も管理職派と組合派、そして中立派などに分裂し、対立の構図が鮮明となったのである。これが学校現場における協働のあり方や改革への取り組みの大きな障害となったのはいうまでもない。

歴史的に見ると、こうした教育政策・行政は、紆余曲折を経て、接ぎ木的で内部矛盾を抱えながらも、次第に具体化してきた。その結果、国－教育委員会－学校の関係は、タテの関係に置き換えられ、頂点から底辺への一方的規制と、底辺の頂点への一方的依存という対応関係が作り上げられて来た。ここには、国の責任過剰意識に支えられた干渉主義と、学校の責任回避主義という微妙な悪循環がみられるのである。

学校経営における行政依存的体質と責任回避主義は、このような流れのなかで生み出されてきたのである。その後一九七〇年代には、文部省は方針をいくらか修正し、学校の自主性や主体性を強調しはじめる。昭和四七年の学習指導要領の弾力的運用に関する通達、そして、昭和五二年の学習指導要領では教育課程基準の大綱化と弾力的運用及び学校の創意工夫と主体性の尊重が打ち出され、従来の行政方針を転換させようとした点で注目された。ゆとりあるしかも充実した学校生活を創造するために、学校裁量の時間が新設された。しかし、学校はその実施に追われて、行政の基準や指導を要請し、学校が主体的に創意工夫して教育活動を計画実施することは困難な状況にあることが改めて明らかになった。学校の行政依存－従属という姿勢は容易に変わらなかったのである。

さて、学校経営制度改革は校長の権限が拡大される方向で、教育委員会と校長の権限分担について学校管理規則などで規定されることになる。現在のところ両者の権限関係は次表のようになっている(2)。

今後、教育委員会の許可・承認・届け出・報告を縮減して、学校の裁量を拡大する方向で見直しされることになる。新しく、校長の専決事項となると考えられるのは、教育課程面では副読本の承認、振り替え授業の承認、教育課程の承認と現行でも承認されている県が少なくない。一方、人事面では、非常勤講師の任免、臨時的任用講師の任免などと限られており、他はこれまで同様意見具申に止まっている。また、予算面では、ヒアリングを通して学校の意向を反映させたり、校長裁量で執行できる予算措置を設けたり、一定金額までの予算執行ができる校長権限

**表1　教育委員会と学校との権限関係**

| 事項／主体 | 教育委員会の権限 | 学校（校長）の権限 |
|---|---|---|
| 教育課程（カリキュラム） | 教育委員会としての目標等の設定、学期、休業日の設定 | 学校の教育目標、年間指導計画の策定、授業時間割の作成等、教育課程の編成（教育委員会への届出） |
| 教材 | 教科書の採択 | 学習帳など補助教材の選定（教育委員会への届出・承認） |
| 児童・生徒の取扱い | 就学事務（就学すべき小・中学校の指定）指導要録の様式の作成 | 学年の修了・卒業の認定<br>指導要録の作成<br>児童・生徒の懲戒 |
| 人事 | 教職員の採用、異動、懲戒服務監督等<br>勤務評定の計画、校長の行った評定の調整 | 教職員の採用、異動、懲戒に関する意見具申、校内人事の決定（校務分掌の決定）<br>教職員の服務監督、勤務時間の割り振り、年休の調整等、勤務評定の実施 |
| 施設・設備 | 学校の建築、改修 | 学校の施設・設備の管理<br>学校施設の目的外使用の許可 |

（注）文部省「教育委員会の現状と課題」『教育委員会月報』1985年10月

で執行できる会計処理を導入するとしている。これが、実際上、どの程度柔軟で活用しやすい仕組みになるかどうかが学校経営のあり方を左右する重要な論点となると考えられる。

## 三節　学校経営の五層構造

今日の学校は、急激な社会変動のなかで学校の役割・機能の正当性と優位性が後退しその存立基盤が揺らぐ一方で、学校に対する多種多様な要求や批判に囲まれ、身動きできない状況に置かれているといえよう。そのため学校はその役割・機能の再検討を含めた組織運営の見直しを迫られているのであるが、従来の形式や慣習・慣行に縛られて全面的な見直しに着手できないでいる。例えてみれば、今日の学校は、暴風雨のなかで木の葉のように揺れ動く小舟のようである。航海のための大まかな海図（チャート）はあっても、当面の状況下では役にたたず、何とか船の安全を確保し、気象が穏やかになるのをひたすら祈るほかない状

況に置かれているのである。こうした学校経営の一般的様態を整理するならば、次の五層構造として捉えられよう。(3)

① 大枠としての行政依存的な学校経営－責任回避主義の浸透
② 慣行重視の学校経営への傾斜－日常的活動におけるコンフリクト回避
③ 学年セクト・教科セクト主義の優位－ルーズな学校組織運営
④ 対症療法的学校経営の不可避性－教育病理への対応の模索
⑤ 閉鎖的な学校経営－学校責任の不明確さ

**① 大枠としての行政依存的な学校経営－責任回避主義の浸透**

先に考察したように、学校は中央集権的な教育行政体制下で、文部省や教育委員会という教育行政機関の政策方針や圧力に左右されやすいため、行政依存・従属的な学校経営が根強い。自校の実情や教育方針に即して行政方針を主体的に捉え返す姿勢や力量を保持している学校は、さほど多くない。教育行政機関が学校に対して過度に規制し干渉するのに対して、学校はその受容の在り方については極めて敏感で、それを巡って対立や葛藤が生じる。けれども、大枠としては行政依存的・従属的な学校経営体制であるため、学校の独自の判断で主体的に取り組んでいるという自覚や責任が曖昧で、結果的に学校の責任は回避されがちであることは否定できない。

**② 慣行重視の学校経営への傾斜－日常的活動におけるコンフリクト回避**

ところが、日常的な学校経営においては、行政依存とは別に慣行や慣習に縛られた意思決定がなされていることに目を向けなければならない。従来の枠組みの中で、関係するすべての教員が話し合い妥協や許容を重ねながら意思決定を行うため、新たな提案がなされたとしても明確で大胆なビジョンや経営方針を形成しにくく、従来の方針や内容を微修正したものになる場合が多い。

この背景には、規範的組織である学校の保守的体質や形式的な全員一致を重んじる日本的集団主義が潜んでいる。

それに加えて、行政依存的な学校経営という枠組みのなかで基本的な対立や葛藤を抱え込まざるをえないため、日常的にはコンフリクトを回避するメカニズムが働くものと思われる。

**③　学年セクト・教科セクト主義の優位―ルーズな学校組織運営**

教師が日常的に話し合い、共同の取り組みを行なう場は、学年集団であり、中学・高校では、教科集団も重要な役割を果たしている。ところが、学校のサブ組織である各学年集団や各教科集団の意向や利害が最優先され、治外法権的に認められることが少なくない。そのため、学校全体の調整が弱く、統一性や一貫性に欠けることも少なくない。

しかも、経営の基本単位である学年集団は、他のサブ組織に対して自己主張するが、内部問題について問題解決したり自己規制する力は乏しいのが現実である。こうして学校の組織運営は基本においても運営実態においてもルーズになっているのである。

**④　対症療法的学校経営の不可避性―教育病理への対応の模索**

学校は、一九七〇年代以降様々な教育病理現象の増加につれていやがおうでもその個別対応に追われることとなった。しかし、その病理現象の多くは未経験の事態であり、その指導方針や指導方法は明確でなく試行錯誤を余儀なくされている。ここでは、教員集団の中に指導観の対立や混乱がみられる。そして、病理現象が深刻化し学校への批判が高まるにつれてようやく対策を考える場合も少なくなく、後追い的な対応になりがちである。ただし、それを先取りし、問題に即応した見通しをもった学校経営の在り方を追求することは困難であり、教育病理への対応は、対症療法的な学校経営にならざるをえないのが実情であろう。

**⑤　閉鎖的な学校経営―学校責任の不明確さ**

学校は、一般に父母・住民に対して閉鎖的で、彼らの声に耳を傾け教育認識のギャップを埋めて、教育における連携と協同を生み出そうとする姿勢は極めて弱い。学校が父母とコミュニケーションをとるのは、父母の学校への理解と協力を得ようとする一方向的なものになりがちである。父母・住民の教育要求を積極的に汲み上げたり、それに応答しようとする姿勢は弱いし、十分とはいえない。このため学校が主体的に創意工夫して経営を行っていたとしても外側からは容易に見えにくく、学校の責任範囲とその内容は曖昧にされているのである。このように学校の姿勢は、対外的には硬直的で問題発生時には勢い組織防衛的となってしまうのである。

以上のように、学校経営の実態を要約すると、大枠としては行政依存、日常的には慣行重視、遂行形態では学年・教科セクトに委任、教育病理問題には対症療法的、そして、父母・地域住民には閉鎖的という五層構造として捉えられるのである。その内実は、責任回避的、保守的、ルーズで、試行錯誤的で、責任が不明確な学校経営が行われていることになる。つまり、今日の学校経営は、総合的に見て自律的であるとは言い難いのである。

## 四節　学校の自律性確立のための客体的条件と主体的条件

### 1　学校の客体的条件と主体的条件の改革

学校が自律性を確立していくためには、先にみた学校経営の五層構造を転換し、主体的な取り組みを積み重ねていくことが必要不可欠である。そのための基本的枠組みとして客体的条件と主体的条件を列挙してみよう。

まず客体的条件は、学校の法的権能や行財政的基盤の改革である。これは、学校の主体的条件の改革を支える前提となるもので、次の三点が柱となる。

①　教育システムの分権化政策の採用（教育行政の地方分権化、学習指導要領の基準性の明確化、地方における

教育課程の研究開発）

② 教育委員会と学校とのパートナーシップの確立（学校管理規則の改正、校長と教師の権限と責任の明確化）

③ 学校の実情と必要に応じた行財政的条件の整備充実（予算の重点配分や柔軟な予算編成、教職員人事への学校の意向反映）

これまでの教育委員会が学校を「規制と管理」することに徹していたのに対して、これからは学校の主体的意思を尊重しそれをサポートする「自律の支援」へと役割転換することが求められているのである。

次に学校の主体的条件の改革については、いくつかの枠組みと戦略が考えられるが、ここでは最も有効と思われる学校経営の動態化について、次の四点を提示しておこう。

① 学校評価の改革（教育活動・経営活動の評価と改善方針の樹立）

② 学校経営計画の樹立（学校経営の未来志向性、総合性、一貫性、具体性、科学性の確保、現有能力の最適利用および現有能力そのものの変革が目的[4]）

③ 父母・地域住民に開かれた学校経営への転換（父母・地域住民の学校経営参加、学校教育活動への参加・協力、学校経営計画や学校評価に関する報告・説明）

④ 学校経営改革を主導するリーダーの確保（改革のキーパースンの育成、校長のリーダーシップ）

以上、学校経営改革の基本的枠組みと戦略について骨格のみ示したが、各課題が相互に有機的な関連を持って展開されることが肝要である。そうすれば、これまで脆弱であった学校の自律性を一歩一歩高め、責任ある学校経営を行っていくことは可能である。筆者がこうした学校の自律性確立のための客体的と主体的条件に関する改革構想を提起したのは、平成四年のことであった。当時は、こうした改革構想が一つのまとまりを持って政策化されるとは夢にも思わなかった。

ところが、平成一〇年の中教審答申は、学校が自律性を確立するためには、対内的には校長を中心とする学校運営体制の確立が必要不可欠であり、対外的には学校経営のアカウンタビリティ（説明責任）を果たしていくためには、学校の教育目標・計画について父母・地域住民に説明するとともに、その計画の実施状況と成果について自己評価し、情報公開することなどが重要な課題であると提言された。

こうした学校の自律化政策が登場してきた背景には、①地方分権化・規制緩和を軸とする行政改革の進展、②文部省と日教組の和解と協調の実現、③学校の存立基盤の動揺と学校再生の要請という学校の社会的基盤の変化があったのである。その意味で、学校の自律化政策は不可避であったともいえるが、問題はその方向性と内容である。これを検討するために、先の学校経営改革構想の中で重要な論点である①主任制の再編、②学校評価の改革、③校長のリーダーシップ能力について、順次簡潔な考察を加えてみることにする。

## 2　主任制の再編

主任制は、学校経営組織の基本構成をめぐる分岐点であり、そのあり方は学校経営の合理化・民主化問題だけではなく、教育の覇権をめぐる教育政治的な争点となってきた。この度の学校経営改革では、学校の自主性・自律性を強化するために改めて主任制の再編が重要な課題とされている。

主任制度の実施は、学校経営組織を全国的に標準化し共通化することによって、学校管理体制の強化をめざすものであった。主任の地位は中間管理職としてではなく、教育指導職として位置づけられ、主任の職務を上司として指示命令を発するのではなく、指導助言や連絡調整に当たることと規定した。省令化する主任の種類は、かなりの学校で慣習法的に設置されてきた主任を制度化する方向を持っていたが、全国一律に設置する方針で臨んだ。

主任の省令化は、基本的に学校管理体制の強化をめざすものであったので、当然のことながら、主任制の制度化に対する不信感や基本的な反対があり、日教組を中心とする主任制阻止闘争や主任手当拠出闘争が幅広く行われた。その実施をめぐっては、県レベル、市町村レベル、学校レベルで根強い対立がみられ、各種の抗争、取引き、妥協が重ねらることとなった。その結果、主任の性格、選任方法、主任手当・処遇をめぐって全国的に多種多様な実態が存在することとなった。

主任の職務をみると、法的には関係校務について指導助言及び連絡調整にあたる教育指導職と規定されているが、実状は連絡調整活動が中心となり、指導助言活動は必ずしも期待されておらず十分とはいえない状況にある。主任の選出基準でも、全体として年齢や経験、人物・性格などが重視されており、リーダーシップ能力は年功制と軋轢を生じない範囲で考慮されているのである。学校管理体制上の位置づけは、教育指導職とするのが一般的であるが、校長・教頭という管理職に次いでそれを目指す中間層とみなす県がある一方で、それをまったく否定する県もある。

以上のように、主任が制度化されてほぼ二〇年前後になるが、主任制の実態は相当多様である。各県各市町各学校において、一定の平衡状況がみられるが、未だ制度化が進んでいない県もあり、主任制への抵抗が一部ではみられ、その受容の形態・方法は多様である。そして、主任制が定着しているところでは、その役割・機能は連絡調整活動が中心で、指導助言活動となると十分に機能しているとはいえないのである[5]。

この度の学校経営制度改革では、校長の権限拡大と権限集中をはかる「管理職主導型」の学校経営を企図している。これは社会変動に対応し学校改革を積極的に推進するためには必要といえるが、それが具体化し成果を上げていくためには、多様な条件が整う必要がある。とくに、教員の人事、学校予算の編成に関わる学校裁量が実質的に相当程度認められるか否かが、分かれ目となるであろう。

そして、学校経営構想については、教育の地方分権化・規制緩和化の流れのなかで、学校の自律的経営が明確に求められている現在、重視すべきなのは次の視点であろう。第一に、学校の課題や特色化に対応できる柔構造で機動的な組織づくりであり、第二に、学校の経営管理機能を合理的に担える組織の標準化と一定の階層化であり、第三に、学校の組織文化を変革する経営戦略に関わる長期的な組織づくりである。こうした立場に立てば、主任を「中間リーダー層」として積極的に位置づけ、校長はそれを支持し支援する役割を担うことが、学校改革につながると考えられる。

主任制の再編に当たっては、校長と教職員集団の信頼関係を基盤におくことが必要不可欠である。学校経営の方式として、校長が先頭に立つ「管理職主導型」は長期的には困難であり、むしろ中堅リーダー層が主導し、校長がそれを支持し支援するという「キーパースン中軸型」の学校経営を構想すべきである。校長は、この構想に立って主任の選定基準を決め、教職員の支持を得ながら主任制を根付かせていくことが求められるのである。

## 3　学校評価の改革

今日の学校では、教育目標・計画を作成し、それを指針として活動を展開し、その結果を評価するというマネジメント・サイクルは一応みられる。しかし、少し立ち入ってみると、学校評価は年度末に話し合いが行われ一年間のまとめが行われているが、それが次年度の経営方針や改善計画に反映されることは極めて少ないのが現状である。

また、学校が父母や地域住民に対して学校評価の結果や学校教育目標・計画を情報公開し、それに基づいて学校教育の現状と将来について具体的かつ総合的に意見を交換することはなかったといってよい。学校の自律化政策は、これまでの学校経営の不透明性や閉鎖性を打破し、機動的で課題解決型の学校経営を要請しており、学校評価は学校経営改革の起点であり、開かれた学校づくりの触媒ともなると考えられる。

学校評価は各学校が行う自己評価を基本にして、これに他者評価（行政機関、専門評価機関など）を加味することが有効である。学校評価が当面目指すべきことは、その体系性、総合性、緻密さを追求することよりも、学校の現実をリアルに把握し、教育課題を明確にし、改善方針を探索することである。なぜなら、学校評価はそれ自体自己完結的なものではなく、学校評価→経営戦略・改善計画→教育・経営活動の展開→学校評価というサイクルが効果的に繋がっていくことが重要であるからである。

学校評価の基本的役割は、①学校の成果と課題の明確化、②学校の責任遂行度の明示である。そして、対内的役割として、③教職員の教育・経営活動に対する共通理解の形成、④学校改善に向けた方針・戦略を樹立するための基礎作業とがある。また、対外的役割として、⑤父母・地域住民への説明と応答(説明責任、応答責任)、さらには学校に対する理解・支持・支援の獲得につながる、⑥教育行政機関への説明と条件整備の要求・交渉（学校の自律性と行政の支援・指導を媒介する基礎的資料）とがある。このように、学校評価は多様な役割を持つが、計画・実施・評価という経営過程の一環として把握し、基本的役割を的確に押さえるべきである。

次に、学校評価基準について、生徒による評価に限定して問題提起しておきたい。学校評価基準は共通的・標準的な評価基準と個別的・特殊的な評価基準とから構成されることが望ましい。前者は学校間で相対比較が可能であるが、後者は学校の特性や課題に基づく独自性が高いものである。共通的・標準的な評価基準は、①生徒の学力達成度、ないし学力向上度（客観的評価を基本とする）、②生徒の学校生活満足度（生徒の期待水準の高低と満足度の関係）、③生徒の学校生活関与度（学級活動、学校行事、自治活動、部活動への主体的参加）の領域からなる。また、個別的・特殊的な評価基準には、④各学校の教育活動の重点課題の評価（学校の特色づくり）、⑤各学校の直面している教育課題の評価（問題の明確化・分析）の領域からなる。

ここで改めて確認しておきたいことは、学校評価において最も大切なことは、学校と生徒、学校と家庭・地域の〈信頼関係の構築〉である。先に示した五つの学校評価基準は重要な指標ではあるが、それを高めることを唯一絶対の指標にしてはならない。学校評価が重視されればされるほど、学校の短期的目標である客観的に測定可能な各々の指標に縛られる傾向が強まるが、これは極めて危険なことである。学校の教育実践が、人間の発達を支援するという全体的・総合的であり、かつ個別具体的で数量化になじまない点も少なくない。改めて、長期的な目標である信頼関係の構築という課題を大事にしていきたい。

## 4　校長のリーダーシップ能力

こうした学校の自律性の枠組みが整えられたとしても、それを内側から支える学校組織とそれを代表する校長の在り方が問題となる。特に、学校を取り巻く社会環境が急激に変化し、人々の教育要求が多様化し、また、多様な教育病理現象に的確に対応することが求められている今日、各学校の教育と経営のグランドデザインを構想しつつ、それを具体化していく力量を持った変革者としてのリーダーが必要不可欠である。

このために教育に一〇年以上携わったかこれと同等のものを校長に任用できることとし、人物・識見重視の校長・教頭の選考、年功序列ではない若手教員の登用、校長の在職期間の長期化、教頭の複数配置などが検討されている。とくに、教育的識見と経営能力にすぐれた人材を、実力主義に基づいて積極的に登用しなければ改革は前進しないであろう。

これからの校長は、学校のビジョンをもち、そのための人的・物的・財政的条件を整備し、さらに新しい学校文化を創造していくための経営能力が必要となってくる。教職員を理念的・文化的に導いていく真のリーダー能力が問われてくる。校長も学校運営型・管理技術型リーダーから指導型・文化型リーダーへと大きく役割転換させていかなければならないといえよう。

## 五節　教育委員会と学校とのパートナーシップ

教育委員会は当該地方公共団体が設置する学校を管理すること（設置者管理主義）になっているが、これ自体文部省が示す教育政策の方向と内容をその強制度の強さを読み図りながら、それを指針として学校を管理することに傾斜してきたと言っても過言ではない。つまり、地方教育行政法体制の下で、教育委員会もまた中央集権化、官僚制化、一般行政へ従属化してきたのである。

教育委員会と学校との長年にわたる〈規制－依存〉関係を〈自律－支援〉関係へと転換させるのが、今度の教育改革の重要かつ困難な課題である。そのためには、教育委員会が学校を支援する力量と体制を整えることが求められている。

第一に、学校が必要とする有用な情報を積極的に提供することである。これまでのように、上から流されてきた情報を部分的に加工してパッケージ化された情報を提供するだけではなく、学校の必要に応じて選択したり応用可能な情報を提供できる体制が必要である。特に重要なのは、教育課程の編成に利用できる教育情報の提供である。教育委員会が各学校の実践や実践的理論を収集し、分類整理したり加工したりすることによって、学校に対する教育情報の支援体制を作り上げていくことである。また、カリキュラムの研究開発のためのセンター構想も、この点で重要な役割を担うことができると考える。

第二に、予算や人事について個々の学校の必要と発展を見定めて柔軟かつ公正な行政措置をとることである。予算面では、特別措置や重点配分、さらには学校の方針を組み込んだ予算案方式などが考えられる。制約された財政・人事条件の整備を一律・平等を原則とする方式から脱却して、個々の学校の実情と必要に応じて行う効果的な行政が期待されるのである。それは、一定の偏差を含んだ措置であるため、その行政措置の妥当性と公正さがこれまで以上に問われることになる。

第三として、校長・教頭をはじめとする学校に対して、その要請に応じて指導・助言する専門家チームの設置を提言したい。これは、教育委員会の組織系統から自由な地位を認められた指導主事、退職者校長、大学教員からなるチームで、学校の組織運営を評価し学校改善計画や経営戦略について校長・教頭に助言したり、相談にあずかる役割を担うものである。校長や教頭が学校において極めて孤独な存在であることは周知のことであるが、学校経営についてそれぞれの学校の実態に応じて相談したり助言してもらうことができる組織である。これは、経営者としての能力評価と切り離して構想される必要がある。現在求められているのは、こうした学校経営制度の改革を内側から進めていくために、学校の実際的必要と需要にあった構想ではないだろうか。

ただし、危惧されることは、今回の地方教育行政改革が、これまでの枠組みを大きく転換するものではなく、相対的な修正に終わるとの指摘がなされていることである。その理由は、第一に、国－都道府県－市町村という権限関係を基本的に現行通りに維持した上での制度面や運用面での改正という点である。第二に、財源の再配分に全く触れていない点である。第三に、国民が痛みを伴う徹底したリストラを望んでいないという点である。[6]

この学校の自律化政策は行財政改革というリストラ政策の一環でもあり、また、学校への権限委譲が一部に止まっているのに対して、学校の責任はそれ以上に重くなることなど、法制度レベルの矛盾は小さくない。

しかし、子どもが抱える多種多様な教育問題や子ども・親の多様な教育要求に対応するためには、個々の学校が独自の専門的判断によって適切に対応すべきであり、教育行政がそれを支援することを基本に据えるべきことが改めて確認されたともいえる。そして、制度運用レベルでは条件整備面での制約をもちつつも、学校経営の主体性や機動性の確保、情報公開と学校参加の足がかりは記されたといってよい。今後こうした取り組みが評価され一定の効果を生み出してくれば、この学校の自律化政策はさらに拡充されていくであろう。そのためは、教職員の意識改革や教育行政機関の学校に対する支援やパートナーシップ体制への転換が強く求められるのである。

このように法制度―制度運用―関係者の意識の三つのレベルがうまく繋がっていけば、今度の学校経営制度の改革はある程度の成果が期待される。けれども、上から進められる改革が指導に名を借りた指示的で規制的なものとなり、学校が従来通り行政への依存・従属的体質から脱却できなければ、結果的に学校の官僚制化、中央集権化が実質的に進むことになりかねないのである。今、私たちはこうした分岐点に立っているといってよい。

今回の地方教育行政改革と学校経営制度改革はそうした限界を持ちながらも、不可避であることも明らかである。この改革がいかなる成果を上げていき、また新たにいかなる矛盾を生み出していくのかを慎重に観察していく必要がある。

**註**

(1) 大脇康弘「学校における専門職官僚制の理論と現実」柳久雄編『教育基本権確立の課題』明治図書出版、一九八二年。

(2) 下村哲夫『教育法規便覧』平成一二年版、学陽書房。

(3) 大脇康弘「教育経営における学校の自律性の理念と現実」永岡順編『現代教育経営学－公教育システム経営の探究』教育開発研究所、一九九二年、四九－六一頁、では四層構造として提起したが、新たに学年セクト・教科セクト主義の優位を追加した。

(4) 大脇康弘「学校経営計画化の基本的視座――学校の自律性との関連において」大阪教育大学紀要４教育科学 30(3) 一九八二・一参照。

(5) 大脇康弘「主任制の位置と役割」日本教育経営学会経営科研委員会（代表・堀内孜）『変化する社会における学校組織と職務実態の在り方に関する総合的研究（第１年度報告書）』科研報告書、一九九八・四、大脇康弘・河野和清「主任制」『同（第二年度報告書）』一九九九・六、大脇康弘「学校の組織実態の問題点――事例調査の分析を通して」『日本教育経営学会紀要』第四一号、第一法規出版、一九九九・六、九五－九八頁を参照。

(6) 市川昭午「教育行政のリストラに関する考察」『学校経営』一九九八年七月号、堀内孜「学校の自律性確立と教育委員会の『指導・助言』の見直し」、『学校経営』一九九八年七月号。

・紙幅の関係で（注）を必要最小限にしたことを付記する。

（大脇　康弘）

# III部　公教育の変容と学校経営

# 12章　子どもの変化と学校教育病理に対する学校経営課題

## はじめに

いじめや不登校をはじめ、自殺や薬物乱用、そして、援助交際やナイフによる殺人事件、一七歳の少年によるバスジャックや母親殺害といった兇悪事件など、子どもたちが引き起こす問題行動は、我々教師や親が予想しえない状況となっている。そして、これらの問題行動の原因は、単に子どもたち自身やその家族、学校にのみ帰することはできないほど複雑化している。むしろ、子どもたちを取り巻く社会全体が創り出した環境そのものから原因や背景を探る努力を怠ってはならないと感じている。

その環境の中でも、子どもたちにとって一番身近な学校生活で起こる教育病理もその発症の経過やメカニズムを正確に予測することは難しい状況となっている。「教育病理」という言葉は、明治四三年に「教育病理学」という名称の本がすでに刊行されていることから決して新しい言葉ではない。(1) しかし、学校における教育病理が、教育社会学や社会病理学の分野で研究されるようになったのは、昭和四〇年以降のことであり、教育病理を対象とする研究はまだまだ日が浅く、教育病理と学校経営を直接結びつける研究は数少ないと言わざるをえない。

筆者は、文部省の事業である「スクールカウンセラー活用調査委託研究事業」のスクールカウンセラーの委嘱を受け、週二回、教師や保護者、子どもたちと直接様々な問題について話し合う機会を得ている。また、同じく文部省の事業である青少年の野外体験活動の一つである、「不登校の児童生徒を対象にした学校復帰のための支援活動」

において、その活動内容の企画・運営の助言者とカウンセラーとしての委嘱を受け、年間六回ほど学生ボランティアとともに参加し、保護者や教師の相談に当たっている。こうした経験を通して、現代の子どもたちの変化と学校教育病理に対する学校経営課題について事例を踏まえて所見を述べることとする。

## 一節　子どもの変化とその背景

### 1　現代っ子の生活リズムと身体的・精神的特質

今日、子どもたちを取り巻く生活空間は、健全な発達の視点から見て、量的にも質的にも悪化しており、有害なものまでが氾濫する状況が見られる。例えば、自然や遊び場の減少により子どもたちが屋外で伸び伸びと活動する機会が無くなりつつある。また、都市化の進展のもと、過密化、汚染化、高層化が進み、池や川、原っぱや田畑、広場や空き地などの自然の遊び空間が減少している。その一方、家の中や家の近くでの遊びが増加している。さらに、身近な所に、子どもたちにとって好ましくない有害環境が氾濫しつつある。深夜営業のゲームセンター、放置自転車やバイク、たばこや酒類・成人向け雑誌の自動販売機、そして、テレクラなどにみられる未成年の性犯罪への宣伝媒体である。こうした環境は、子どもたちの生活リズムや身体的・精神的状況に大きな変化を与えている。

生活リズムでは、遅寝遅起きの傾向や朝食抜き、テレビ漬けによる戸外での遊びの消失、お手伝いをせず、挨拶などができない不作法、塾やお稽古通いによる多忙さなどから新三無主義（寝ない、食べない、遊ばない）と呼ばれる子どもの出現が指摘されている(2)。

身体的には、ひ弱なモヤシっ子、転ぶと手で身体を支えられず、顔などに怪我をする子、側腕症の出現や背筋力の低下などで極端に姿勢の悪い子、アトピーなどのアレルギー体質の増加や肥満や糖尿病などの小児成人病の増加などがあげられる。

精神面では、三無主義（無関心、無責任、無気力）や四無主義（無関心、無責任、無気力、無感動）、そして、六無主義（先の四つに、無作法と生き方の無自覚を加える）の出現を指摘する研究者もいる。[3] さらに、三ない主義（待てない、我慢できない、思いやりがない）と言われる子どもたちや飽きっぽく、甘えが目立ち、何事にも自信をもてず、自我の確立が遅れ、お金に対して執着し、依存的で他人任せの行動や逃避的行動の子どもたちの存在も無視できない状況である。

## 2　子どもたちの変化と人間関係

子どもたちが示す様々な生活上の変化と病理現象を直接結びつけることは困難である。そこで、子どもの成長・発達に欠かせない人間関係に視点をあて、家庭、学校、地域社会のそれぞれの場における問題点を整理してみる。

### 1　家庭の状況

近年の家庭は、核家族化や少子化、父権の低下などによる養育機能の脆弱化、過保護や放任、受験戦争への追従による独自性の放棄、テレビ文化を代表とする受け身の文化の洪水、物が豊かになり、与えすぎ現象、お手伝いなどの労働体験の減少、近隣からの孤立化などが見られる。子捨てや子殺し、親の蒸発や離別に追いやられる子ども、さらに、親から虐待される子どもなどの養護問題も浮き彫りにされている。本来、家庭においては、基本的な信頼関係をもとに、親子が世代を背景に生活するいわゆる縦型の人間関係の中で子どもたちは成長する。この中で、子どもたちは、親の生活様式やしつけを通して人間としての基本的な生活習慣を身に付ける。しかし、各家庭では少子化や核家族化が進行し、人間関係の幅が少なくなり、世代間のつながりも限定され、集団としての力動性が弱体化している。まして、各家庭の独自性が失われ、学校教育の補充のため、遊びより塾通い、お手伝いよりも勉強が強調され、食生活においても、文化的な営みが期待されない状況にある。

### 2　学校の状況

学校においては、一斉指導や知識の量的な側面が強調される中で、集団・体験学習による連帯感や感動体験が不足し、中でも進学競争のなかで、学習についていけない子どもたちや協調より競争優位になじめず、孤立化していく子どもたち、あるいは、障害をもつ子どもたちはややもすれば疎外され、孤立感を深めつつある。学校は、教師の指導のもとで、子ども同士が相互に交わり、学び合う場であり、横型の集団と考えてよい。この集団の中で、子どもたちは、連帯や協調することを通して、自己の個性を磨くとともに真の友人を得ることができる。教師からは、家族関係にみられるような縦型の関係ではない知的な、そして、道徳的な影響を受ける。しかし、このような人間関係を保てない子どもたちは、一人一人の個性を大切にしながらの共同化というよりは、一人一人がバラバラにされていく指導の中で、他と共同するよりは、他を排除するという行動が見られる。

### 3　地域社会の状況

児童生徒の成長発達に深いかかわりをもつ地域社会の問題も表面化してきている。近隣の仲間の減少、自然や遊び場の消失、交通公害などの災害の増加や商業主義を中心とする非創造的な子ども文化や遊びの氾濫、そして、スポーツやレクリエーション活動関連施設の不足などにより、地域の連帯感はますます希薄化を増している。地域社会において、子どもたちは、異年齢集団や同年代の子どもたちによる集団、また、大人を含めてさまざまな集団を通して人間関係の在り方を学ぶ。その関係は、家庭や学校での人間関係とは異なり、緩やかな関係である。言わば、斜めの人間関係ということになる。しかし、好ましい人間関係を醸成する視点から見ると、地域社会は最も衰退していると考えられる。子どもたちは、学校から帰っても友人、集団がなく、孤立化の状態をますます深める。かえって、この自由な人間関係を育む空間も受験競争や一人遊びによって、他との交わりの機会が奪われてしまう状況になっている。

### 4　現代っ子像から浮かび上がる問題

このように、現代の子どもたちは、思いきり身体を動かしたり、手足を駆使したり、創意工夫したり、友達と交わったり、自然と触れ合ったりして、感動体験を味わい自らのアイデンティティを確立するという諸体験が乏しいままに成長している。また、実際に担当した事例で出会う子どもたちの日常生活や近年大きな社会問題となっているいじめや不登校に関する事例の発症の経過や背景を見るとき、子どもたちが自分の所属する集団を失うことを極端に怖れていることが伺われる。こうした状況の中で、子どもたちは連帯よりも孤立化の状態を肉体的にも、精神的にも深めていると考えられるのである。現代社会は、まさに子どもたちの健全な成長・発達に求められる「少し不便であるが、一定の規制や規則があり、温かい、見守られている空間」が減少し、「便利であるが、一人になると冷たい、寂しい空間」が広がりつつあると言わざるを得ない。

生活上の変化や人間関係に視点をあてた環境の変化を概観することで、「自己理解や自己表現に乏しく、自分に自信をもつことができず、そして、社会性や対人交渉能力の低い子どもたち」という現代っ子像が浮かび上がってくる。それは、人間の温かさを感じることができず、互いに信頼しあうことができずに生活している姿である。

## 二節　学校教育病理に対する学校経営課題

### 1　現代の学校教育病理

学校教育病理は、「社会における様々な病理現象の一領域とされる教育病理の中で、学校という組織、制度に関わって現われるもの」[4]と捉えることが出来るが、明確な視点や分析がなされないまま、比喩的な表現として用いられることが多い。このことは、学校教育病理がその原因や背景が一様でなく、その解決方法も一般化する上で困難性があることを示しているし、病理現象のとらえ方においても一定の基準が明示されていないことに由来する。ここでは、学校教育病理を「学歴偏重や進学競争などといった教育問題ととらえるのではなく、いじめや校内暴力、不登校や退学、問題行動や非行といった子どもたちが学校という場で起こす、常識的な価値観や慣習的な規範意識から推し量って逸脱していると考えられる行為」ととらえ、考察することとする。

近年、学校でおこる様々な病理現象に適切に対処することは、極めて難しいと言わざるをえない。不登校の問題も複雑に絡み合う原因の一つ一つを取り除いていくには時間が必要である。また、集団による暴力行為は学校だけの努力では解決できない。いじめの問題も、学校全体の取り組みや授業改善の問題からその解決方策を探らなければならない問題であり、家庭、地域を含めた対応が求められる。かって、臨時教育審議会は、その第二次答申において、学校教育が「負の副作用を」を起こしており、それがいわゆる「教育荒廃」の大きな要因の一つとなっていることを指摘した[5]。そこで示された負の副作用とは、「我が国の学校教育の画一的・硬直的・閉鎖的な体質、学歴偏重、極端な管理教育など」である。これらは本来教育の目的にそぐわない、期待されないものである。しかし、教育荒廃という病理症状は、それが学校教育の負の副作用の結果と認められる限り、「現在の学校社会の内部および外部に手術を必要とする……複雑で根深い病理メカニズム[6]」があるにちがいないと訴えている。この指摘は、「人格の完成を目指す」という教育目的を達成する学校経営が引き起こす問題として真摯に受けとめなければならない。

## 2　学校教育病理に対する学校経営課題

ここでは、筆者がスクールカウンセラーとして相談を担当した事例を紹介し、現在の学校における経営課題を実証的な視点から提言する。なお、具体的な提言となること念頭にしながらも、個人のプライバシーを保護することを優先して、事例を紹介することを了承していただきたい。

### 1　教育活動の価値的側面が重視される危険性

強迫神経症と疑われた子ども

担任と養護教諭に強迫神経症の疑いあると言われ、母親は不安そうに来室した。五人家族で大学一年生と高校一年生の二人の姉がいる末っ子のH男は、小学校一年生の頃に流行したO-一五七の影響もあって、食事の前には几帳面に手を洗うなど日常生活でも清潔にすることが習慣化している子どもであった。人の話を真面目に受けとめ、それを実行しようとする姿勢に担任教師も安心感をもって接していた。

ところが、事態は一変する。三年生から始まった特殊学級のB男君の交流学習である。二教科で実施された普通学級と特殊学級との交流学習は、多くの学校で実践されている活動と同じように展開されており、教育的意義のある活動である。しかし、B男君は鼻水を流し、その鼻水を拭った手で突然他人に触れるような行動があった。学級担任も特殊学級の担任もB男君の行動には配慮しているもののすべての行動を見守っていることは出来ない。教師の目が届かないほんの少しの時間に起こったH男に対するB男の行動が引き金となり、H男はB男への嫌悪感を強めていった。H男の真面目な性格も禍し、H男はB男君の触れたものにはさわることができず、帰宅後には毎日シャワーを浴びなければならなくなり、H男ついには学校を欠席しはじめた。

学校は、一人一人の子どもを大切にする教育を展開する。このことは教育活動において基本とすべき考えである。しかし、この基本的な考えに基づく指導が悲劇をもたらすこともある。この事例にもあげた交流学習そのものが問題なのではない。「B男と仲良くしよう」との担任からの呼びかけ自体も何ら問題はない。しかし、B男君との初めての出会いで受けた衝撃（鼻水を拭った手で頬をなでられたこと）は、小学校三年生のH男君にとってはあまりにも強烈すぎたのである。その後も、運悪く教師の目の届かない時に、突然抱きついてくるB男君に対して、「B男と仲良くしよう」という正しい考えに真面目に取り組む性格のH男は耐えることしかできなかったのである。

学校は、教育活動のねらいを達成するために、その価値的側面に指導の矛先が集中する傾向がある。したがって、この事例のように、「正しいこと」とは分かっていながらも、心の中で葛藤し、それを克服しようと努力し、苦しんで生活しているH男くんのような存在、行動は、教育作用の負の結果と評価される。教育的に価値ある結果を期待するあまり、教育活動そのものが子どもたちにどのように受けとめられているかを確かめることなく、心理的ストレスを強化する活動が継続してしまうことに配慮することが大切である。

## 2　登校している子どもたちの充実感を問うこと

無理に学校に連れて来られる子ども

不登校気味の中学校二年生のB男が、担任と母親に付き添われて相談室にやってきた。担任の先生の前ということもあり、緊張しながらも質問に答えてくれる。担任の先生もB男君の優しい面や良い面を一生懸命に説明する。同僚のスクールカウンセラーに担任との話し合いを依頼し、本人と母親との面接に入った。

学校に行けない時の様子や家庭の様子について話を聞く中で、高校受験に失敗し、二〇歳になった現在も定職のない兄のことが気懸かりな父親が、B男に対しても「勉強しろ」「学校に行け」とうるさく言っていることや父親が神経症的な性格であり、現在失業中であることも本人の不安な心理状態に拍車をかけているように思われた。

学校生活に話を向けると、今度は無口になってしまった。担任の先生は嫌いではないが、「学校に来い」

「来ないのはなぜか」と問われるという。一日休むと翌日は担任の先生が迎えに来て、車に乗せられ学校まで行くという。学校の授業では、ほとんど理解できる科目はないとのことである。

不登校の問題は、その発症の契機や原因、家庭環境など様々な要因によって複雑な様相を示す。また、学校に行けない生活が長期化するとその時々の子どもたちの様子も一変する。こうしたことから、「無理にでも学校に連れてこよう」としたり、「連絡をまったくしない」といった両極端な対応が見られる。無理に学校に連れてくることで改善の方向が見えず、欠席が長期化すると、今度は学校からの連絡が一切なくなるという事例も数多く見聞きする。学校の対応の根底には、「学校に来るのは当たり前」であり、不登校は「学校に来ることさえできれば解決する」という考えがまだまだ根強いと感じる。

登校する子どもたち一人一人の学習状況を把握し、子どもたち一人一人が自分に何らかの自信をもつよう支援することが、特に登校を渋りがちな子どもたちには大切である。学校での授業でいつも不完全燃焼のような状態が続く子どもたちの心理的ストレスは無理に学校に連れてくることで解決できるほど単純ではない。学校の教育活動が、子どもたち一人一人にとって充実した活動となり、自己実現の機会となるためには、それぞれの学校における教育目標達成のための活動が、子どもたちにとって意味ある活動となるよう位置付けられることが必要である。

### 3　教師がかかわり続けることの大切さ

授業抜け出しへの対応

中学校三年生のF男と始めて会ったのは、進路を決定する時期の一一月の半ばである。授業の妨害、その注意に反発することで授業を抜け出し、校内を歩き回り、器物破損を繰り返す。問題を起こす度に父母が学校に呼び出され、引き取りにくる繰り返しで母親は疲れ切っている様子であった。

相談室を訪れた始めのうちは、「何も話さなくてもよい」という母親との約束で来室したこともあり、ほとんど対話が成立しなかった。しかし、徐々に、打ち解けたのか、「将来調理師になりたい」こと、また、「専門学校への進学を希望していること」そして「新聞配達で通学のための交通費を稼いでいること」などを話してくれた。学校に希望することはないかとの問いかけに、「何でも俺達に疑いをもたないでほしい」ことと「勉強を教えてほしい」ということであった。

校内暴力や学級崩壊などの深刻な問題が全国で話題となっている。しかし、これらの問題を起こした生徒の多くは、学校では活動の場も機会もない場合が多い。

三年生のF男は、一年生の学習内容から理解できない学力であることがわかった。学校を訪問し、校長、教頭、担任と生徒指導担当者に説明し、協力を求めた。幸い、本人が打ち解けて話すことができる体育科のG教諭とも話し合いができ、G教諭が「空き時間を利用してF男の勉強をみる」との協力を得られた。

学校で問題を起こした子どもたちは、その時点から、問題視され、自分たちとは関係ない問題に対しても疑いがかけられているように指導されるという。彼らにとって必要なことは、彼らに活動させることであり、その活動の中で示す彼らなりの努力を認めることである。そのためには、かかわり続ける大人の存在が必要である。指導組織や指導体制の整備が生徒指導に関する研修会で論議される。組織が先にあるのではなく、「誰がその子にかかわるか」「誰がかかわり続けるか」が大切であり、社会的に責任ある大人（実際には教師）の存在がこうした問題の解決に繋がるのである。

**4　悪循環に落ち入りやすい指導体制**

対教師暴力への対応

C男の父親は、堰を切ったような勢いで話しはじめた。「息子は決して故意に人を傷つけるような子どもではない」との主張であった。

ある日、掃除の時間、友人とのふざけが昂じて、C男は水の入ったバケツを教室から廊下に投げてしまった。ところが、その廊下では、隣のクラスの女性教諭が雑巾掛けをしているところであった。バケツは、その女性教諭の顔に当たってしまい、傷害事件となってしまった。その場に居合わせた同じクラスの友人D男は、粗暴な行動や教師に対する反抗的な態度や落ち着きのない生活態度が目立つ子どもであり、二人は警察の取り調べを受けることになった。

初めての警察での取り調べにC男はショック状態のままで臨むこととなり、結局は実際にバケツを投げたC男が、故意にバケツを女性教諭に投げつけたということになってしまった。C男は、その取り調べの間には故意ではないことをきちんと説明できず、心の中に、わだかまりをもったまま学校生活を続けることになる。その後、C男は決して故意ではないことを両親に打ち明けたのだが、学校生活、日常生活の改善が見られないままである。

こうした問題に対しては、校内暴力が先か、教師への不信感が先かと疑問に思う。しかし、校内暴力が発生した学校においては、「教師の指導」と「子どもの問題行動」の関係がより複雑な方向に傾斜していく傾向があるように感じる。この事例では、現在でも学校を訪問し、校長を含め、生徒指導担当者、担任と具体的なかかわりを検討し、対応している。校内暴力が一旦発生すると、学校経営は極めて難しい状況に一変する。問題は、校内だけに止まらず、人事の問題や地域社会との軋轢も生ずる。そして、子どたちや教師に無力感が広まるのである。そうした中で、学校は悪循環のもととなる管理的な指導を重視する方向に偏っていくのである。

この学校も例外ではなく、三年生の騒然とした状態を見ている教師たちは、自分たちのクラスを必死に守ることから学級経営をはじめた。そこでは、子どもたちの気持ちをくみ取り、理解し、相互に情報を交換するという協力体制ではなく、個々の教師が一生懸命に自分の力のみを頼りに孤軍奮闘し、次第に教師自身が孤立化していく。教師は焦燥し、教師としての自信を失い、子どもたちはますます校内で暴れるといった悪循環が繰り返される。「担任教師が責任をもって指導する」という義務感も担任を精神的に追いつめる。経験年数や教師の個性を考慮し、その問題に応じた指導体制を確立することが求められるが、そのためには時間も余裕も気力も無くなっていくのである。

### 5　家庭との連携が基本

心身症と疑われた子どもへの対応

小学校一年生のK男は、担任と母親と一緒に相談室を訪れた。授業中に突然、奇声をあげたり、教室内を歩き回ったり、急に友達を叩いたりする。家でも弟や妹から玩具を取り上げるなど、わがままな行動が見られるという。担任は自分のかかわりを父母と一緒に考えたいということで相談にやってきた。母親の話しから、K男に対する過度の期待が感じられ、家庭での養育の様子について話し合うことを確認し、二回目の面接の日時を決め、第一回目を終了した。

第二回目の面接は、父親も一緒に相談に来た。婿養子で、結婚後、数年目にやっと授かった長男に、両親を含め、親戚や同居している祖父母も大喜びし、子育てが始まった。周囲の期待が子どもを追い込んでいたことに気付いた母親は、自らをK男の気持ちに置き換えて、K男の行動を促した自分のかかわりを父親とともに語り始めた。

事例に基づいた解説は、問題点を指摘することに力点がおかれがちである。しかし、この事例は、担任の初期対応、姿勢が功を奏してその後好転した。しかし、このような事例は、時として学校と家庭が相互に不信感をもち、互いに批判しあい、問題が深刻化することがしばしば見られる。

学校生活で子どもたちが起こす問題は、その多くが家庭生活に起因すると考えてよい。しかし、その問題に教師がどのように対処するかによって解決するための糸口や課題はより複雑になる。起こした問題の原因を単に家庭生活上の問題と決めつけ、問題の状況を保護者に連絡し、その問題の解決を迫ることが多い。そこでは、子どもを中心にどのような指導をしていくかが問われず、問題をもった子どもを単に叱りつけたり、問題視するという指導が行われるのみである。家庭では、学校で起こった問題に対して、どのように子どもに指導してよいかわからずに途方に暮れてしまう。何か問題を起こす度に学校に呼びつけられ、「お宅の子どもはこんな悪さをする」という情報しか得られないのである。これでは、「うちの子は病気ではないのか」という不安と学校に対する不信感が増長されるだけである。家庭との信頼関係に基づいた連携が、子どもたちの深刻な問題に適切に対応できる第一歩である。

## 6　関係機関と連携する視点

夜間徘徊を繰り返すH子

中学校二年生のH子は、相談開始から、終了までオーバーを脱ぐことはなかった。冬季休業中ということもあってか、ピアスと茶髪、綺麗なマニュキュアをしている。学校生活や友人関係のことを母親に催促されては、ぽつりぽつりと話してくれた。

同僚のカウンセラーにH子との面談を依頼し、私は母親との面談を担当した。母親は「厳しく指導すると家出をしかねない」と心配でたまらないと訴える。毎日十一時頃帰宅し、時には外泊をする。朝は遅刻の連続である。与えた小遣い以上の娘の所持金をみてから、援助交際をしているのではないかとも不安になる。学校での生活も担任の女教師に対して不信感をもち、その指導に対して反抗的であるという。厳しく指導もできず、また、このままではどんどん生活がだらしなくなっていくと不安でたまらない様子である。

担任教師への不信感について、そのきっかけとなるようなことはないかとの問いかけに、「交換ノートの紛失」のことがきっかけとなったと打ち明けてくれた。担任に渡したノートが担任の不注意から他の生徒に見られるということが、H子の友人や部活動の先輩との人間関係に大きな亀裂を与えてしまったのである。

子どもたちが引き起こす問題行動のきっかけに教師の何気ない行動や言葉が影響していることが少なくない。もちろん、この事例は、母親自身の生育歴の中で刻まれた子育てに対する不安感、愛情の注ぎ方に対する不安感が先立ち、子どもに正面から立ち向かうことができない問題も含まれていた。しかし、問題はそれに止まらない。反抗的な態度を示し、子どもたちが夜間にある特定の家に集まり、自分たちの世界の中だけで認め合い、慰め合う時、学校や関係機関は彼らを信頼できる大人たちの目の行き届かない空間に追い込んでいる指導に気付かなければならない。

青少年健全育成に関する会議に出席したところ、会議は夜間徘徊や非行少年の溜り場の解消が緊急の対策であるとの結論に傾いていった。確かに、緊急の対策としてはうなづけるものの、本来の溜り場は学校であり、社会的に信頼できる大人が存在する場所に子どもたちが集まるよう私たちは努力すべきであると考えさせられた。

様々な学校病理の対策を考える際に忘れてはならないことがある。それは、学校が真に心の居場所として機能しているかということである。学校が安心できる溜り場となっているかということである。追い詰める指導は、子どもたちをより見にくい、隠れた場所に押しやることになる。もっと公然と子どもたちが集まり、自己を発揮する場としての学校をつくることが大切である。その場の享楽やスリルを味わうためにタバコやシンナーを吸い、薬物に手を染める場所を壊滅するよりも、どんな子でも安心していられる空間をつくることが学校、関係機関に求められている。

## 7　子ども理解を深化する研修の必要性

突然キレル子どもへの対応

小学校一年生のG男は、突然、鉛筆で友達の頭を刺したというのである。担任教師は、普段は大人しいが、突然起こした粗暴な、危険な行為をどのように理解したらよいか迷い、相談室を訪れた。日常生活や家庭生活の状況から、その行為のあった前後の状況について話を進め、今後のかかわり方について話し合った。真剣に私の話をメモする姿に、その教師の子どもたちに対する真剣な姿勢を感じ、もし、可能ならということで、「後日、授業または日常の学校生活でのG男の姿を観察させてもらう」こととなった。

全校集会活動の日に参観する機会を得た。無邪気な子どもらしい活動が見られる中で、相談を受けた担任のクラスを中心に観察をしたところ、G男を除く三名の子どもたちの行動が目にとまった。担任は、その三名の子どもたちの対応に追われてG男の行動に目が届いていないようである。ところが、戸外の活動による解放感からか、G男を取り巻く子どもたちのグループが小突き合いのような遊びをはじめたのである。始めは、軽く受け流していたG男は、突然諌めるように強く友達の胸を突いた。その勢いで友達は倒れてしまったのである。その場はそれですんだが、そうした一連のG男を中心としたグループの動きに担任の目は注がれていないのである。

活動の参観後、校長先生、教頭先生、担任で話し合いの機会をいただいたので、率直にG男君の行動についての私なりの感想を述べるとともに、生徒指導上で担任の先生がいつも気になる子どもについての相談もその場で受けることになった。

小学校の教育活動は、担任が中心になり、一日が展開される。クラスの子どもたちを一番よく理解しているのは担任であると考えられている。確かに、そのクラスの問題は、担任の先生を中心として解決方策を探り、実施することが大切である。しかし、子どもたちの指導のために行われる情報交換会や事例研修会などでは、子どもたちが起こした問題行動の情報が交換されるものの、その行動に至る過程や指導のための人的資源の確認がないことが多い。単に、一回きりの事例研修会では、指導のための研修会とはならないことが多い。かって、ウィックマンが指摘したように教師が問題視しやすい行動にのみ、注意が向けられる怖れがある。[7]学校においては、一人一人の子どもたちに対する心理的、社会的アセスメントの機会が少なく、またその方法も具体化されていないと言える。

## 8　柔軟な対応が求められる指導と評価

定期テスト対策をしている不登校のY子

病弱の中学校二年生のY子が祖父母と一緒に相談室に来たのは二月の末である。十一月の中頃にクラスの友人との意見の相違があり、登校を渋りがちになり、三学期からは、ほとんど学校にはいけない状態になった。Y子は、教育熱心な祖父母と病弱な母親と生活している。そして、家庭教師と一緒に、学校の進度にあわせて家庭で熱心に勉強しているとのことである。

幸い、Y子の居住する市では、適応指導教室があり、不登校の子どもたちの学習活動の援助をしている。本人が希望するなら、通級してはどうかと進めたところ、本人は三日後から毎日通級をはじめたのである。その学校からは三名の通級者がいた。一名は定期テストを受けるために、学校の保健室に出かけることが可能である。しかし、Y子ともう一名は、学校まで足を向けることができない。他の学校からの通級者もおり、その子は、その学校の協力で適応指導教室の指導員の監督のもとで定期テストを無事受験することができたのである。

本来、指導と評価は一体のものである。その意味からすると学校に登校しない子どもたちに対する指導も評価も学校としては論議するに値しないことかもしれない。しかし、中学校から高等学校に進学する子どもたちにとっては、中学校における評定は、その後の人生を左右する大きな意味をもっている。本人の学習に対する意欲をどのように喚起するかは学校教育における大きな課題である。登校している子どもたちに対しても、学習に意欲的に取り組むよう指導することは大きな課題となっているにもかかわらず一人の不登校の子どものテストを受けようとする努力にどう応えるかは、学校によってその対応が異なっているのが現状である、現在の学校では、不登校の子どもたちに対する評価・評定についての対応は不十分で、その頑なさが、場合によっては、子どもたちの登校意欲を削いでいることもある。テストや作品など、評価に必要な情報がないことから評定不能と画一的に決めるのではなく、個々の子どもたちの状況に対応した開かれた指導と評価が、子どもたちを学校へと向かわせるのである。

## おわりに

スクールカウンセラーの仕事は、子どもたちや保護者、そして、教師たちを支える心のサポーターであると考えている。子どもたちが教師を信頼し、日々の活動を通して自己実現を図っていくために障害となることを一緒に考え、話し合い、知恵を出しあうことが大切であると日々自分に言い聞かせている。ともすると、学校の対応のまずさや保護者の考えのいたらなさを指摘し、早急に解決に至らせようとする傲慢な思いが浮かぶこともある。しかし、それでは子どもたちの問題を本質的なところで解決することにはならないし、学校の治癒力も期待できない。子どもたちに「生きる力」を育てていくために、学校経営が真に子どもにも、親にも、地域にも開かれることが期待されている。

### 註

(1) 富士川游、呉秀三、三宅鉱一講述『教育病理学』一九一〇（明治四三）年、同文館。笠原道夫講述『教育病理学』一九一二（明治四五）年、京都府教育会。なお、高橋均氏によると、これらの研究では、教育病理を精神薄弱児や肢体不自由児などを対象としており、今日の特殊教育に限定していた。

(2) 巡静一「児童問題とのかかわり」『ボランティアの理論と実際』中央法規出版、一九九七年、六〇頁。

（3）尾田幸雄「今なぜ子どもたちにとって『ボランティア体験』が必要なのか」『体験・ボランティア活動の進め方』教育開発研究所、一九九七年、一七頁。
（4）滝充「現代学校教育辞典」ぎょうせい、一九九四年、五二七頁。
（5）「臨時教育審議会第二次答申」一九八六年四月。
（6）臨時教育審議会「審議経過の概要（その三）」一九八六年一月。
（7）Wickman, E. K., *Children's behavior and teachers' attitudes* (New York : Commonwealth Fund, 1928).

（山谷敬三郎）

# 13章　学校教育をめぐるパラダイムの転換――知識の伝達から生きる力の形成へ

## 一節　学校教育をめぐるパラダイムとは

### 1　パラダイムの意味と機能

パラダイムという概念を提唱したのはアメリカの科学史家クーン（T. Kuhn）であるとされている。クーンは著書『科学革命の構造』（一九六二年）でパラダイムを「一般に認められた科学的業績で、一時期の間、専門家に対して問い方や答え方のモデルを与えるもの」であると定義した。[1] このパラダイム概念を藤田英典は「学問が制度化するとき、その学問に固有の問題認知の仕方、問題へのアプローチの仕方がパターン化し規範化する。このパターン化し規範化した問題の立て方を答えの出し方、範型化した対象把握の方法が、パラダイムである」と述べている。

クーンのパラダイム概念の提唱はその後学者の間で批判検討され、多様なパラダイム論の展開とパラダイムの拡大解釈への世界を招いてきた。藤田はパラダイムは諸対象界における領域として区分された対象領域に対するそれぞれのアプローチの仕方、あるいは対象に対する価値的構え（科学の役割）、倫理的規準などもパラダイムの重要な要素であるとみる。しかし教育社会学の問題についてのパラダイム論は他の諸科学に比べて重層的構造化、反省性・規範性・遂行性、動的・可変的性質など社会的役割の複雑さをもつだけに多様なパラダイムを許容してきたという。[2]

こうしたパラダイム論の展開の中で一般的に解釈されているパラダイム概念は対象領域における学問・研究の枠

組や問題認知の仕方、理論的・方法的な枠組・構成などを意味する。したがって「パラダイム転換」という用語は従来、学問・研究上のパターン化され、規範化されてきた理論的・方法的な枠組を否定あるいは解体、再編成するなどの中から生まれた新しいアプローチの仕方や理論的・方法的な枠組・考え方を意味することになる。教育分野では新しい教育観、学習観、指導観、学校観、社会観、システムの変革等を提唱したときに使われると考えることができる。その意味でパラダイムの展開には従来の範型、規範、科学研究者がつくる科学共同体による認識上の枠組などを超えるもの、あるいは変革すべきアプローチの方法、新しい価値観が必要である。

またパラダイム論が展開されるようになる背景や契機には従来の対象領域における研究活動上の諸成果(理論的・方法的な枠組やアプローチの仕方など)が現実には有効性を発揮できなくなったとか、あるいは諸現象が複雑化し、新しい問題や課題が発生したために新しい発想や視点、枠組による対応策が必要になったなどがある。その点でパラダイム論の展開は一時的には学問・研究を混沌の状況におくことがある。しかし他方では知的エネルギーの活性化や変革へのエネルギー、新しい世界創造へ貢献するなどのメリットもある。

## 2　学校教育をめぐるパラダイムの多様性

わが国の学校教育に影響をあたえるパラダイムは学問研究の世界と共に中央教育審議会や教育課程審議会、臨時教育審議会等の教育改革や教育課程の基準の改善に関する答申内容にもみられる。特にわが国の学校教育は国の教育課程の基準にもとづき学校教育が運営されているために学校のカリキュラム構成の改善や教育観、学習観の転換には教育審議会の答申が大きな役割を果たしてきた。しかし教育システムの構造的変革を図るパラダイム論は臨時教育審議会以前の教育審議会答申にはみられない。ただ昭和四六年六月の中央教育審議会答申「今後における学校教育の総合的な拡充整備のための基本的施策について」では教育体系の総合的な再検討による教育の構造的変革を念頭においたパラダイム論が展開されたが、実現をみなかった。しかし戦後の諸教育改革の過程には学校教育の改善・改革を志向する教育パラダイム転換を図ろうとする教育変革のキーワードとしての教育観、学習観、評価観に関係する新しい教育の考え方や学習指導の新しい視点、評価の在り方についての新しい方法論など、学校の教育活動の在り方に変革をもたらすパラダイムが提起されてきた。

中央教育審議会や教育課程審議会の答申をもとに学習指導要領の改定及び学校の教育実践研究に影響を与えてきたパラダイムの主なものに二節に紹介するようなものがある。

戦後の昭和二〇年代の学校教育は学習指導要領・試案の時代の教育で始まる。新しい民主主義教育として「児童中心の教育」「コア・カリキュラムによる教育実践研究」が学校教師集団の主体で展開された。戦前の知識を教える教育から子供の生活経験をベースに問題解決学習に重点をおいた経験主義教育への一大転換が図られた。しかし二〇年後半には新教育が学力低下問題を契機に大きく問われ、昭和三三年三月の教育課程審議会の答申を契機に学習指導要領は試案から国の教育課程の基準にもとづく法的拘束性をもった学習指導要領に転換した。これを教育課程観のパラダイム転換とみることができる。

## 二節　教育課程のパラダイム転換——昭和二一—六二年

### 1　「教育課程のパラダイム転換」

昭和二一年五月に文部省は「新教育指針」を明らかにし、国家主義の教育の除去による民主主義の教育の徹底、平和的国家の建設をかかげ、昭和二二年三月に「教育基本法」「学校教育法」を制定、六・三・三・四制の学校制度と教育の基本的事項の原則を明らかにした。これを土台に昭和二二年に学習指導要領を試案として発表。学習指導要領は学校における教師の自律的な教育活動を促すために教育課程の基準となり参考となる資料を提供するにとどめ、学校は子供の興味・能力、地域の特性、学校の実体に即して具体的な教育課程を構成・展開する、という学校・教師の自律性を尊重し、学習指導要領に示された教科内容、時間数は教育課程構成上の資料として提示された。しかも新教育の実践理論は経験主義・児童中心主義の教育論、学習論であり、コア・カリキュラム論を背景にした教育課程づくりによる教育実践が学校に普及していった。しかし現場の取り組みは新教育論の理解不足、戦前の暗記中心の知識を教える教育観の切替えの困難性（自己変革のむずかしさ）などもあり、基礎学力の低下や経験主義教育に対する批判が急増、問題解決学習、生活単元学習の批判にあわせ系統的学習、系統的体系的な内容編成による科学的知識の習得などの必要が強調されるようになった。

文部省はこうした教育問題や講和条約の発効（三二年に国際連合に加盟）によるわが国の国際社会において尊敬と信頼を得る日本人の育成（道徳教育の重視）、基礎学力の充実と科学技術教育の振興などを教育課程審議会に諮問（昭和三一年）し、同審議会は三三年三月に答申。文部省は学習指導要領の改定作業中の三三年八月に学校教育法施行規則の一部を改正し、学習指導は国が定める教育課程の基準であること、学校の教育課程は各教科・道徳・特別教育活動および学校行事等の四領域をもって編成すると共に年間授業時数を年間最低授業時数として明確化した。三三年一〇月の学習指導要領は審議会の答申内容に対応すると共に学校教育法施行規則に対応し、学習指導要領は法的拘束性をもつ教育課程の基準を示したものとした。それ以来我が国の学校の教育課程は国家基準としての教育課程の枠組である①教科・領域の構成②最低必要な教育内容としての基本的事項③教科・領域の各学年の年間授業時数④指導要領の評価の枠組――などを教育課程構成の基本原則とし、教育現場の自主的教育課程編成の道を閉ざしてきた。したがってその後の学習指導要領の改定にみられる教育課程の基準の改定はこの昭和三三年学習指導要領を原点とする国の教育課程の基準となる教育課程構成論を基本とし、教育課程審議会が答申の中で提言した新しい教科の設置や教育内容としての基本的事項の検討、年間授業時数の再検討に答え、教科・領域の一部改正や教科等の授業数などの改善が図られてきた[3]。しかしこれらは法的な処理として可能な枠組であるため、この枠組の部分的改変だけではパラダイムの転換にはなり得ない。問題はそれぞれの内実にどれだけの変革がみられるかにある。

たとえば三三年三月の教育課程審議会の答申は教育課程の改善の基本方針に、①道徳教育を徹底する、②基礎学力を充実する、③科学技術教育の向上を図る、④情操のとうや、身体の健康安全の指導を充実する、中学校において、生徒の進路・特性に応ずる教育の充実を図る、などをかかげた。三三年版学習指導要領はこれらの基本方針を反映させ、「道徳」の時間を新設、基礎学力の充実に対応し国語や算数の読み、書き、算数の力を基礎学力の基礎と考え、あわせて国語・算数の授業時数の増加を図った。また科学技術教育の向上にむけては中学校の数学と理科の授業時数の増加を図ると共に「技術・家庭科」を新設し、内容の系統化を図り基本的事柄を徹底して学習させる、実験・観察を重視するなどの改善を図った。

教育課程のパラダイム転換はこのように教育課程構成と教育改革の基本方向、それを受けた教育内容改善の基本的事項又は内容の系統・発展性についての基本的考え方（例、基礎学力をどう考えたかなどの学力概念や知識概念の明確化など）などを明らかにした教育課程全体にわたる改革の視点が明らかにされて有効性を発揮できるものになる。その意味で教育課程審議会はわが国の教育課程のパラダイム転換に大きな役割を演じてきたことになるが、審議会の答申を受け、新学習指導要領下の教育が展開されていくたびに教育荒廃状態が拡大し、授業についていけない子供の増加、いじめ・不登校生徒の増加、さらに学級崩壊問題など教育問題が多発してきた。そこには昭和時代の教育改革は政府与党の文教政策と文部省の教育政策は多くの面で連動し、諸教育審議会は文部省の関係事務局の指導助言のもとに改革・改善の基本方向を作成していく行政庁主導の改革推進策を取ってきたため、教育審議会に教育現場の実態と声が十分反映されない、いわば教育現場とのコンセンサスがとれない状態で改革の方向が行政主導ですすめられてきた、という大きな問題が背景にあったからである。たとえば教育界の多くの反対をうけた三三年の教育審議会の「道徳教育の徹底」の提言は学習指導要領で「特設道徳」の時間の設置となった。そこには政府与党の文部省への介入があった。昭和四三年の学習指導要領改定に人的能力開発をめざす能力主義教育への対応策が登場するのは経済審議会の政府与党、文部省への働きかけで実現した。これは教育政策への意思決定権をもたない教育審議会の審議会委員に行政庁の立場を理解できる委員を文部省が選任するなど、行政庁主導の対応ができる性格をもっていたこと、審議会には行政庁を通した声しか反映されにくいという閉鎖性があったことなど審議会の位置づけ方の問題から発生してきた。少なくともこの傾向は省庁を超えてわが国の教育改革問題と取り組んだ内閣の諮問機関である臨時教育審議会（昭和五九年八月発足）が生涯学習体系への移行としての教育システム全体にかかわる教育改革の方向づけをする昭和六二年まで続いてきた。こうした教育審議会の特異性について堀内孜は「審議会の組織構成と役割からする特異性」[4]について次のような問題点を指摘している。

第一点は審議会の役職者や実質的リーダーが行政庁との関係の強さで選任される。

第二点は審議会委員の構成が特定の学識経験者を中心とし、課題設定や問題解決が官僚主体の行政主導型になりやすく、「民」側の意思を反映できにくいものになっている。

第三点は行政庁には審議会は行政庁の意に沿って政策遂行の具体化・効率化のためにあるとの有用性認識があり、文部省にも審議会が実質的に利害調整をしたり、多様な国民の教育観を収斂したりすることの必要性認識の希薄な面がみられる。

## 2　平成の教育課程のパラダイム転換――平成元年・一〇年の改革

昭和二〇年から昭和六二年にかけた学校の教育課程のパラダイム転換に対して平成元年及び平成一〇年の学習指導要領の改定にみられる教育課程のパラダイム転換は昭和中後期のパラダイム転換と大きく異なり、教育課程構成の弾力的取り扱いがみられるようになる。しかも平成一〇年の教育課程のパラダイム転換は国の地方分権化と規制緩和の推進策に対応し、さらに弾力的な教育課程の改革になり、平成二〇年代の教育課程はさらに大きく変わる可能性を秘めたものになった。

平成時代に入った教育は臨時教育審議会が昭和六〇年から六二年八月（設置期間満了）までに四次にわたる二一世紀にむけた教育改革に関する答申をベースに検討改善された諸教育政策の上で展開されている。学校教育の荒廃現象が社会的問題になっていたことや国際社会に生きる日本の経済社会の構造的変革が求められている時だけに当時の中曾根首相は教育改革は国民的な課題として政府全体で取り組むべきものと判断、内閣総理大臣の諮問機関として総理府に「臨時教育審議会」（略称・臨教審）を設置した。臨教審は二一世紀に向けて我が国が創造的で活力ある社会を築いていくために初等・中等・高等教育はもとより教育行政、文化・スポーツの分野を含む総合的視点からの教育改革と取り組むことになり、四次にわたり教育改革について答申する。昭和六二年一〇月には、政府は「教育改革に関する当面の具体化方策について――教育改革推進大綱」を閣議決定し、各省庁は具体化の取り組みをはじめた。文部省も「教育改革推進本部」（六二年八月設置）を設け、教育改革のための施策の実施にむけた体制を整備し、文部省に生涯学習審議会、大学審議会を設置し、二一世紀の教育改革にむけて教育関係審議会に具体策の検討を諮問していった。

昭和六〇年九月に発足した教育課程審議会は臨教審の教育改革の審議動向をみながら初等中等教育の改善の方向を検討、とくに臨教審答申の第三次、第四次答申を中心に改革の基本理念である、①生涯学習体系への移行、②個性重視、③国際化、情報化、高齢化など時代の変化への対応に配慮し、昭和六二年一二月に「教育課程の基準の改善について」を答申した。答申は教育課程の改善の視点に、①豊かな心を持ち、たくましく生きる人間の育成を図る、②自ら学ぶ意欲と社会の変化に主体的に対応できる能力の育成を重視する、③国民として必要とされる基礎的・基本的な内容を重視し、個性を生かす教育の充実を図る、④国際理解を深め、我が国の文化と伝統を尊重する態度を重視する、をかかげ、このねらいを達成するために次の諸課題に重点をおいた改善を求めた(5)。

①児童生徒の道徳性の発達等に応じた道徳教育の内容の改善を図る、②具体的な活動や体験に基づく学習を重視し、低学年の社会科・理科を廃止し、生活科を設ける、③基礎・基本の確実な定着と個性を生かす教育の推進。そのため中学校の選択履修の幅の拡大や習熟の程度に応じた指導を工夫する、④高校は多様な科目が設置者の判断で設けられるようにする、⑤教科、科目で情報化に対応できる情報活用能力の育成を図る、⑥高校の社会科を地歴科と公民科に再編成する、⑦後期中等教育の多様化・弾力科の推進と職業教育の改善、⑧学校・地域社会・家庭教育

の連携、などである。

文部省は平成元年版学習指導要領の作成にあたり前述の教課審答申の改善事項に対応すると共に生涯学習体系への移行としての学校教育の役割、社会の変化に主体的に対応できる資質・能力の育成を図る教育と新しい教育に対応した学力問題などを検討し、「新しい学力観に立つ教育」（指導要領改訂の趣旨説明）を提唱した。

平成元年の小・中学校学習指導要領についての文部省著の指導書『教育課程一般論』のまえがきで当時の初等中等教育局長の菱村幸彦氏は改訂について「生涯学習の基盤を培うという観点に立ち、心豊かな人間の育成を図ることを基本的なねらいとして行った」と述べ、また後日の論文「二一世紀の学校・教師に期待される教育観と教育課程の考え方[6]」では次のことを明らかにしている。

①二一世紀の学校や教師に期待される教育観は、臨教審答申が示した基本的方向の延長線上にある、②二〇世紀の教育は、学校中心パラダイムで考えられてきたが、二一世紀の教育は生涯学習パラダイムで考える必要がある、③学校教育でなすべきことは、一定の知識や技能を詰め込むことではなく、むしろ生涯にわたって学習を続ける能力をしっかりと身につけさせることが大切である、④教育改革の基本となっている学校週五日制や新しい学力観は、このような生涯学習パラダイムの立場にたって、学校教育を見直そうというものである、⑤新しい学力観は生涯にわたって学び続けることのできる自己教育力の育成であり、このため学習の意欲、態度、関心などを強調するとともに思考力、判断力、表現力などの能力の育成を重視した、⑥中学校教育を平成元年の教育課程から中等教育の前期段階という性格をもたせ、選択履修の幅を拡大し、小・中学校を通じて合科的なカリキュラムが実施できる余地を広げることも考慮されている。

平成元年の教育課程は上記の記述にもうかがえるように教育課程の基本構成は変わらないが、学校教育の役割、教育観、学習観、評価観に次のようなパラダイムの転換がみられる。

第一は「学校中心パラダイムの転換」——学校教育の役割を生涯学習体系への移行として、生涯学習パラダイムの視点から教育機関の一部と考え、教育は学校・家庭・地域社会が共同で行うものであるという考え方を重視、学校中心の教育観の変革を求め、閉鎖的学校を地域に開かれた学校への転換を図った。

第二は「知識中心教育のパラダイム転換」――学校は知識や技能を教えるところであり、学習は知識・技能を習得させることを考える知識中心の考え方を転換し、学習は学び続ける能力を育成すること、つまり「社会の変化に主体的に対応できる能力の育成や創造性の基礎を培うことを重視するとともに自ら学ぶ意欲を高めるようにする」(自己教育力の育成)ことを基本的ねらいとした。

第三は「生涯学習パラダイムの立場にたつ新しい学力観」――新教育課程の趣旨を実現するために登場したのが新しい学力観である。新しい学力観は自ら学ぶ意欲、興味、関心、思考力、判断力、表現力などの能力の育成を新しい学力の中核とするというものである。知識や技能はこうした資質・能力が働く過程において子ども自身が自分の力で獲得し、獲得された知識・技能は新しい課題の解決や創造する力として発揮される。そのため各教科等の評価の在り方も新しい学力観に立つ評価への転換を図った。

第四は「学習観のパラダイム転換」――従来の教師が教室で教科書を中心に基本的な知識・技能を教えるという教師中心の詰め込み型の学習観、学習指導の在り方は画一的教育、子どもの特性を無視した教育であると、従来の学習の在り方を反省し、「学ぶことの楽しさや成就感を体得させ自ら学ぶ意欲を育てるため体験的な学習や問題解決的な学習を重視し、自ら学ぶ目標を定め何をどのように学ぶかという主体的な学習の仕方を身につけさせるよう配慮した」(文部省指導書『教育課程一般論』の総則解説)と、教師主体の学習から子ども主体の学習・体験的学習・問題解決的学習を重視する学習観への転換を図った。

こうした教育観、学力観・学習観・評価観の転換は学習指導要領の教科、領域の目標・内容等の取り扱いの中に一部配慮された。しかし他方では教科、領域の目標・内容を生涯学習に対応した学習能力や子ども主体の学習の中で新学力観に立つ資質・能力の育成という視点から十分見直していないことや体験学習または問題解決学習に十分時間がかけられる教育内容の精選と授業時数の確保がおこなわれていないという問題、教師の側に新学力観に対する批判や教師中心の学習から脱皮できない教師自身の意識改革の困難性などの問題もあり、平成元年版学習指導要領下の教育は新しい教育パラダイムを軌道にのせることができなかった。そこには教課審や理産審、保体審等の教育審議会と文部省・学習指導要領作成協力者会議の間の十分な意見調整、また審議会に学習指導要領の内容までコントロールできる権限がないなどの教育改革推進体制や組織運営上の問題も大きく影響している。

スローガンにおわるかと思われた新しい教育パラダイム転換を甦えらせたのは第一五期中教審の二つの答申「二一世紀を展望した我が国の教育の在り方について」と「今後の地方教育行政の在り方について」である。もっとも生涯学習審議会の答申「地域における生涯学習機会の充実方策」や政府の地方分権化と規制緩和推進問題との取り組みも中央教育審議会の審議に大きな影響をあたえ、二一世紀を展望した完全学校五日制下の学校教育像が組みたてられてきた。

二一世紀を展望した教育の在り方を審議してきた中教審が学校改革の方向としてあげた主な柱は次の事柄である

第一は「生きる力」と「豊かな心」を育てることができる教育を育てること。

第二は「基礎・基本」の学習の徹底とそのための思い切った教育内容を厳選すること。

第三は「国際化や情報化、高齢化の社会に対応できる教育」を配慮すること。

第四は科学技術の発展に寄与できる「創造的能力」の育成を重視すること。

第五は「学校のスリム化」によるゆとりのある学校であること。

第六は「学校と家庭と地域社会の連携協力による開かれた教育」を育てていくこと。

それぞれが現在の学校教育の転換を図るには学校の教育観の転換と教育パラダイム転換の提唱が必要になる。しかもこれらの課題への対応には教育行政及び教育制度、入試制度の在り方の改革も含まれ、いわば学校教育を含む教育システムのパラダイム転換を意図したものになっている。その意味では臨教審の教育改革の指針を具体的な教育システムの中に位置づけて検討した教育パラダイム論といえる。

中教審答申にみられる学校教育をめぐるパラダイム転換は平成元年の教育課程の基準の改善の方向を受け継ぎながら、さらにパラダイム転換の対象と内容を明確にし、不充分なところはそれなりに補充して二一世紀に対応できる教育システムの変革をすすめたところに特色がある。

第一は「知識重視の教育観」を「生きる力重視の教育観」に転換したことである。従来の教育は知識を教える教育になりがちであったと、これからの教育は「生きる力の育成」を基本とし、自ら学び、自ら考える教育への転換を目指す、とした。

第二は、これからの学力観は「新学力観」を発展させた生きる力の基礎である「資質・能力」であると「新学力観に立つ生きる力」をこれからの学力観とした。

第三は「過密ダイヤの教育」を「ゆとりのある教育」へ転換し、「ゆとり」のある教育環境で、一人ひとりの子どもを大切にした「ゆとり」のある教育活動が展開できるようにすること。しかも子どもにとってのゆとりある生活を家庭や地域社会の中でも実現していく。

第四は「教育内容の精選」を「教育内容の厳選」に改め、単なる知識や暗記に陥りがちな内容や教科間、学校段階・学年間で重複する内容を精選し、教科・領域の教育内容は基礎・基本にあたるものに厳選すると共に基礎・基本は確実に習得させるようにする。

第五は「社会的要請課題への対応」を一定のまとまった時間（総合的な学習の時間）を設け、横断的・総合的な指導を行う。しかもこの時間は子どもたちの発達段階、学校や地域の実態等に応じ、各学校の判断により総合的な学習や課題学習、体験的な学習などができるようにする。

第六は「教育課程の弾力化と特色ある学校づくり」の推進。政府の地方分権化・規制緩和の推進に連動し、学校の創意工夫を生かした教育活動が展開できるように、学校裁量による子どもたちの生活体験、自然体験、ボランティア体験の導入や多様な学習形態・指導の工夫、選択教科の拡大、高校の学校措置による単位認定、地域社会の連携協力・人材活用による教育活動の推進などができるように従来以上の教育課程の弾力的運用ができるようにする。

第七は地方教育行政改革に連動した「学校の自主性・自立性の確立」に応える学校の管理運営組織の改善と学校のスリム化への対応、教育活動についての説明責任など地域に開かれた学校づくりの推進を図る。

第八は中・高一貫教育の在り方について、生徒の多様な能力の伸長をはかる六年間の一貫教育をすすめる新しいタイプの学校の制度化及び中・高の連携教育を推進するなどを提言した。

これらの答申をもとに平成八年八月に発足した教育課程審議会（略称・教課審）は平成九年一一月に「教育課程の基準の改善の基本方向について」を中間発表した。内容は中教審答申（一〇年七月）が二一世紀の学校教育の改善方向を全面的に生かした教育課程の基準の改善案とほぼ同様の内容であった。文部省は中間まとめの段階から学習指導要領の改定作業を続け、平成一〇年一二月に学校五日制下の学習指導要領を発表した。その内容は教課審の答申内容を法的枠組をもつ学習指導要領としては最大限に生かしたもので従来の文部省主導型の教育課程改善を教課審主導型の教育課程改善の方向へ転換させるものがあった。そこには中教審の審議過程で提起された教育課程の教科再編成の問題や教育の規制緩和の推進、高等情報通信社会の発展によるネットワーク利用の教育の時代への対応が期待された。しかし、次期教育課程の改革には生涯学習社会にむけた学校教育及び教育課程の全面的な構造改革がさけられないという認識にとどまり、新しい教育は移行段階にとどまるものになった。(7)

## 三節　学校五日制下の教育パラダイムの転換――「知識」より「生きる力」を育てる教育

### 1　知識伝達型教育から体験参加型教育へ

完全学校五日制下の学校教育の在り方を中教審・教課審は二一世紀の変化する社会における教育を展望しながら検討してきた。その過程でしばしば問われたのは受験準備教育と学校における知識偏重の教育をどう解決していくかであった。

学校が知識習得を重視し、知識・理解・技能のテストの結果をもとに学力向上対策や進路対策を考えるという戦後の歴史がある。その過程には基礎学力低下問題、受験戦争激化による知識詰め込み教育が招いた学校の授業についていけない生徒増の問題、知識偏重教育批判など、多くの問題がだされてきた。(8)

知識編重教育が問題にされるたびに問題視されるのが学習指導要領に示された教科内容である。教える内容が多すぎること、教科内容としてこんなことまで教えなければならないのかと思える知識まで入っていること、教科内容が体系的な系統性・発展性をふまえたものとして位置づけられていない、などの指摘である。これらの声を背景に文部省は昭和四三年の学習指導要領、五二年の学習指導要領の改定時には教育内容の精選に力を入れてきた。

昭和四二年の教課審答申「小学校教育課程の改善について」では小学校教育は「人間形成における基礎的な能力の伸長を図り、国民教育の基礎を養うものであることを基本理念とする」と述べ、続けて「このため、基本的な知識や技能を習得させ、自然、社会および文化についての基礎的理解に導くこと」を重視した。つまり当時の学校教育の大きな役割は、基本的知識や技能を習得させることにあった。そのため四三年版学習指導要領はブルーナーの『教育の過程』にみられる教科の構造を中心に発見的学習を基礎的なところから高度なものへ発展させるラセン型のカリキュラムの中で積み重ねていくとそれは学問の研究の方法を身につけていくことになるといった構造主導の学習理論やブルーナーの理論を生かしながら学問の基礎・基本を学ばせる教育の現代化運動の動向に学びながら学問の体系的知識の習得を「学習の仕方を学習する」(ブルーナー)という発想で教科の基本的事項としての内容に取り入れていった。当時の算数に集合の考え方が取り入れられたのも教育の現代化への対応があった。昭和四四年発行の文部省の各教科調査官が執筆した『新教育課程事典』(第一法規出版・全四四八頁)には学問の体系を支える基本的な知識と人間の社会生活で必要とする事実としての基礎知識を学年の各教科の内容に系統的発展的な指導内容として位置づけた教科の構造が詳しく解説されている。この基本的事項を基礎知識とする考え方は五二年版学習指導要領も同じで、平成元年もこれらをベースに教育内容の精選が量的削減としてすすめられてきた。したがって四三年版、五二年版学習指導要領は基本的事項(知識)を重視するために知識量が増加する結果を招いた。いわゆる「過密ダイアによる教育」といった批判や「テストあって教育なし」といった批判もこうして生まれ、教育荒廃現象が急速にすすむ結果となる。一方アメリカの教育の現代化運動は失敗を招いた。認知科学者の佐伯胖はブルーナーらの試みは「学習が進むほど、頭が固くなり、柔軟性がなくなっていくこと」が心理実験の結果わかったと、基礎的知識の習得が応用的な知識として転移する考え方には大きな問題のあることが明らかにされたと述べている。(9) 基礎知識は応用力として転移するという考え方は認知科学のコンピュータシミュレーション等の実験で特殊な場合で一般的に通用しないことが明らかにされ、逆に人間が自分で身につけた頭の中の知識は知識そのものがいろいろな対象との出会いの中で自分なりの知識を作り育てていくことを明らかにした。認知科学が「手続き的知識」「宣言的知識」の問題を提起したことにより、教科の構造として系統的な知識を習得させようとする学習理論は意味をなさないことが明らかにされてきた。また知識は実践活動の中で外界と関わりそこに新しい「意味」を創出し、転移し、自らの知を再構成していくなど、教科書の上の知識の習得は個々バラバラの知識で、生きて働く知識にはなりにくく、外界の世界に参加行動する教育実践の中に知力としての知識が形成されるなども明らかにした。このような認知科学の進歩は従来の教科書中心の知識習得学習や教科構造として系統的知識の習得を期待している教科教育学の在り方にも少なからぬ影響をあたえつつある。いわば知識教育のパラダイム転換であり、知識重視の学校知のパラダイム転換といえる。

第一五期中教審やその答申をうけた教課審でこうした問題をどのように検討してきたかは明らかにされていない。しかし認知研究の進歩が「生きる力」をこれからの学力の基本とし、体験的活動や問題解決的学習を重視するようになった背景の一つになっていたことは否定できない。

## 2 「生きる力」と教育パラダイムの転換

知識伝達型教育からの転換を求めて登場したのが「生きる力を育てる教育」である。第一五期中教審は答申で「生きる力」とは、「変化の激しい社会において、いかなる場面でも他人と協調しつつ自立的に社会生活を送っていくために必要となる人間としての実践的な力」であり、「生きていくための『知恵』と言うこともできる」と述べ、「生きる力」の要素に次の事柄をあげている。

①自分で課題をみつけ、自ら考え、自ら問題を解決していく資質や能力、②理性的な判断力や合理的な精神だけでなく、美しいものや自然に感動する心といった柔らかな感性を含む、③よい行いに感銘し、間違った行いを憎むといった正義感や公正さを重んじる心、生命を大切にし、人権を尊重する心など基本的倫理観や、他人を思いやる心、ボランティアなど社会貢献の精神、④生涯にわたる健康な生活とたくましい身体を育くむ。

中教審答申を受けた教課審は、答申で中教審の「生きる力」の考え方を伝えると共に、「生きる力」で重視している「自ら学び、自ら考える力を育成すること」について次のような解説を加えている。つまり「多くの知識を教え込むことになりがちであった教育の基調を転換し、……中略……児童生徒に自ら学び、自ら考える力を育成することを重視した教育を行うことは極めて重要なことである」と述べると共に「自らの力で論理的に考え判断する力、自分の考えや思いを的確に表現する力、問題を発見し解決する能力を育成し、創造性の基礎を培い、社会の変化に主体的に対応し行動できるようにする」こと。また「知識と生活との結びつき、知の総合化の視点を重視し、各教科等で得た知識・技能等が生活において生かされ、総合的に働くようにする」と記している。

「生きる力」を捉えた中教審・教課審のこれらの表現の中には各教科・領域及び新設の「総合的な学習の時間」を念頭においた育成すべき生きる力の諸要素が述べられ、学校の全教育活動が「生きる力の育成」にあたることを重視している。その意味では従来の教科・領域が基礎的基本的な内容の習得を求めてきた教育観を「生きる力の育成」を重視する教育観に転換させ、生きる力を育てる諸活動の過程で子ども自らが必要とする生きて働く知識・技能を身につけていく認知主義的あるいは構成主義的な学習観を取り入れたパラダイム転換を提唱した答申といえる。

新学習指導要領も「生きる力の育成」の意図が教科、領域、総合的な学習の時間に生かされるよう、とくに教科内容については子どもの身近な生活や事象・課題と取り組めるように幅をもたせ、さらに小学校は中学年以上の各学年で充実した活動を工夫できるように合科学習（学校判断）を導入するなど、答申の趣旨を生かす努力をしている。しかし中学年以上に合科的学習が導入されているということは考え方によっては教科再編への道を開きやすくしたともいえる。それだけに小学校教育のパラダイム転換はすすめられつつあるが、中学校教育のパラダイム転換がどこまですすめられるかは今後の大きな検討課題といえる。つまり中学校の教科再編への可能性を現在の段階では捉えることはむずかしい。ただいえることは中高連携教育、中高一貫教育の視点から中学校と高校の教育パラダイム転換を検討できる可能性は、高校の多様化の推進状況から考えて残されているといえよう。

**註**

(1) トーマス・クーン著、中山茂訳『科学革命の構造』みすず書房、一九七一年、四頁。
(2) 藤田英典「教育社会学研究の半世紀——戦後日本における教育環境の変容と教育社会学の展開」『教育社会学研究　第五十集』東洋館、一九九二年、七—八頁。
(3) 参考資料・編集者代表徳山正人「新教育課程事典」第一法規出版、一九六九年。文部省『新しい教育課程』大日本図書、一九五八年。
(4) 堀内孜「一般行政に対する教育審議会の独自性・特異性」清水俊彦編著『教育審議会の総合的研究』多賀出版、一九八九年、一八五—一九八頁。
(5) 日本教育新聞社編集局編「こう変わる教育課程」日本教育新聞出版局、昭和六二年文部省小中高校課長、教科調査官の総論、教科、領域の解説書。
(6) 菱村幸彦監修、有園格編集「変化の時代の学力観」教育開発研究所、一九九六年、一八—二一頁。
(7) 有園格「一章・二一世紀の社会に対応した教育改革と学校の教育課題」児島邦宏ほか著『子どもの未来をひらく学校——学校の構造改革のための課題と提言』教育出版、一九九六年、一—二〇頁。
(8) 有園格「第五節　学習指導要領の変遷と学力問題」有園著『生きる力を育てる学習指導』ぎょうせい、一九九七年、三二—三七頁。
(9) 佐伯胖「四章　学習の『転移』から学ぶ」佐伯胖、佐藤学ほか著『心理学と教育実践の間で』東京大学出版会、一九九八年、一五七―二〇三頁。

（有園　格）

# 14章　教育組織の編成と教職員の専門性

## 一節　学校経営組織と校務分掌組織の形態

### 1　学校経営組織の種類

学校経営は、学校の教育目標を実現するために、教職員をはじめとする学校関係者が協働して取り組む組織的営みである。したがって、学校経営において組織づくりは重要な課題である。学校経営の組織は、一般に①教育組織、②事務組織、③運営組織に分けられるが、さらに④研修組織を加えることもある。[(1)] それぞれの意味と具体的編成は以下のとおりである。

①教育組織――教授・学習活動そのもののための組織で、教授・学習組織とも呼ばれるが、学校経営の中核的組織と言える。それは例えば、学年制や学級担任制である。教科担任制も教科指導組織としての教育組織である。また、教育組織を教授・学習組織と生徒（生活）指導組織とに分けて論じる場合もある。

②事務組織――教育活動を直接に、あるいは間接に支えていく事務的活動を行う組織である。学籍の管理、時間割編成、成績処理など、教育活動に直接関わるものを教務事務組織と呼び、庶務、会計、施設管理など、教育活動に間接に関わる組織を一般事務組織とよぶ。後者は狭義の校務分掌組織である。

③運営組織――①②を支え、学校全体として意思統一を図り、教育活動を円滑に実施するために協議したり調整

したりする組織である。その中心となるのが職員会議であり、ほかに学校運営全般の企画立案に関わる運営(企画)委員会や特定分野ごとに組織される各種の委員会などがある。

④研修組織――教職員の校内での研修活動のための組織である。全体研修はもちろん、学年研修、教科別研修、領域別研修、分掌別研修などの組織がある。いずれも教育組織や運営組織と密接に関連するので、同じ組織が必要に応じて研修組織として機能することもある。

## 2　三つの組織形態論

一般の組織形態論は次の三つのタイプに分けられる。(2) ①ライン(line)組織、②ファンクショナル(functional)組織、③ライン・アンド・スタッフ(line and staff)組織である。まず、ライン組織は、各職位が単一の命令系統(ライン)によって結ばれている組織であり、職能の分化が見られない。命令の一元化が特徴であるため、軍隊式直系組織とも呼ばれる。これに対してファンクショナル組織は責任と権限が職能的に分化され、職能組織とも呼ばれる。各職位に専門性や自律的判断が求められ、他の職位との関係も複雑になる。ライン・アンド・スタッフ組織は、各職位がライン的関係を保ちつつも、専門的な事項については上位に助言・助力するスタッフを備えている組織である。直系参謀組織とも呼ばれる。

学校の場合、法的には校長に包括的な責任と権限があるとされており、ライン的であるが、実際には組織的に責任と権限の分化が見られるから、そのままライン組織とは言えない。むしろ個々の学級担任や教科担任の専門性や自律性が尊重されるという理念からはファンクショナル組織に位置づけられるが、現実的にはライン・アンド・スタッフ的組織と見られ、そのように機能しているといえるだろう。つまり教師個々がラインにありながら、同時に特定の専門的分野を受け持ち、スタッフとしての活動もする。たとえば、「『生徒指導主任』は一方でラインとしての授業活動を実施しながら、他方でスタッフとして『生徒指導』なる専門的事項に関して同僚教員にいろいろの形

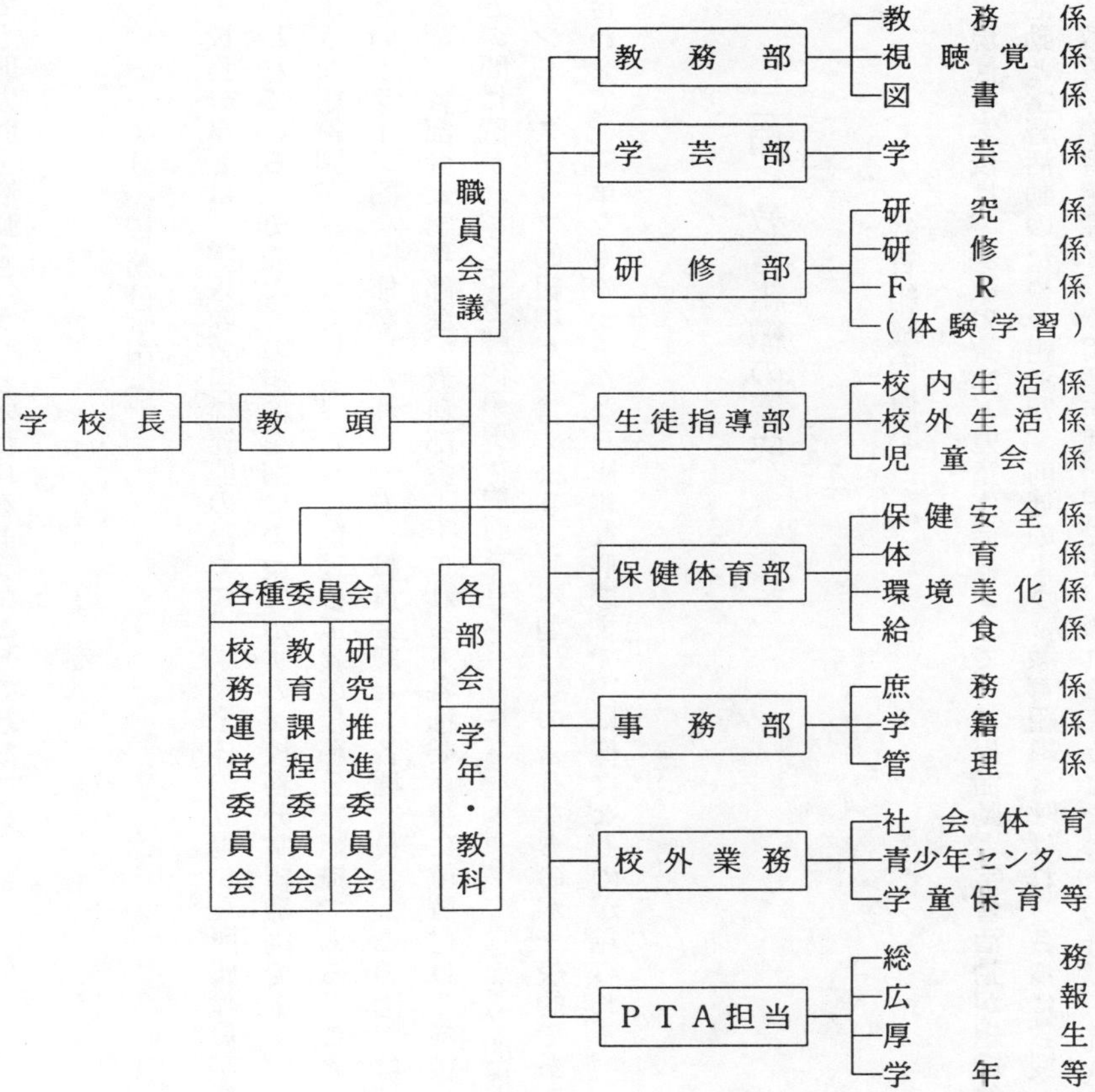


＊O市立K小学校「平成5年度Kの教育」7頁より作成

**図1**　K小学校運営組織（校務分掌組織図）
（教職員26名、児童483名、15学級）

でも助力助言活動を行う」といわれるようなことである。(3)

## 3　校務分掌組織

校務分掌とは「学校教育目標達成のために、学校全体の立場から所属職員が業務を分担して処理すること(4)」だといわれている。そのための組織を図によって示すのが校務分掌組織図である。たいていの場合、各学校では図1のような組織図が示されている。これは前述の広義の校務分掌組織である。この図では、学校長―教頭―各部―各係というライン的な関係が見られる一方、職員会議と、各種委員会（この図では校務運営委員会もこれに含まれている。）、各部会（学年部会、教科部会――これらも各種委員会に位置付ける学校もある）が管理職と教育活動の組織との間に置かれ、そこで関係事項が検討されることになっており、スタッフ的機能も備えている。すなわちライン・アンド・スタッフ的組織だと言えよう。基本型はこのようなものが一般的であるが、細かい点では各学校の実情に合わせて、簡単なものからかなり複雑な形態まで実に様々なものが見られる。

# 二節　教育組織の編成

## 1　教育組織の概念

現代の学校は、多数の教師と児童生徒によって、教授活動と学習活動が組織的に行われている。このような教授活動と学習活動のための組織が、前述のように教育組織と呼ばれ、さらに教授・学習組織と呼ばれる。教授・学習組織という用語が我が国で用いられるようになったのは、一九八〇（昭和五五）年頃からであろう。(5)

それまでは教授組織という言葉が、児童生徒の学習組織をも含む上位の概念として用いられていた。したがって例えば、「児童生徒の組織化」や「学習集団」「学級組織」などが意識されながらも、「教授組織」に対する「学習組織」という表現は見られなかった。[6] しかし、区別していえば、教授組織は教師の教育活動に視点を置いた組織であり、学習組織は児童生徒の学習活動から見た組織である。今日でも、学習組織という言葉は、教授組織に対して別個に用いられることは必ずしも多くないが、学習活動を意識して「教授・学習組織」というようになってきている。

また教授・学習組織という言葉は、教科指導に対応する組織としての意味で用いられることが多い。しかし、一般に学習指導と生徒（生活）指導は車の両輪だと言われるように、教授・学習組織の編成や運営に当たっても、生徒（生活）指導に対する配慮も当然含まれる。したがって両者を含める概念としては「教育組織」と呼ぶ方が適当だと思われる。

## 2　教育組織の構造

学校の教育組織の具体的なそして基本的な単位は、学年であり学級である。学年は、入学してから卒業するまでの間に進級していく児童生徒の組織で、学級は、学校教育の目的や目標を達成するために教師と児童生徒によって編成される集団をいう。そして、前者は縦の組織、すなわち垂直組織（vertical organization）、後者は横の組織、すなわち水平組織（horizontal organization）と呼ばれる。[7] 以下にもう少し詳しく見ていこう。

### (1)　垂直組織

これには、一年の課程を単位として進級させる学年制（grading）と、学年の枠を廃して学習者の発達や学習進度に応じて学習を進ませる無学年制（non-grading）がある。その中間に位置するものとして、学習者の個人差に応じて複数学年の児童生徒を同一学習集団に編成する多学年制（multi-grading）もある。また、学年間の進級方式には、一年ごとに自動的に進級する年齢主義（年数主義）によるものと、一定の課程の修得を前提として、成績の結果に基づいて及第、落第が決まる課程主義によるものとがある。わが国の義務教育は年齢主義（満六歳で入学し、満十二歳で卒業するなど）であり、年数主義（小学校の修業年限は六年など）でもある。

### (2) 水平組織

これは大きく三つに分けられる。まず第一に、主として児童生徒を基に編成する組織方法である。それはさらに次の二つに分けられる。①児童生徒の能力やその他の特性に基づく編成で、大きくわけて同質編成（homogeneous grouping）と異質編成（heterogeneous grouping）の二つがある。その編成の基準としては、知能的要素、学力的要素、身体的要素、性格的要素など多様なものがある。我が国では、学業成績による異質編成が大部分の小・中学校でとられている方法である。②固定的な編成か柔軟に編成替えを行うかという編成法もある。学年と学級の編成は制度上明確に定められていて、一般に固定的である。しかし他方で、学年や学級にこだわらずに教科や教材、児童生徒の個性や学力等に応じて柔軟に学習集団を編成することができるだろう。つまり、学級内で、あるいは学級の枠をはずして、また学年の枠をもはずして、様々な規模の学習集団を編成することも可能である。このようなオープンな編成は、近年、ティーム・ティーチングや総合的学習などの際によく見られる。

第二に、教師を単位として編成する組織である。これは古くから見られる学級担任制（全教科担任制）、教科担任制がその例である。学級や教科の担任の仕方、教師相互の協力の仕方によって編成され、それぞれ一長一短ある。(8)学級担任制は小学校で見られるように、一人の教師が一つのクラスの児童の全教科の授業を担当し（全教科担任制）、いわば自給自足学級（self-contained classroom）が原則である。これは、担任教師と学級児童との全人的接触があり、子どもと学級担任や、学校と家庭の連携・連帯感を形成するのに効果的であるなどの長所がある。一方、一人の担任がいわば丸抱えで指導する仕組みでもあり、閉鎖的になり、悪い意味の学級王国的な状況を生み出したり、一人の教師が全教科を受け持つことの困難さがある、などの短所を伴う。

- 学級担任制
  - 学級担任制
  - 専科担任制を加味した学級担任制
  - 教科担任制を加味した学級担任制（準教科担任制）
- 教科担任制
  - 教科担任制を加味した学級担任制（準教科担任制）
  - 教科担任制（完全教科担任制）
  - 学年共同経営による教科担任制
- 協力教授組織
  - 学年共同経営による教科担任制
  - 教科担任制を加味したティーム・ティーチング
  - ティーム・ティーチング

**図２**　教授組織の分類とその関係

学級担任制の問題を解消するものとして、中・高等学校で見られるような、複数の教師がそれぞれ専門の教科を分担して受け持つ教科担任制がある。その長所は、教科の専門性や教材の高度化が期待でき、また、一人の生徒が多数の教科担任教師の指導を受けるので、多面的な生徒理解がなされる、などである。その短所は、教師が特定の教科を通じてのみ生徒に接するので、生徒の総合的な理解が困難である、教科間の連絡が希薄になりがちで、指導の不統一や首尾一貫性を欠く、多数の教師で担任することになるので、各教師の責任範囲が曖昧になる傾向がある、などである。

第三に、教育内容に基づく編成である。それは、児童生徒や教師を、全教科共通の組織にする場合、教科別に編成する場合、進路別に編成する場合、さらに、学習の習熟度・領域別に編成することもある。全教科共通の組織は小学校において一般的で、他は中・高等学校においてよくみられる編成法である。

## 三節　教授組織の展開

学校における教育組織は、このような垂直組織と水平組織の組み合わせから構成されているのであるが、その組み合わせは、児童生徒に対する教育上の考え方や、教師の役割分担、協働などの考え方によって、多様な形態を生み出している。それは、教育組織の固定化、定型化はその利点を生かしにくく、かつ問題が生じやすいことからである。したがって、歴史的に見ても、これまで様々な教育組織が試みられてきている。

ここでは、近年の教授組織の改善について、その主なものを考察することとする。

一九六〇（昭和三五）年頃から教育内容の高度化が叫ばれ、新しい教育方法が試みられるとともに、やがて学級担任教師が全教科に質の高い授業を展開することが困難であると言われるようになり、授業を互いに分担・協力して行なうことの必要性が論じられるようになった。そこで試みられるようになったのが、協力教授組織であり、小学校教科担任制であり、ティーム・ティーチングである。[9] ここでこれらの教授組織の分類と関係を図によって示しておこう。[10]

以下、三つの新しい教授組織改善の試みを検討することにより、教授組織の運営上の課題について考えてみたい。

## 1 協力教授組織

協力教授組織[11]とは、「教師を小さな協力集団に組織し、その集団が一体となって、含まれる学級の教科教育等を担当するしくみである。各学級には学級担任教師があり、全般的な学級教育の責任を負うものであるが、授業面では各教師は自分の学級だけでなく、広く協力集団を形成する教員の各学級にわたって、自己の専門領域において援助しあう組織をいうのである」。それは、一九三〇年頃に、アメリカでホーシック（Hosic, J. F.）らによって提唱された協力グループプラン（cooperative group plan）をその祖とするものである。このプランにおいては、「学校には地域社会、校長、教員ならびに児童の個人差がある」ことを前提にする。そして集団中の特定の座長または集団指導者によって指導される、多かれ少なかれ五人のグループが、一児童集団の活動を指導する。しかし各教員は、児童集団の一部である学級に対する責任も負うのである。

## 2　小学校教科担任制

日本の小学校における教科担任制は、古くは一九二〇（大正九）年の福井県三国小学校の試みがあるとされるが、特に注目されだしたのは、一九六三（昭和三八）年に、福島県相馬郡上真野小学校の実践が教育雑誌で紹介されてからであろう。[12]同校は、学級担任制が陥りがちな学級王国的問題を解決するものとして、教科担任制を高学年に導入したのであった。当時の校長佐藤慶一は「学級担任制こそ、新しい進んだ時代におけるガンであり、旧来のろう習ではなかろうか。」と断言し、「学年協同経営の中に教科担任制を組織して」いこうとした。[13]

このような教科担任制が試みられるようになったなかで、様々な試行が行われた。全国教育研究所連盟の一九六九（昭和四四）年度の調査によれば、教科担任制を既に「取り入れている」学校、その「準備をしている」学校、「取り入れるべきだ」と回答した学校が八五・六パーセントを占め、教科担任制への積極的姿勢が窺える。[14]

しかし結局、我が国の小学校教科担任制は、学級担任が生活指導面の責任を負いつついくつかの教科の授業を受け持つという、一部教科担任制（準教科担任制）をとることになる。そして、前述のように学年共同経営方式という考え方も登場することになるのである。

## 3　ティーム・ティーチング（team teaching）の先駆的試み

ティーム・ティーチングは、一九五七年、アメリカのマサチューセッツ州レキシントンにあるフランクリン小学校で初めて実施されたもので、それは学校全体をチームに組織化した最初の例であり後に多様に展開したティーム・ティーチングに大きな影響を及ぼしたと言われる。[15]

ティーム・ティーチングがわが国で導入されたのは、日俣周二（当時東京都立教育研究所）が一九六三（昭和三八）年に東京の小学校で社会科の授業にティーム・ティーチングを加味した指導を試みたのが最初だといわれる。[16]

また、一九六五（昭和四〇）年頃、横浜市教育研究所をはじめとする各地の教育研究所の研究活動も、ティーム・ティーチングの普及に大きな役割を果たした。さらに、一九六八（昭和四三）年に告示された改訂学習指導要領の総則には「指導の効率を高め教師の特性を生かすとともに、教師の協力的な指導がなされるようにくふうすること」と記され、それによって各地の教育委員会や教育研究所は、ティーム・ティーチングの実践研究に取り組み、多くの研究協力校や研究指定校が委嘱された。全国教育研究所連盟が行った全国調査（昭和四五年）では、小学校教師の六四・四パーセント、中学校教師の五八・九パーセント、指導主事の八一・五パーセント、教育研究所員（都道府県、指定都市）の七八・一パーセントがティーム・ティーチング導入に意欲を示している。[17]

しかし、当時のティーム・ティーチングの実践状況に関する調査によれば、特定の教科に限られるなど、限定的な導入であったことが窺える。[18]我が国では、ティーム・ティーチングにおいても、小学校教科担任制と同様、実質的には学級担任制を維持しつつ、ティーム・ティーチング的な協力教授が行なわれたとみられる。

## 4　ティーム・ティーチングの新たな導入

一九九三（平成五）年一月一四日に、文部省の「教職員定数の在り方に関する調査研究協力者会議」による「今後の教職員配置の在り方について」の最終報告が出されたことから、ティーム・ティーチングの導入が学校現場の課題として急浮上した。協力者会議の提言の直接の目的は、従来の学級規模に代わる教職員配置の考え方を提示することであったが、いわゆる新学力観や学校週五日制を中心とする学校教育改革を背景にしたものであり、ティーム・ティーチングが盛り込まれていたことによってこれが広く注目された。[19]これを受けて、文部省によって策定された第六次公立義務教育諸学校教職員配置改善計画（一九九三（平成五）年四月一日）においては、「ティーム・ティーチングの導入等」として小学校教員八、四四一人、中学校教員五、八五六人の改善数が示されている。[20]

今日様々に見られるティーム・ティーチング（以下T・Tとする）の形態を整理すると次のとおりである。[21]

(a) 学級、学年、教科から編成するT・T……学級チーム、学年チーム、異学年チーム、全校(全学年)チーム、教科チーム、複数教科チームなど。

(b) 人の構成・関係から編成するT・T……複数担任型(通常型)、主・副協力型(加配型①)、ボランティア参加型(加配型②)など。

(c) 指導形態から編成するT・T……習熟の程度に応じたT・T(これには到達度別学習と完全習得学習がある)と、学習課題に応じたT・T(これには課題選択学習・課題設定学習と発展課題学習が含まれる)。

## 四節　学習組織の改革

学習組織とは、学習者がその学習目的を達成するために、教師の指導のもとで編成される学級あるいは学校内の組織である。その基本的単位が学級と学年である。ここでは、児童生徒の個人差に応じた指導を行うために近年行われてきた学習組織の編成と運営を検討しよう。

### 1　オープン・エデュケーション

オープン・エデュケーションは一九六〇年代、イギリスの幼児学校で普及したものが最初だと言われている。そして一九六〇年代末頃にアメリカに紹介され、急速に普及した。日本でも一九七〇年代の前半に紹介されたが、児童の個人差に応じた学習指導を目指した教育動向を背景に、学年・学級組織を基本的に維持しながらも、さまざまな形で実践されるようになった。すなわち、オープン・エデュケーションは、小学校の伝統的な一斉授業の形態を否定し、子どもを解放し、そして個人差に応じた学習を目標として、自由に編成された組織によって学習が進められるところに特色がある。しかし、その定義は一義的なものはなく、様々な定義が見られる。スポーデク(Spodek, B.)は、これを次のように説明している。「オープン・エデュケーションは、学校組織の仕方でもなければ、建築上の形式でもない。」「いろいろ違った目的に応じて、子供達をいろいろな大きさのグループに組織することもできるし、またことなった教育の場へ容易に移動させることができる」[22]。

すなわち、従来の教育組織や教育方法にとらわれずに、子どもの学習目的に応じて自由に開放的に学習活動が行われることである。別に次のような説明も見られる。(1)校舎、教室におけるオープン、(2)学級編成におけるオープン、(3)教授・学習の目標におけるオープン、(4)カリキュラム及び教授=学習におけるオープン。そして、これらの内容や方法を開いたものにする「教師間の協力」が不可欠だとされている[23]。

それは新しい学校建築に多目的スペースなどが取り入れられるに伴い普及してきているし、最近の総合的な学習の時間導入の動きによりさらに活用されるだろう。

## 2　習熟度別学習の組織

一九七八（昭和五三）年に告示された高等学校学習指導要領に「学習内容の習熟の程度などに応じて弾力的な学級の編成を工夫する」という文言が見られ、以後「習熟度」という概念が広く用いられるようになった。習熟度という当時としては耳慣れない用語が用いられたのは、「能力」というとかく固定的なものとして受けとられやすいので、生徒の努力次第で向上の余地のある、学習の習熟の程度という意味で、この表現をとったものと説明されている[24]。その後、一九八九（平成元）年の新学習指導要領では、中学校でも教科によっては、生徒の学習内容の「習熟の程度に応じた指導」が奨励され、これに関した実践研究も行なわれるようになってきている。「習熟の程度に応じた指導」は必ずしも「習熟度別学級編成」ではなく、それを含めたより広い概念だととらえられている。

しかしながら、習熟度別学習の組織について、習熟度の上位グループには誤ったエリート意識を、下位グループには劣等感・挫折感を生じさせる心配があること、進み方の調整や綿密なプログラム化など、教師への負担が大きいこと、等の問題があった。これらの問題を避けるために、次のような配慮が必要となろう。第一に、習熟度（学力）の差の大きい少数の教科又は単元に限定して実施することである。第二に、習熟度の下位のグループは「学習のつまずき」の治療に重点を置くべきである。第三に、教科・単元により、あるいは学期ごとに、できるだけ柔軟に組織の編成替えをすることである。第四に、日常の学級生活において、生徒が多面的な人間理解を行なえるように指導し、特定の教科の成績だけが人間の価値を決めるものではないことを理解させることも必要である。第五に、もちろん複雑な組織を指導する教師の力量の向上と人数の確保が欠かせない。

### 3　小集団学習の組織㉕

学習の際の集団内の成員や下位集団の、あるいは集団間の相互作用など、学習の集団的な側面を強調する学習形態をグループ学習と呼ぶが、小集団学習は、このうち小規模な集団による学習形態である。それは一斉学習、個別学習の間に位置し、多様な構造を持つ。つまり三―八人程度で編成され、自主的な共同学習を基本的特徴とするものの、集団の編成は必ずしも学級内や学年内に限定されず、学習目的や学習内容によって弾力的に行われる。小集団はもともと一斉学習の欠陥、すなわち形式的、受動的な学習形態を補う方法として考えられた。しかし、現在では、個人ではなしえない共通の学習目標を小集団によって成し遂げることができる点に意義が認められている。また、協同して課題に取り組むことにより、互いを理解しあい、各自の個性をより社会的に価値あるものに高めることにも意義がある。このように考えると、小集団の構成は、児童・生徒の個性が異なる異質集団が望ましいということになろう。もちろん、そこでは学習も生活も営まれるし、むしろ両者の相補性・関連性を重視し活用することによって、より有効な小集団学習が行えるだろう。なお、小集団学習がより効果的に機能するには、児童・生徒の人間関係を十分にふまえて集団を形成し運営しなければならず、教師の指導技術や力量が極めて重要である。言い換えれば、小集団学習のねらいは、児童・生徒の個性（能力、興味、関心）の違いをばねとして、協力・協同という過程を通して教育効果を上げるところにある。

## 五節　教育組織を生かす教職員の専門性

最後に、教育組織を生かす教職員の専門性を、以上に論じてきたことを踏まえてまとめよう。ここでいう教職員とは、教育組織に直接関わる職員、すなわち校長、教頭、教員（第一義的に児童生徒の教育に携わる教諭、助教諭、養護教諭、養護助教諭、講師）を主として指すこととする。

### 1　児童・生徒に関して、その個性・能力を伸ばすとともに、社会性の育成が可能になるような、学習組織の改善を行う力量が求められる

これまで様々に試みられてきた教育組織の改善は、子どもの個性・能力を開発し、伸ばすことを第一の目的としてきていることが明らかである。もちろん、現在の学校における教育組織は学年・学級を基盤として編成されている。それは歴史的には、一定の知識や技能を、多数の児童・生徒に対して経済的・効率的に伝達するという、社会的要請に基づき形成されたものである。しかし、これからの時代においてはそのような機械的・平均的な知識や技能の伝達は、もはや効果的な教育とはされない。児童・生徒一人ひとりの個性や能力に応じた（個人差に応じた）教育が必要である。また一方では、児童・生徒の道徳性や社会性の育成も、学校教育の重要な課題として求められている。言い古された言葉だが、全人教育が求められるのである。また、一九九八（平成一〇）年度に出された教育課程審議会の答申や新学習指導要領に謳われている総合的な学習の時間のように、教育内容の横断的総合的扱い

に対応することも新たに求められる。そして、学校や教師は、このような個に応じかつ社会性を育むという要請に応え、そのための柔軟な学習組織への改善に取り組む力量が求められる。

## 2　専門的、自律的な判断力を養う自己研鑽、相互研鑽が求められる

教育の仕事は教師の専門的・自律的な判断によるところが大きいが、それがややもすると、従来の学級担任制とも相まって、教師の仕事を独善的・閉鎖的なものに陥らせてしまうことはしばしば指摘されるところである。従って教師はそのような自らの課題を認識し、常に自己研鑽を積むことが求められる。それは自己規制的で厳しい行為である。その際、教師の相互研鑽が効果的であろう。それは主体的な意思に基づく校内研修において主として実現される。また、他方で協働的な教授組織づくりにおいて見られる。T・Tや総合的学習への取り組みは、まずは子どもの個性・能力を生かすことに重点が置かれているが、実は教師の力量形成にも大きく寄与している。すなわち相互研鑽による専門性の深化、あるいは視野の拡大や意識の変革などが見られる。実践事例の紹介においてもこのような指摘は枚挙にいとまがないほどである。(26)

## 3　教師や児童生徒の独創的なアイデアや工夫を、学年や学校全体として取り上げ、構成する力量が必要である

T・Tについてのある調査(27)によると、調査校四一校の「ほとんどの学校が二名構成のT・Tを実施している」、二人の関係についてみるといずれも「ベテラン教員が主になり若手が副になる」、その役割も「遅進児童生徒の個別的指導になっている」、ということが実情である。きわめて定型的だと言わざるをえない。各学校の教育組織編成には、教師や児童・生徒の実態に即した、それぞれの思い切ったアイデアや工夫を学年や学校全体のものとして取り

上げ構成する、という視点が必要である。そしてそれを支えるのは、児童生徒の新鮮で素朴な好奇心や学習への意欲であり、各教師の専門的で柔軟な判断と児童生徒の教育に対する情熱や組織的な取り組みである。さらにそれを学年や学校の意思としてまとめあげていく（調整し、構成する）学年主任や、校長などの管理職のリーダーとしての力量でもある。

### 4　教育組織をとりまく諸条件を改善する協働的学校改善力量を備えていなければならない

各学校の教授・学習組織は恣意的には編成できない。さまざまな制度的な制約があり、行政的条件、地域的条件もある。例えば、学年制はもちろん、児童生徒数による学級編制も教職員の定数の標準も法律によって定められている。しかし、複式学級を編成せざるをえない小規模校もあれば、一学年が一〇学級にものぼるような大規模校もある。また、人事異動によって絶えず教職員構成が変わる。しかし、各学校はそれらの条件をも改善することを視野に入れた取り組みが必要であろう。所与の条件に埋没していては新しいものは作り出せない。さらに、今日では学校医や栄養士、事務職員、及びスクールカウンセラーといった関係職員、そして保護者や地域との連携・協力も求められる。これらに対応するには、教職員や関係者間で相互のコミュニケーションを尊重しつつ、学校改善という共通目的を確認し、協働意志を持って取り組むという、いわば協働的力量を備えることが必要である。

以上から、極めて今日的ないわゆる経営的な力量が浮かび上がってくるのである。

**註**

（1）吉本二郎『学校経営学』国土社、一九七四（一九六五）年、一四二―一四三頁。日本教育経営学会編『教育経営と学校の組織・運営』（講座日本の教育経営3）、ぎょうせい、一九八七年、八二―八四頁。日本教育経営学会編『教育経営ハンドブック』ぎょうせい、一九八六年、九二―九三頁。その他。

(2) 高宮晋『経営組織論』ダイヤモンド社、一九六六年、一八四、一九〇、一九七頁。
(3) 大野治衛『校務分掌組織の革新』明治図書出版、一九八一年、一三七—一三八頁。
(4) 牧昌見編『新学校用語辞典』ぎょうせい、一九九八年、四五四頁。
(5) 杉山宗「第5章 教授・学習の組織」吉本二郎他編『学校経営』(現代学校教育全集1) ぎょうせい、一九七九年。日俣周二「第6章 教育課程の展開と教授—学習組織」永岡順編『学校経営』(現代教育学シリーズ7) 有信堂、一九八三年、など。
(6) 吉本二郎『学校経営学』国土社、一九七四(一九六五)年、一七三頁。高野桂一『経営組織論』(学校経営の科学2) 明治図書出版、一九八〇年、四五一、四五六頁、など。
(7) 岩崎三郎「教授・学習組織の編成と運営」日本教育経営学会編『教育経営と教育課程の編成・実施』(講座日本の教育経営4) ぎょうせい、一九八七年、一三六—一三八頁を主たる参考にしてまとめた。
(8) 下村哲夫『学年・学級の経営』(教育学大全集14) 第一法規出版、一九八二年、一九〇—一九二、一九四—一九五頁。児島邦宏『学校と学級の間』(シリーズ教育の間8) ぎょうせい、一九九〇年、一六九—一八〇頁。その他。
(9) 一九七〇(昭和四五)年頃には、これらに関する調査研究が、本節で引用するものの他にも多く見られた。例えば、日俣周二編『協力教授組織による授業改善』明治図書、一九六九年。日本ティーム・ティーチング研究会編『教授・学習組織の改造』明治図書、一九六九年。教育経営学会編『教育経営学会紀要』第一二号、一九七〇年。等々。
(10) 図については、下村哲夫『学年・学級の経営』(教育学大全集14) 第一法規出版、一九八二年、一七七—一七八頁を参考に作成した。
(11) 前掲(1) 吉本、一八八頁。
(12) 佐藤慶一『教科担任制による小学校経営の革新』一九六五年、一五七—一八八頁。
(13) 佐藤慶一「学校経営近代化としての教科担任制」『学校運営研究』№四六、一九六五年一二月、六、一〇頁。
(14) 全国教育研究所連盟『教授組織の改善』東洋館出版社、一九七〇年、四四—四八、七九—八〇頁。
(15) シャプリン、オールズ共編、平野一郎、椎名萬吉共訳『ティーム・ティーチングの研究』黎明書房、一九六六年、二一一—二一七頁。

(16) 下村哲夫「日本におけるティーム・ティーチングの導入と定着」『香川大学教育学部研究報告（第一部）』二六、一九六九年、五〇－五六頁。

(17) 全国教育研究所連盟編『ティーム・ティーチングの展開』東洋館、一九七三年、二一－二二頁。

(18) 下村哲夫「日本のティーム・ティーチング――実践校の調査から」『香川大学教育学部研究報告〈第一部〉』二五、一九六八年、七二－八五頁。

(19) 『教育委員会月報』№五一二、一九九三年三月、二四－三三頁。

(20) 『教育委員会月報』№五一五、一九九三年六月、五五頁。

(21) 加藤幸次『ティーム・ティーチングの考え方・進め方』黎明書房、一九九三年。加藤幸次「ティーム・ティーチングの全体像」『ティーム・ティーチング読本』（教職研修総合特集№一〇二）教育開発研究所、一九九三年、などを参考にまとめた。

(22) スポーデク・ウォルバーグ編著、佐伯正一、栗田修解説・訳『オープン・エデュケーション入門』明治図書出版、一九七七年、一四－一五頁。

(23) 同上、二〇四－二〇五頁。

(24) 菱村幸彦「習熟度別学級編成の趣旨と運用」『教職研修』一九七九年三月、六五頁。

(25) 前掲(7)、一四五－一四六頁ほかを参考にしてまとめた。なお、この集団学習形態に関して、戦後登場したソ連型の集団主義教育とそれに対する批判とが、一九七〇年を中心に展開された。社会的政治的動向の変容にも影響され、今日では一応沈静化している。次の文献が参考になる。片岡徳雄『集団主義教育の批判』黎明書房、一九七五年。

(26) 例えば、A県教育委員会・指導方法改善（ティーム・ティーチング等）実施校連絡協議会資料（平成一〇年度）、鳴門市大津西小学校編『心を育てる総合的な学習の展開』明治図書出版（一九九九年）など。

(27) 鳴門教育大学受託研究実施班（代表田中祐次）『ティーム・ティーチングによる指導の在り方について』（平成五年度受託研究2）一九九四年、六－九頁。

（佐竹　勝利）

# 15章　学校の意思形成と学校協議会

## 序——本稿の目的と課題

本稿の目的は、児童・生徒、父母（保護者を含む）の学校参加による新たな意思形成の場である学校協議会の可能性とそこでの意思形成の条件を論ずることである。そのためにまず、学校の意思形成において中心的な機関となっている職員会議における意思形成の課題を指摘し（一節）、現在導入されようとしている学校評議員制度の特質を探る（二節）。さらに、すでに見られつつある学校協議会の取り組みを分析した上で（三節）、学校協議会の可能性とそこでの意思形成の条件について論じることにする（結語）。

日本の学校の意思形成は、校務掌理権を有する校長を最高責任者として、職員会議をはじめとする各種会議においてなされるのが一般的である。しかし、職員会議をめぐってはさまざまな論議がなされてきた。補助機関としての位置づけが明確化されたとはいうものの、意思形成の課題がすべて解消されたわけではない。職員会議における意思形成の課題を検討しておくことが必要である。他方、職員会議をはじめとする各種会議に加え、現在新たな意思形成の場として学校評議員制度が提起され、導入されつつある。どのような理念のもとにこうした制度が提起されたのか。また、学校評議員制度とはどのような制度であるのか。その特質を把握することも必要である。

さらに、すでに日本各地で学校協議会の取り組みがなされはじめている。学校協議会は児童・生徒、父母の学校参加による新たな意思形成の場であると同時に、学校評議員制度とは原理的に異なる意思形成の場である。そこで、学校評議員制度と比べて、これらの意思形成の場にはどのような特質が見出されるかについても分析しておく必要がある。ただし、学校協議会といっても、生徒と教職員との二者協議会をはじめ、父母、地域住民などを含めた三者協議会と呼ばれるものもあり、個々の取り組みの名称やスタイルには相違が見られる。本稿では便宜上、児童・生徒、父母の学校参加による意思形成の場を総称して学校協議会とする。

## 一節　職員会議における意思形成の課題

職員会議は学校における中心的な意思形成の場であり、多様な機能を有している。下村哲夫によると、職員会議の機能は次の四つに整理されるという[1]。第一に、校長の学校運営に関する方針を教職員に指示して協力を求めるとともに、教育委員会その他の外部機関の通知の周知を図る「意思伝達機能」、第二に、校長の意思決定に際し、より適正・適切な決定ができるように、教職員の意見を聞き、協議を求める「経営参加機能（協議機能）」、第三に、教職員各々が分掌している事務の報告や情報交換、教育活動、各種行事等について連絡・調整し、共通理解を得る「連絡・調整機能」、第四に、学習指導・生活指導等に関する問題について、たがいに研究・研修の成果を交流しあい、教育の専門家としての知見を広める「研究・研修機能」である。職員会議はこうした多様な機能を有する意思形成の場である。

職員会議についてはこれまで数多くの論議がなされてきた。ただし、その多くは職員会議の法的性格に関するものであり、下村の指摘する機能でいえば、「経営参加機能（協議機能）」をどのようにとらえるかということであった。職員会議の法的性格をどのようにとらえるかによって、学校の意思形成のあり方が大きく異なるからであった。

これまでの法的性格に関する論議は、職員会議に関する法律レベルでの規定が存在しないことから生じていた。たしかに、教育委員会によっては学校管理規則に職員会議に関する規定が見られる場合もあった。しかし、その規定において法的性格は必ずしも明確には述べられていない場合が多かった。そのため、いわゆる行政解釈としての補助機関説と組合解釈としての議決機関説とが共存し、職員会議における意思形成のあり方について異なるとらえ方が共存してきた。

しかし、二〇〇〇（平成一二）年一月に公布された「学校教育法施行規則等の一部を改正する省令」により、職員会議が補助機関として位置づけられ、二〇〇〇（平成一二）年四月から施行されることとなった。これによって、法的性格をめぐる論議には一応の決着が付けられたといえる。ただし、法的性格の明確化によって意思形成の課題がすべて解消されたというわけではない。補助機関としての位置づけが明確化されても、職員会議における意思形成には依然として課題は残されている。

この職員会議における意思形成の課題としては、次の二点を挙げることができる。第一に意思形成における校長と教職員との二項対立の解消であり、第二に教職員と児童・生徒、父母という学校当事者との新たな関係づくりである。

まず第一の点についていえば、職員会議という意思形成の場における二項対立のしくみを組み替える必要があるということである。ここで意思形成における二項対立というのは、校長による個人決定か教職員による集団決定かという原理上の問題が問われる状況のことである。すでに補助機関としての位置づけが明確化され、校長による個人決定にもとづくこととなっている。しかし、職員会議が補助機関となり、校長による個人決定にもとづいて意思形成がなされる場合にも問題が生じることがある。たしかに十分な論議がなされ合意が形成された上ならば、校長による個人決定にも実質的には問題はない。しかし、十分な議論がなされない場合、あるいは合意が十分に形成されない場合、この校長の個人決定は意思形成に深刻な支障をきたすことになる。場合によっては、教員のモラールを低下させ、学校を組織としての活動を行えない状態に追い込むことにもなりかねない。教員の多くが危惧するのは、十分に合意形成がなされないまま、「上からの決定」に一方的に従わざるを得ない状況に至ることである。こうした状況を避けるためにも、教職員による集団決定が求められてきたのであった。

そこで、かりに教職員による集団決定が最終的な意思決定であるとする。この場合、教職員による集団決定はたしかに民主的であるように見える。職員会議の構成員のうち、より多くの構成員からの同意を得ることは何よりも意思形成に不可欠である。しかし、教職員による集団決定は必ずしも学校に与えられた裁量の範囲にとどまるものではない場合がある。また、イデオロギー優先で「教育の条理」に沿うとは限らない場合もある。[2] こうした状況を避けるために、学校の最高責任者としての校長による個人決定が求められてきたのであった。

学校の意思形成はいずれにせよ、ダブル・バインドな状況にあることはまちがいない。多かれ少なかれ、どの学校においてもこうした状況は存在する。普段は顕在化していない学校においても、ある一つの事項をめぐって深刻な対立が表面化することもあり得る。明確に校長対教職員という構図ではなくても、多くの場合、校長による個人決定か教職員による集団決定かという二項対立に還元することができる。校長による個人決定にせよ、教職員による集団決定にせよ、こうした二項対立のしくみを残したままでは実質的な意思形成を図ることはできない。これは、職員会議における意思形成の構成員が学校内の教職員に限られることから生じる問題である。

そこで次の第二の点ともあわせて、校長か教職員かの二項対立の枠組を根底から組み替えることが必要となる。とりわけ、学校の自律性の拡大が求められ、校長の権限やリーダーシップが拡大されようとしている状況においては、今まで以上に従来の二項対立の枠組を組み替える必要に迫られているといえる。

次に第二の点についていえば、校長、教職員のみでなく、児童・生徒、父母という学校当事者も何らかの形で学校の意思形成に加わる必要があるということである。これまで日本においても「開かれた学校」、あるいは「開かれた学校経営」といった表現で、児童・生徒、父母、地域住民などと連携、協力し、これらの学校当事者の意向を反映させることの重要性については繰り返し叫ばれてきた。このことはたしかに重要であるし、意味のあることである。

しかし、現在は連携、協力にとどまるのではなく、これとは次元の異なる関係づくりが必要とされている。その背景には、学校教育の意義に対する根本的な問いかけがある。さらに「学級崩壊」や「学校崩壊」という言葉に代表される学校教育の問題状況がより一層、学校教育への不信を増幅させていることが挙げられる。こうした状況の中で、学校の正統性が揺らいでおり、学校のアカウンタビリティが問われている。もはや、これまでのような学校の「抱え込み主義」、あるいは父母、地域住民の「お任せ主義」は通用せず、専門家としての教職員と児童・生徒、父母とが新たな原理で新しい関係を構築しなければならない状況に至っているのである。

そこで、これら二つの課題に対して、第一に学校の裁量範囲の拡大、第二に「開かれた意思形成の場」の構築が求められる。

まず第一についていえば、学校と教育委員会との関係を見直す中で、学校の裁量範囲が拡大され、意思形成の選択肢が増えることが必要になるということである。現在の裁量範囲では、いくら議論をしても選択肢の幅が狭く、意思形成の余地がない場合が多い。狭い裁量範囲で意思形成を進めようとするために、おのずから校長がその責任において最終的な判断を下さざるを得なくなる。これでは二項対立を深刻化させることにもなり、意思形成の機能を十分に発揮できない事態を生じさせてしまう。

したがって、二項対立を組み替えるためには、まず前提として学校の裁量範囲が拡大されなければならない。その拡大された裁量範囲においてはじめて、実質的な意思形成が可能となる。

その上で、第二の点として、児童・生徒、父母といった学校当事者が加わることのできる「開かれた意思形成の場」を構築することが求められる。児童・生徒、父母といった学校当事者が参加することで、学校の意思形成はそのあらゆる面で価値基準が変容する。少なくとも、イデオロギーにもとづく論争ではなく、児童・生徒の実情に即した論議に近づくことによって、アカウンタビリティが果たされ、学校の正統性が確保される。[3]

もちろん、その際には校長や教職員の専門性をどのようにとらえるのかという点が大きな鍵を握ることになる。この点については、児童・生徒、父母の参加スタイルをどのように具体化するかにより、さまざまなパターンが考えられる。たとえば、学校協議会と職員会議との関係をどうするかということが挙げられる。ちなみに、欧米では学校協議会が最高意思決定機関として位置づけられているところも見られる。[4] この点では、校長の校務掌理権や日本的な責任のとらえ方など、さまざまな要素を勘案する必要がある。

## 二節　学校評議員制度の特質——校長の職務と責任の拡大

「開かれた意思形成の場」を模索する試みの一つが学校評議員制度である。ここでは、導入の理念と学校評議員制度の特質を探ることにする。

学校評議員制度は、一九九八（平成一〇）年九月に出された中教審答申「今後の地方教育行政の在り方について」においてその導入が提言された。職員会議の法的性格の明確化と同様、学校評議員制度も二〇〇〇（平成一二）年一月の「学校教育法施行規則等の一部を改正する省令」により、二〇〇〇（平成一二）年四月から設置することができるようになっている。この省令の施行に関する事務次官通知によれば、「これからの学校が、より自主性・自律性を持って、校長のリーダーシップのもと組織的・機動的に運営され、幼児児童生徒の実態や地域の実情に応じた特色ある学校づくりを展開することができる」ようにし、「開かれた学校づくりを一層推進していくため、保護者や地域住民等の意向を把握・反映し、その協力を得るとともに、学校運営の状況等を周知するなど学校としての説明責任を果たしていく観点」から導入されている。保護者や地域住民の学校運営への関与が法律で明記されたという点では、日本の公教育においてきわめて画期的な出来事であるといえる。

この学校評議員制度の概要について、事務次官通知の「留意事項」において指摘されている内容をもとにまとめると、以下のような点を挙げることができる。①地域住民の学校運営への参画の仕組みを制度的に位置づけるものであり、学校や地域の実情に応じて柔軟な対応ができるよう必置とするものではなく、類似する仕組みを既に設けている場合、これを廃止、改正する必要はない。②学校評議員は学校毎に置かれ、それぞれの責任において校長の求めに応じて意見を述べるものであり、設置者や校長は必要に応じて学校評議員が一堂に会して意見を述べる機会を設けるなど運用上の工夫を講じる。③校長は学校評議員に対し、学校の活動状況等について十分説明し、自らの判断により必要と認める場合に、校長の権限と責任に属する学校運営に関する事項について意見を求める。④学校評議員はできる限り幅広い分野から、教育に関する識見を有する保護者や地域住民が校長の推薦をもとに設置者等によって委嘱される。

この学校評議員制度の特質としては、校長の職務と責任の拡大を指摘することができる。その根拠としては、第一に校長には学校評議員を幅広い分野から委嘱することが求められるという点、第二に学校評議員は校長の学校運営について校長に意見を述べたり助言したりするという点、第三に意見交換の機会は校長の求めに応じて設けられるという点、が挙げられる。

第一の点についていえば、校長は学校評議員となる人をどのように選ぶかが問われることになる。学校運営の改善や諸問題の解決のために、誰に助言を求めるかを校長自身が判断しなければならない。もちろん、校長のみで判断するのではなく、さまざまな助言を得て判断するとも考えられる。しかし、最終的に何を基準にどのような人選をするのかは校長の判断によることになる。この点で、校長の人選は学校評議員制度の成果を左右する鍵となることは否定できない。

第二についていえば、校長と学校評議員との接点ができるという点では有意義である。しかし、教職員との接点は想定されていない。学校評議員制度では、あくまでも学校評議員と校長との関係が想定されるだけである。折角、学校評議員から意見表明がなされても、その受け止め方はすべて校長にまかされることになる。校長は、学校評議員からの意見表明をもとに、その対応を任されることになる。

第三に、あくまでも校長の求めに応じて設けられることになるため、何について意見を述べてもらうのか、助言を求めるのかは校長の判断に任されることになる。校長の気づかないことやすでに方針が決められていることが取り上げられることが可能であろうか。この点についても、校長の判断に任されることになる。校長に気づかない部分にもふれることがなければ、学校が変革する機会を逸することにもなる。どれだけこうした機会をとらえることができるかも校長にまかされている。

学校評議員制度は、学校評議員の意向の反映をねらいとしているものの、学校での意思形成において最終的には校長の責任において判断を下すという図式はかわらない。むしろ、学校評議員の意向を聞くならばその分だけ、校長の職務と責任は拡大される。すべての点で、校長がどのように判断するかに大きく依存することになる。それだけに、より一層、校長の専門性や先見性、判断力などあらゆる面での力量が問われることになる。(5)

学校評議員制度は、「開かれた意思形成の場」の一つのあり方であることはまちがいない。たしかに実質的に成果のある「開かれた意思形成の場」がなされる可能性も否定できない。特色ある学校づくりがなされ、校長がより一層独自のカラーを出すことも可能となるであろう。

しかしその一方で、学校の意思形成の観点からみれば、教職員とのより一層の合意形成が求められることになる。さらに、こうした形での「開かれた意思形成の場」が、すでに指摘した校長と教職員との二項対立を克服できるかといえば、そこには依然として課題が残される。校長の職務と責任が拡大することによって、すなわち、校長の権限や意向が強まることによって、むしろ二項対立の図式がより一層、固定化される危険性が高まるとも考えられる。むしろ、校長のみを接点とする学校評議員制度では、これまでの二項対立が解消されるのは難しくなるともいえる。

## 三節　学校協議会の取り組み――意思形成の新たな原理

「開かれた意思形成の場」を模索しながらも、学校評議員制度の構想と原理的に異なる意思形成の場がすでにさまざまな形で見られる。たとえば、国民教育文化総合研究所による学校協議会の構想であり、各地の高等学校での学校協議会の取り組みである。

国民教育文化総合研究所による学校協議会の構想は、一九九七（平成九）年一〇月に、日教組の委託研究としてまとめられた国民教育文化総合研究所による「教育の自治と地方分権」という研究委員会報告の「第四章　学校と地域社会」において提起されている。[6] すなわち、「学校運営は、これまでのような校長を中心とした教職員集団だけで行われるものではない。学校・教育行政の関係者ばかりではなく、保護者や地域にも開かれたものでなければならない。さらに、子どもの意見表明権を打ち出した『子どもの権利条約』が批准された状況下では、子どもの意思が反映されるようにしなければならない。深刻化している教育課題に対処するとともに、高齢者福祉や防災など様々な地域課題との結びつきに向けた取り組みも必要になっている」とした上で、「個別の学校に設置し、保護者、地域住民の意見を受け止めるしくみ」として「学校協議会（仮称）」の設置が提起されている。

その構成は、「①校長、②教職員代表、③保護者代表（PTA代表）、④子ども代表（ただし、参加の仕方は学校段階で工夫する）、⑤地域住民代表とすることが考えられる」とされ、「具体的な構成数は、学校規模・種別に応じて定める」とされている。さらに、「一学期に一回開催を原則として、学校運営に関するあらゆる問題について意見交換や協議を行う。校長はそこでの意見や協議内容を参考にして学校運営を行う」とされている。

この構想は、「開かれた意思形成の場」を模索しているという点では、中教審の学校評議員制度と方向を同じくしている。しかしながら、「開かれた意思形成の場」に加わるのは誰か、またそこでの議論がどのように学校経営に活かされるのかという点に関しては、校長のみが接点となるのではないという点で異なる原理にもとづいているといえる。

さらにこれに類する事例として、すでに日本各地において取り組まれている学校協議会を挙げることができる。以下は、高等学校での学校協議会の取り組みである。

第一の事例は、長野県の辰野高校の事例である。[7] 同校では、一九九七（平成九）年一二月に「生徒・父母・教職員の三者協議会」が発足し、翌一九九八（平成一〇）年一月には「わたしたちの学校づくり宣言－長野県辰野高等学校　学校憲法宣言」が発表され、採択された。この宣言の中でも、教職員、生徒、父母が定期的に協議する場として「辰野高等学校のより良い学校づくりをめざす生徒・父母・教職員の三者協議会」の設置が確認されている。

この三者協議会は、生徒会代表七名（のちに九名）、PTA父母代表五名、職員会代表三名、係職員二名、さらにオブザーバー参加を含めた構成員で行われる。三者協議会では、授業に対する要望や校則の改正要求、学校の施設・設備の改善要求から通学列車のダイヤ改正まで、さらにはゴミのポイ捨て問題では、地元住民の了解を得てゴミ箱を設置し、ゴミの回収を行うなど、学校参加から社会参加まで幅広く活動を進めているという。

浦野東洋一によれば、「三者協議会」でのやりとりをとおして父母の意見の変容が見られるという。[8] 家庭での親子の会話が少ないのに比べて、「三者協議会」では率直な意見の応酬がなされ、お互いの立場や考え方について深く認識を持つことができるという。この点で「三者協議会」は学習の場となっていることを指摘している。さらに、教職員も生徒も父母も対等の立場であるとはいっても、教職員は教育的、指導的観点を持たざるを得ないことは否定できない。その意味では、学習の場であると同時に、教育の場ともなっていることも指摘されている。

第二の事例は、高知県の公立小・中・高等学校における「開かれた学校づくり推進委員会」である。[9] これは、一九九六（平成八）年に県民各層からの代表者で構成された「土佐の教育を考える会」での論議の中から生まれたものである。一九九七（平成九）年度から、公立の小・中・高等学校では、各学校ごとに「開かれた学校づくり推進委員会」を設置することが求められた。各学校により、その対応はさまざまであり、設けられた委員会の名称も多様である。しかしながら、この「開かれた学校づくり推進委員会」は、「学校・家庭・地域の連携を図るなかで、地域ぐるみの教育をすすめるため、子どもの代表、学校関係者、PTA役員、子ども会の指導者等で構成する組織を設置し、開かれた学校づくりの推進や具体化の事業を企画実施する」との意図のもとで設置される。

たとえば、丸の内高校では「ドリームズ・カム・トゥルー懇話会（ドリ懇）」が設置された。[10] この「ドリ懇」は、生徒代表八名、教職員代表一一名、父母代表七名、同窓会代表一名の計二七名で構成される学校レベルでの全体懇話会である。こうした取り組みの中で、生徒を話し合いの場に登場させ、おとなたちがその要求を丹念に聞きとり、誠実に対応していくことをつうじて、生徒、父母の意識のなかに変化が生まれてきているという。この「ドリ懇」のもとに「学年別代表委員会」「学年別懇話会」も組織されており、生徒にとって身近な基礎単位から、多くの生徒のかかわりをつくり、生徒が発言しやすいていねいな組織構成がはかられているという。

学校評議員制度と比較して、国民教育文化総合研究所による学校協議会の構想および高等学校での学校協議会の取り組みからうかがえる特質は次の三点である。

第一に、当事者性の重視である。これらの構想や取り組みでは、父母だけでなく児童・生徒も参加するしくみが設けられている。そこには、学校での教育活動にもっとも関係の深い児童・生徒自身が重要な参加主体となっているという点を指摘することができる。その際、いうまでもなく、年齢が低い段階では、父母がこれに代わることになる。いずれにしても、児童・生徒も父母も最も身近な学校当事者である。この当事者性からすると、学校評議員制度での学校評議員の参加との相違を指摘できる。もちろん学校評議員の参加に意味がないわけではない。しかし、学校評議員の参加は、現状をどのように把握しているかという点で、教職員、児童・生徒、父母のそれと質的に異なることは否定できない。学校当事者である教職員、児童・生徒、父母の参加は、現状を最もよく知ると同時に、学校変革の主体ともなり得るという点で不可欠である。

日本ではこれまで、児童・生徒、父母は実質的には学校当事者となれなかった。実際には、学校の意思形成において最も関係の深い当事者ありながら、その意向や教育意思は学校へは届きにくい構造になっていた。二項対立を解消し、新たな関係づくりを進める上では、児童・生徒、父母という学校当事者を視野に入れた意思形成の場がその契機となる。

第二に、具体性の重視である。具体性は当事者性と密接に関連しており、意思形成において取り上げられる視点やテーマが実際の学校生活に即した具体性を有しているということである。その範囲には、校則や学校生活から学習内容や教授組織に至るまで、多様なテーマが考えられる。学校当事者が意思形成の場に参加していても、実際の学校生活に直結しない内容しか話題にできないのであれば、構成員のモラールは高まらないし、何ら改善には結びつかない。話題が展開していく中で、さまざまなテーマが取り上げられるとしても、具体性は個別学校の改善を効果的に進めていく上において不可欠の要素である。学校協議会では、当事者性の重視と同時に、具体性の重視も特質となっている。

第三に、代表性の確保である。意思形成に直接関わる当事者は、会議の適正サイズから考えても制限されざるを得ない。たしかに、全員参加の直接民主制も重要ではある。しかし、会議の能率性からすれば、やはり無理な場合が多い。その際、当事者性、具体性を保証するためにも、意思形成の構成員には代表性が求められる。代表者の発言は、個人の発言であると同時に、その背後にはその代表を送り出した数多くの他の構成員が控えている。その点で、集団の意見でもある。背後にいる他の構成員の意見を集約し、反映させることで当事者性も具体性もより一層高められることになる。

学校協議会には、校長を学校評議員との接点にする構想とは原理的に異なる特質が見られる。校長の職務や責任が拡大されるという方向ではなく、むしろより多くの直接的な学校当事者が学校の意思形成に参加することに重点が置かれている。

## 結語――意思形成の方法と内容

学校評議員制度の提起も含めて、現在、「開かれた意思形成の場」を構築する方向が多様に見られつつある。これらをもとに、最後に学校協議会の可能性とそこで求められる意思形成の条件について論じることにする。

学校協議会は、職員会議における二項対立を解消するとともに、教職員と児童・生徒、父母との新たな関係づくりを可能にする意思形成の場である。少なくとも、こうした可能性を有する「開かれた意思形成の場」である。しかしながら、それにはいくつかの条件が満たされてはじめて可能となる。「開かれた意思形成の場」の持つ可能性を現実のものとするためには、いくつかの条件を満たさなければならない。

その際、学校協議会での意思形成をとらえる視点としては次の二点が考えられる。第一は意思形成の方法であり、第二は意思形成の内容である。
まず意思形成の方法は、「どのように決めたのか」という「決め方」であり、意思形成の手続きやプロセスである。ここでは、意思形成の民主性が問われることになる。この民主性により、「決め方」の正統性が左右される。他方、意思形成の内容は、「何が決められたのか」という「決められた内容」であり、意思形成の結果である。ここでは、意思形成の専門性が問われることになる。この専門性により、「決められた内容」の正統性が左右される。このように、意思形成の方法と内容においてその正統性が左右され、問われる。このどちらが欠けても十分な合意形成を進めるのは困難である。

これらの視点から考えるならば、学校協議会で求められる意思形成の条件は次の二点である。第一に構成員の異質性、第二に合意形成プロセスの整備である。第一の点は意思形成の方法に関してであり、第二の点は意思形成の内容に関してである。

第一の点についていえば、いかに異質性を基盤にできるかということである。つまり、意思形成の基盤を従来のように同質性におくのではなく、異質性におくということであり、異なる立場からの意見表明を受け入れることのできるしくみである。

もちろん、校長と教職員による二項対立においても異質性は存在する。しかし、この異質性には限界がある。たとえば、学校の意思形成に慣行として存在する「根回し」や運営委員会（企画委員会）での事前の協議は効率化という点では、たしかに意味がある。しかし、異質性という点ではむしろこれを顕在化させないシステムでもあり、「差異を忘却させるシステム」であるともいえる。[11] 日本の学校は効率性を重視すると同時に、対立や差異を表面化させない、意識化させないシステムを発達させてきた。

これは学校に限らず、日本の多くの組織体において見られる慣行でもある。しかし、こうした慣行のため、多くの組織がその健全性を損なっている。学校協議会での意思形成には、異質性を隠すのではなく、むしろ顕在化させ、差異を引き出す方向が前提として求められる。

第二の点は、異質性の基盤の上に、いかに合意形成プロセスを整備しているかということである。異質な構成員が共存するだけでは組織としての意思形成は成立しない。異質性のもとで、いかに合意形成がなされるかがより一層重要となる。その際、合意形成プロセスがどれだけ整備されているかが問われることになる。そこには、合意形成に向かう教職員の意欲や意思形成のリーダーとしての校長の力量が大きく関与している。合意形成のための手順や技法も検討されなければならない。校長の専門性はこうした合意形成を達成することのできる力量にこそ求められる。

その際には、学校当事者にとって認識や価値観を共有できる場となっていることが不可欠である。教職員との間では説明を要しないことでも、異質性の基盤の上では認識や価値観が異なり、新たに説明を要することがあるからである。これらは学校を見直す上で重要な点となることもあり、学校の自己評価につながる。これがさらに意図的、自覚的、体系的になされることが必要になる。

さいごに、学校協議会での意思形成を実質化させるための課題を挙げるならば、次の二点になる。第一に共同責任体制の形成、第二に合意形成ルートの制度化である。

まず第一の点は、校長が最高責任者であるというしくみをとらえなおすことが必要となるということである。公的に意見表明をおこなえるシステムは、エゴイスティックで無責任な批判を回避することにもなる。公的な意思形成の場で課題を共有し、共同で意思形成を行うことで、共同責任を負うしくみにするという方向も検討される必要がある。これによって、無責任な批判を回避することができる。学校当事者は全員で意思形成に参加し、全員でその責任を負うことが求められる。意思形成に参加しない者には、批判する資格は与えられない。

たしかに、校長に校務掌理権があり、最高責任者であるということは重要である。しかし、学校の抱え込みを見直すと同時に、学校の意思形成に学校当事者も共同責任の主体者として参加することが検討され、責任のとらえ方の転換がなされる必要があるのではないか。異質性にもとづきながら、合意形成を達成することのできる成熟した構成員が求められるとともに、制度上での責任のあり方についても再考される必要がある。

第二の点は、学校協議会は将来的には議決機関として位置づけられることが必要になるということである。「開かれた意思形成の場」が機能し定着することで、合意形成の成果が広く認識されるようになったならば、意思形成への参加の権利が保障されることが必要となる。学校協議会の役割と権限が明確化され、構成員の権利が保証されることが、アカウンタビリティを果たし、学校の正統性を確保することにもつながるからである。

議論の文化が定着しておらず、児童・生徒、父母の参加に関する権利についての理解も広がっていない段階では、まず実質的な議論の場を作り出し、合意形成の実績を積み上げていくことが先決である。[12] その上で、学校の意思形成にとって有効な場であることが認識されるならば、意思形成の場として制度化されることが必要であり、長期的には学校協議会が議決機関として位置づけられることが求められる。十分な議論がなされるならば、校長を含めた学校当事者による集団決定こそが、「教育の条理」にもとづく組織としての決定であり、組織構成員の教育意思の最大公約数であるからである。

**註**

(1) 下村哲夫『定本 教育法規の解釈と運用』ぎょうせい、一九九五年、九八－九九頁。

(2) 東京都ではすでに、一九九八(平成一〇)年七月に学校管理規則が改正され、職員会議は補助機関であることが明記されている。この学校管理規則改正の契機となった都立高校での加配教員の不正運用は、この一つの例といえる。「職員会議は校長の補助機関」『内外教育』一九九八年七月二一日、一二頁、参照。

(3) 黒崎は、「もはや学校は個々の教育成果において問われているのではない。学校の事実上の管理と運営を独占してきた現行の体制は、単なる非効率という点から非難されているのではなく、教育は誰の意思にしたがって行われるべきであるのかという、学校教育活動の正統性という点において批判的に問いなおされているのである」と指摘している(黒崎勲『教育行政学』岩波書店、一九九九年、一五三頁)。

(4) たとえば、ドイツの事例は次の文献で示している。柳澤良明『ドイツ学校経営の研究――合議制学校経営と校長の

役割変容—』亜紀書房、一九九六年、第一章。
(5) 窪田眞二「『学校評議員制度』のあるべき姿とその前提条件」『月刊高校教育』一九九九年三月、六四—六七頁。この中で、学校評議員制度をめぐって整備されるべき条件が指摘されている。
(6) 国民教育文化総合研究所「教育の自治と地方分権　研究委員会報告」『教育評論』一九九八年三月、四八—四九頁。
(7) 宮下与兵衛「生徒・父母・教職員の三者協議会と『わたしたちの学校づくり宣言』」日高教・高校教育研究委員会、森田俊男他編『高校生の自主活動と学校参加』旬報社、一九九八年、一五八—一六四頁、および宮下与兵衛「辰野高校の三者協議会とフォーラム」『教育』一九九九年四月、五七—六七頁。
(8) 浦野東洋一「(インタヴュー) 開かれた学校運営の課題——『三者協議会』実践から」『月刊高校教育』一九九九年三月、五六—六三頁。
(9) 野村幸司「土佐の教育改革と『開かれた学校づくり推進委員会』」日高教・高校教育研究委員会、森田俊男他編『高校生の自主活動と学校参加』旬報社、一九九八年、一六五—一七二頁。
(10) 高知県生活指導研究会編『「開かれた学校づくり推進委員会」各校の取り組み』一九九八年、二—九頁。
(11) 小玉は戦後日本の意思決定方式を「『一揆』型民主主義」と呼び、「『一揆』型民主主義は、異論や少数意見を表沙汰にせず、いわばそれを忘却の彼方へ追いやって人々の記憶から抹消することによって、社会の同質性を擬制するという特徴を備えていた」と指摘している(小玉重夫「生徒自治と生徒参加——現代公教育におけるその意義に注目して」『講座　高校教育改革』編集員会『講座　高校教育改革4　学校づくりの争点』労働旬報社、一九九五、一五八頁)。
(12) 生徒、父母の学校参加についての現状や課題については、次の二つの論文に詳しく整理されている。①田久保清志「生徒の自治と学校改革」佐伯胖他編『岩波講座　現代の教育　第二巻　学校像の模索』岩波書店、一九九八年、二八三—三〇六頁。②今橋盛勝「父母の参加と学校改革」佐伯胖他編『岩波講座　現代の教育　第二巻　学校像の模索』岩波書店、一九九八年、三〇七—三三三頁。

(柳澤　良明)

# 16章　学校の危機管理――生徒指導をめぐって

## 一節　学校の危機管理とは

先の湾岸戦争のころから、いわゆる危機管理の語が流行語にさえなってきた。そこへ阪神淡路大震災や神戸の少年A事件等々、危機管理の問題は一層深刻さを増している。〝教育荒廃〟といった現象は学校の危機管理の甘さに原因があるとの見方もある。いったい学校の危機管理をどうとらえたらよいのかが問われている昨今である。

### crisis と risk と

そもそも危機管理というとき、crisis management と risk management の両面があるといわれる。前者はもともと軍事用語で、危機を回避するために予め採られる政治的・軍事的な措置であり、後者はもともと企業用語で、非常事態に対応するための平常時における用意・準備および非常時における具体的な対応を意味するようである。

英英辞典によると、crisisは元来重大な変化（異変）が起きる転機（turning point）を意味する。この転機とは例えば重病人が急に快方に向かうという側面を含むから、必ずしも悪い方向だけを示すものではない。政治危機や経済危機というように使われるが、この場合、好転するか暗転するかの双方の意味に使われる。これに対してriskのほうは、悪い結果をもたらすかもしれないという危険性（danger）を意味する。保険関係用語として火災や戦争の危険という意味に使われる。

つまりcrisisの場合は悪い方向に向かう転機とよい方向に向かう転機の両面がある。この意味ではcrisisを〝危機〟と邦訳するものだから、悪い方向に向かうという側面が強調され過ぎているということができる。この点、riskのほうは喫煙の危険というときは被害を受ける可能性、損失をカバーするという意味では危難・危害を少なくできる可能性といったニュアンスが強い。いずれにしても危機管理といった場合、基本的にはcrisisとriskの両面があるということができる。

**学校の場合**

学校の、学校における危機管理については、例えば次のようにとらえることができよう。「学校教育に関して生じる事件や事故そのものを防止し、あるいはその被害を最小限にくい止めるための措置（予防的措置）および、生じてしまった事件や事故に対する善後策に関する経営行為[1]」。したがって危機管理の対象・範囲は学校教育全般に関わること、予防措置と事後措置（善後策）の両面を含むということができる。

因みに管理職のための『学校の危機管理』（牧昌見編著、ぎょうせい）では、①教育計画・教育課程、②組織・運営、③服務・勤務、④児童・生徒の指導、⑤施設・設備、⑥職員団体、⑦PTA・家庭・地域の七領域を設け、学校の危機管理という発想の意味を検討するとともに、四三の事例について分析を加えたところである。

包括的な文献としては、永岡順編著『学校の危機管理』（東洋館）がある。副題として「予防計画と事後処理」のタイトルがついている。本書では、学校の危機管理の基本的な考え方を検討した上で、経営戦略、組織運営、事務運営、人間関係、人事運営、危機管理の行政、危機管理の法などのほか、「III　危機発生への対応」では、①子どもの問題行動、②子どもの事故、③組織運営、④教職員、⑤親の教育要求、⑥地域社会・機関・団体からの教育要求、⑦教育委員会と学校の関係、⑧自然・社会的災害を採り上げ、「対応の基本的事項」を加えた事例研究を行っている。

また下村哲夫編『事典・学校の危機管理』（教育出版）では、総事例数五九〇余り、法令、判例等を提示しながら、学校としての対応を示している。たとえば、いじめ、O-一五七、オウム事件、非常災害等の事例が含まれていて参考になる。

### 三つの問題点

さて現実の学校での危機管理をめぐってどこに問題点があるかを整理すると、次の三点をあげることができる。第一は危機意識が低いことである。つまり対応が後手に回るということである。学校や教師の場合、しばしば危機感の低さが話題になる。正しい意味での危機意識をどのようにして醸成するかが課題である。第二は危機意識のから回り現象がみられることである。表現は適切ではないが、危機意識をもつべきところにはこれをもたず、気にしなくてもいいところに危機意識をもつというような現象である。

これは少々やっかいである。例えば子どもと教師の感じ方の違いがある。太いズボンや長いスカートを子どもは何とも思わないのに、教師のほうはこれを〝非行の兆し〟とみるということである。つまり危機のとらえ方がからんでくるからである。

現実はもっと厳しい。周到な準備を行い、適切と思われる指導や援助・対応をしているから大丈夫と思っていると、これが裏目に出たり、また逆に放置しておいたところ、うまくいったりするからである。とらえ方・考え方の違いが必ずしも影響しているとはいえない場合もあるからである。このことは一般論の限界を意味する。しかしそうかといってケース・バイ・ケース頼みというのでは危機管理としては心許ない。ここにディレンマがあるが、何とかして危機の感知能力を培う必要がある。これが課題である。

第三は危機管理イコール取締り・統制、管理教育の温床という見方があるということである。危機管理という発想は、一口でいえば学校や教師を〝夜警国家〟化することがねらいだというように誤解される危険性があるからである。この見解に立つと、危機管理という発想はむしろ逆効果となるから、ほどほどにせよということにもなる。

つまり危機意識を訴え、危機感をあおり、それゆえに危機管理が必要だという論法でいくと、例えば今日批判されているような管理教育が正当化される危険性があるというのだろう。この点、小・中学校に比べて高校においてこの傾向が強いと思われる。

周知のとおり臨教審（昭和五九－六二年）が教育改革の基本的な考え方として個性重視の原則をあげ、個人の尊厳、個性尊重、自由・自立、自己責任の原則を強調したとき、管理教育の是正を訴えたわけである。[2]

一部の学校にみられる、外面的に服装を細かく規制するなどの過度に形式的・瑣末的な傾向は、情操豊かな人格の形成を妨げ、想像力や考え方の低下をもたらすと批判し、徳育の名に値しないと強調している。そうして学校に「自由と規律の毅然とした気風を回復す[3]」べきことを訴えている。まさにそれゆえにこそ危機管理について正しい理解をもつことが要求される。

## 二節　生徒指導への対応

**学校経営上のチェック・ポイント**

学校生活不適応の子どもたちを早期に発見し、適切な援助や指導の手を指し伸べることは、もとより大切である。しかし現実にはすぐに役立つ効果的な方法がない。いなむしろマスコミの報道のせいもあってか、教師の体罰が目につくことが多い。不適応の子ども一人ひとりへの対応はもちろん不可避的に重要ではあるが、それゆえにこそ学校全体として組織的にどう取り組むかが問われるわけである。そこでまず経営上の配慮点を検討し、次いで若干の提言を行うこととする。[4]

第一は、学校として生徒指導のための全体構想を確立することである。各教師の生徒指導に関する基本的態度、各学年における重点の明確化、関係諸機関・団体等との連携などについて、ふだんから準備がなされているかどうかを確かめる必要がある。この全体構想の策定にあたっては、地域の条件や子どもの実態をよく調べておくことが大事である。

第二は、全教師による協働体制を確立することである。教師間の共通理解を深めること、生徒指導の計画化と子ども理解の深化を図ること、さらには同一学年の学級担任の間の協力や前年度の担任との協力、関連の深い教科担任その他の教師との協力、生徒指導主任との協力などについて、あらかじめ基本的な事項を煮詰めておくことが必要である。

第三は、校務分掌組織ないし学校運営組織のうちに生徒指導に関する部門を明確に位置づけることである。各校務分掌の役割や責任を明確にすることはもちろん、連絡調整の仕方をはっきりさせるほか、たとえば全教師が何年かの間には順次生徒指導部での役割を経験できるようにすることによって、全教師の生徒指導に対する理解と協力を深めるよう努めるとか、地域や校外の諸機関との連絡を密にするように、その窓口となる者(係)を明らかにすることなどが考えられる。

第四は、生徒指導に関する情報を整備することである。生徒指導に関する各種の連絡協議会を開くこと、生徒指導に関する情報や資料を収集し、提供し、これを活用すること、生徒指導に関する校内の内規を整備することなどが課題である。

第五は、子どもの校外生活の指導について適切な配慮を加えることである。単に子どもの事故や非行の防止といった取り締まり的な対策に終始しないように、また校外の生活は学校(教師)とは関係がないというように考えるのでなく、関係諸機関との連携、親達と学校との連絡、地域社会の組織との協力、学校と家族の連携など、常日頃からの〝開かれた学校づくり〟に配慮する必要がある。なおその際、学校教育目標を軸に学校としての考え方をまとめておくことが大切である。

第六は、生徒指導についての研究・研修を十分に行うことである。価値観の著しい多様化に伴う社会規範のあいまい化などによる家庭や社会の変化、校務分掌上の役割分担の偏りなどの学校経営上の問題、生徒指導に対する関心の薄さなどの教師の態度、反社会的な問題行動に対する罪の意識の希薄化などの子どもの変化等の要因が絡まりあっているためか、ふだんからの研究・研修が不十分である[5]。

そうして事故や事件が起こったりすると、関係の教師だけが東奔西走するということがよく言われる。生徒指導部として必要な手立てを行い、情報の交換に努めるなど、全校的な対応が必要である。

第七は、生徒指導部、生徒指導主任と部員の役割を明確にすることである。生徒指導主任は、当該部門の企画・立案、連絡調整、指導助言を仕事とするが、学校によっては対応がさまざまであったり、何が生徒指導部の仕事かがあいまいだったりで、事が起こってからあわてるといったケースが少なくない。この意味で組織的対応が課題である[6]。

第八は、学級担任の教師が生徒指導の役割を心得ていることである。学級担任は子どもとの接触が最も多いわけだから、教育相談的な配慮、家庭との連携などについてふだんからの対応が必要である。一番大切なことは子ども理解であるから、子どもの観察やその記録をまとめておいて、教師間の情報交換に役立たせるとともに、生徒指導部との密接な関係を保つことが必要である。

第九は、校内の諸連絡網を整備することである。生徒指導の実際の場面では、教師間の指導のあり方に食い違いがみられるなど、校内におけるネットワークが課題である。学年会や教科（部）会などの連絡調整の際、予期できない問題についての指導や事故処理における配慮事項を予め明らかにしておくことが大切である。職員朝会、連絡黒板、教科（部）会、学年だよりなどを活用するなど、工夫を加えることが大切である。

第一〇は、生徒指導に関する施設・設備を整えることである。最近ではネーミングは別として、いわゆる相談室を設ける学校が増えている。空き教室の活用といった批判もなくはないが、それ自体結構な努力ではある。保健室の活用、養護教諭との連携もまた大切である。

第一一は、家庭、地域、関係諸機関との連携を深めることである。学校の側から積極的かつ具体的に働きかけを行うこと、家庭内での親と子の対話のための素材を提供すること、ＰＴＡの活動を活発化するよう配慮すること、地域の関係諸機関等について理解を深めることなどが重要である。

青少年の健全育成のための諸団体には、ボーイスカウト、ガールスカウト、青少年赤十字、スポーツ少年団、子ども会などがあり、利用できる施設としては、公民館、図書館、児童文化センター、ユースホステル、各種のスポーツ施設などがある。昨今では校庭、体育館、プールなどの開放による利用も進んでいる。

青少年の保護育成のための諸機関としては、警察（少年警察）、青少年補導センター、児童相談所、教育相談センター、保健所、家庭裁判所、青少年問題協議会、学校警察連絡協議会、児童自立支援センター（教護院）などがある。

第一二は、校長・教頭がリーダーシップを発揮することである。以上の一一のチェックポイントのすべてについて十分な配慮を加えることが、管理職の責務である。生徒指導上の問題は、学校、家庭、地域の三者の連携・協力がなければ実効があがらないから、具体的な機会を生かし、適切な指導を行うこと、生徒指導主任を通して適切な指示を与えること、教師が抱えている当面の課題の解決のための助言を行うこと、各種の資料や情報を分析する機会を活用し助言を行うことなどに留意することが管理職に求められる。

しかし何といっても大切なことは、全教師の間に望ましい生徒指導観をもたせること、教師相互の協働の必要性を認識させることがリーダーシップであることを、校長・教頭としては再確認する必要がある。

**組織的対応こそ**

これまで生徒指導というと、子どもを鋳型にはめ込み、子どもを規制する方向でとらえる傾向が強かったという批判がある。非行・校内暴力への誘因の一つとなっているとの指摘もなされたりした。これに対して教育相談というと、子どもたちを甘やかし、厳しさが失われるとの誤解もある。生徒指導は検事で、教育相談は弁護士といわれて久しいが、これではとても子どもの健全育成に役立つはずがない。各種の事例や調査結果からみても、学校としての〝協働〟体制の確立がいかに大切かが分かる。

このことは、学校経営という仕事が適切になされていれば、かりに不幸にして事件や事故にまで発展した場合でも、冷静にして、かつきめ細かな対応が可能であることを示している。いな、より積極的には子どもの健全育成という予防・開発的な援助・指導に大きく寄与できることを意味している。

学校経営という仕事は、校長や教頭だけが行うものではない。学校教育目標の効果的な実現を目指して、どんな校内組織をつくり、これをどのように能率的に運営するかにかかわる条件整備の仕事であるから、全教職員が関係する。このことを生徒指導の側面で考え、所期の効果を上げるよう創意と工夫をこらすことが、すなわち生徒指導の部門における学校経営にほかならない。従来、この点についての理解が不十分であり、このような観点に立った配慮がなされていないといった問題がある。マネジメント・マインドの醸成が課題である。

もっとも経営感覚さえ身についていれば、生徒指導がうまくいくわけではない。当然限界があるが、教師間の共通理解を深め、協働意欲を高めて、コミュニケーションをよくするためには、教職員一人ひとりが学校経営とは何かを正しく理解することが大切である。[7]

**問題事例の分析**

このことについては、冒頭にあげた拙編著『学校の危機管理』のなかで、児童・生徒指導にかかわって次の八つの事例をあげ、事件の概要についての報告に対して、異なる二人の校長がコメントを加えるという方式で検討を行っているので、参考にしていただきたい。

① 生徒の対教師暴力
② S先生は休んでほしい
③ 授業中投げた筆箱で生徒がけが
④ 授業を妨害する生徒
⑤ 質店でウソをついて逃げ帰ったF男
⑥ 家出したA男

⑦　シンナーを吸い登校したA
⑧　大人不信で学校破壊を行った中3生徒

## 三節　二つの提言

児童・生徒をめぐる不幸な事件・事故が続発している今日、非行の低年齢化・複雑化等々、緊要な課題が多い。危機管理の重要性が強調されるゆえんであるが、特に次の二点に注目すべきであると考える。

一つは、筆者の編集した『学校の危機管理』などを資料にして問題解決型の教員研修を盛んにしてほしいということである。事件にしても事故にしても、事の重大さに鑑み、総論・べき論では済まされない状況が日常化・一般化しているだけでなく、校長の監督権限のみでなく、当事者である教師が訴えられるケースが増えている。いわゆる市民オンブズマンの支援もあってか、教育委員会が前面に出て対応しているとみられるが、聞くところによれば、校長会などでは仲間の校長を助けるための積立を行っているところがあるそうだ。

学校として何を為し得るかを考えるとき、事例研究・事例分析を校内研修プログラムに位置づけるべきであろう。こうして少しでも危機の感知能力を高める工夫を加え続けることが必要である。校長会などでは、よく問題事例を持ち寄って検討しようといった努力を行っているようだが、実効があがっているとはいえないから、上記の文献を活用するのが一つの方法である。こんな工夫を加えるなどして学校内外における問題解決型の研修を重視すべきである。

特に現職教員の研修において大きな役割を果たしている都道府県等の教育センターとしては、すべての研修講座に問題解決型の研修を組み入れることを考えるとよい。例えば、教科指導の研修講座の中で、生徒指導上問題のあるA子やB男にこの教材（単元）で指導する場合、どんな注意が必要であるかを問題事例の分析・検討を通して研修するというようにである。[8] さしずめ演習形式を積極的に導入してほしいものである。

もう一つは、教職員の育成という観点を重視することである。各種の原体験・幼児体験をもたない教師、採用試験の難関を突破した、〝お坊ちゃま、お嬢様〟教師が増えているからであろうか、ボランティア活動や体験的活動、それに宿泊を伴う活動というような領域に対する指導力の強化が課題となっている。

校長・教頭にしても、いわゆる若年化・女性化が進む一方で、これに続く世代が〝ひしめく四〇代〟を形成し始めている。かつてのように、子どもたちを二の次にした管理職への受験勉強といった状況は顕在化していないにしても、我が身の将来を気にする後進が少なくない。いわゆる学級崩壊といった現象が、見聞のかぎりでは四〇歳代に多いという。因果関係は定かではないにしても気になるところではある。

校長や教頭自身としては、来るべき「学校の自主性・自律性の確立」のための「学校裁量権限の拡大」や「学校運営組織の見直し」などへの対応もこれありで、その力量、つまりリーダーシップ能力の向上に努力しなければならないことは頭では分かっていても、行動が伴わないといった問題があろう。[9]

学校の危機管理ということになれば、教師の〝協働〟を可能にする組織的な対応が必要であるが、教職員一人ひとりの感知能力の向上が問われる。教師とて生身の人間であってみれば、個性・特性を異にするから、我が校の教育目標をふまえた個々への対応が管理職としては求められる。子ども理解とならび教職員理解が重要である。

それゆえに個々の教師の〝育成〟が課題である。こうなると、A教師をタタキ台にあげ、校内研修というわけにはいかないから、校長会・教頭会における教職員育成に関する事例研究・事例分析が重要になる。この場合、やはり各校の特定の教師の問題点をあげ検討を加えるというわけにいかない。筆者などがそのためのサポートとして研究開発の努力を行った成果の一つである『管理職のための教職員育成事例集』（第一法規出版）を活用してほしいものである。ここでは、長文（四〇〇字一二枚程度）の問題事例をあげ、①この事例に含まれている問題点、②育成の条件、③事例に含まれる一般的な課題についてコメントを加えているので参考になるにちがいない。

これら二つの提言に共通する課題は、指導者・助言者の確保である。筆者は大学院の教育経営学講座などでの活用を訴えているが、仲間の大学教師たちは指導できないからテキストとしては使えないなどと言っている。教育センターに対しても同様のリクエストを出しているが、指導困難を理由に前進が見られず残念である。一緒に勉強するという姿勢が必要である。とにかくこの種の努力は可能であるし、このような発想に立った取り組みこそが、プロとしての対応であると考える。

また指導なり助言なりにあたる大学教師や指導主事等としては、個々の学校の4Mの条件（人、物、金、組織・運営）、つまりその実態なり特性なりをよく理解しておくことが大切である。問題解決型の教員研修にしても、教職員の育成にしても一般論に終わることのないよう配慮する必要がある。要するに冒頭で述べた「三つの問題点」をクリアすることが課題であることを、指導者の側も十分心得ておく必要がある。

## 四節　リーダーシップの〝発揮〟

管理職に求められるのはリーダーシップによる権威である。ここでは管理職がどうしたらリーダーシップを〝発揮〟することができるかを考察する。特に校長のリーダーシップが危機管理を含めて我が校におけるすべての活動に重要であるから、リーダーシップ能力、つまり学校経営の力量を高める努力は続けなければならないのは当然である。

リーダーシップについてはおおむね三つのとらえ方がある。[10]

**特性分析的アプローチ**

これは、人間の行動がその人の特異なパーソナリティによって大きく左右されるものだ、という認識に立っている。リーダーたるものは普通の人とは違うものだという考え方で、リーダー特性の分析が主眼となる。別名、心理学的アプローチともいう。

しかし具備すべきすべてのリーダー特性を校長個人が充足することはもとより不可能である。このアプローチが意味をもつのは、リーダーと非リーダー（フォロア）の行動の違いを明らかにできることであるが、実在の校長は生身の個性溢れる人物で、とても一定の質と量の特性を具備することはできまい。

またこのアプローチの場合、リーダーのパーソナリティを過度に強調することになり、結果的には校長の独善を許すことにもなりかねない。問題点は何かといえば、リーダーとしての特性を備えること、つまりリーダーシップ能力をもつことと、その有する能力を〝発揮〟することとは違うという認識がないところにある。

**状況分析的アプローチ**

これは、リーダーの個人的な特性よりも、環境条件、置かれた状況のいかんに左右されるというわけである。別名、社会学的アプローチとも呼ぶ。

確かにリーダー特性の過度の強調は、状況無視ということにもなりかねないから、リーダーシップが発揮されない危険がある。この意味で状況を重視するこのアプローチは、特性分析的アプローチの難点を補うメリットがある。フォロアである教職員が校長の働きかけを〝なるほど〟と主体的に受容してくれる可能性は高くなる。

ただこのアプローチの場合、リーダーたる校長の状況判断のいかんでは、現状追認・現状追随的になり、改善も前進もできないという危険がある。リーダーとしての主体的な行動のためには、リーダー特性を無視することはできないし、また置かれた状況、環境条件を無視するわけにもいかない。しからば、どうとらえたらよいのか。

**行動科学的アプローチ**

これは、個人的要素と状況的要素、つまり心理学的要因と社会学的要因とを、ともにリーダーシップという名の行動の決定要因として認めるというとらえ方である。リーダーたる校長がどのような指導行動をとると、どのような条件・状況下ではどのような影響を与えるか、という発想を大切にするというわけである。リーダーシップは発揮されてはじめて意味がある。行動科学的アプローチが有効なのは、この点に着目しているからである。

### 〝発揮〟の条件

校長がリーダーシップを〝発揮〟したというのはどういうことかといえば、フォロアである相手方の教師がこれを〝受容〟するということである。もともとリーダーシップとは、リーダーがフォロアに対して働きかけることをいう。したがって校長の働きかけを相手の教職員が主体的に受容したとき、はじめてリーダーシップが発揮されたといえる。

この関係を図示すると次のとおりである。教師の行動（B：Behaviour）は、その教師が我が校で分掌している役割（R：Role）と、その教師のパーソナリティ（P：Personality）の関数関係（f：function）として類型化して説明できる。

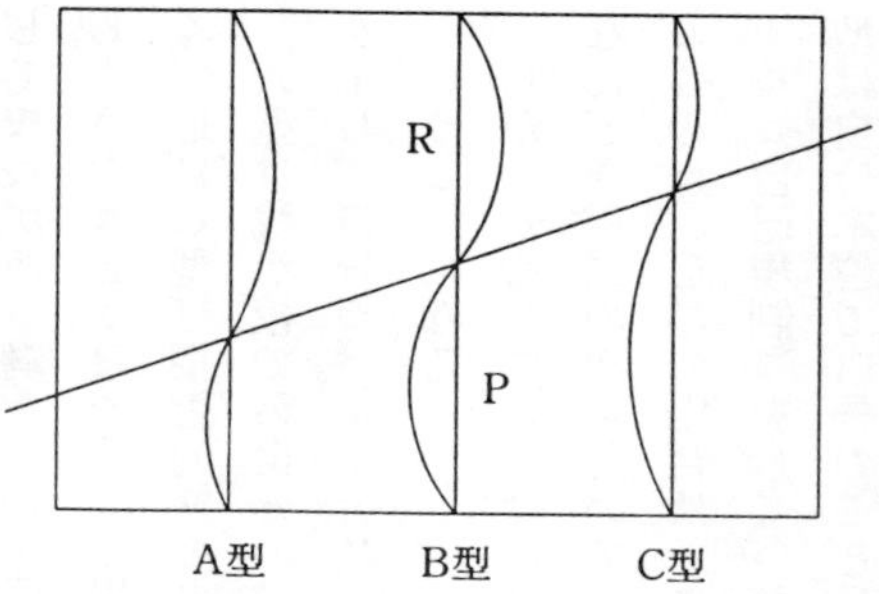


$B=f(R\times P)$

**図1**　役割とパーソナリティとの関係

ここで分掌している役割（R）というのは、〇〇の教科を担任しているとか、〇年〇組の学級担任であるとか、校務分掌上受けもっているすべての仕事を含む。パーソナリティ（P）というのは、その教師が内向的とか外向的だとか、性格や特性、人となりを意味する。

この図で、A型の教師は対角線の上の部分が大きく、対角線の下の部分が小さいから（A型：$R>P$）、役割志向性が高い。これに対してC型の教師は対角線の上の部分が小さく、下の部分が大きいから（C型：$R<P$）、パーソナリティ志向性が高いというわけである。B型の教師は役割とパーソナリティが均衡を保っている（B型：$R=P$）ことを示している。

我が校で自分が受けもっている役割を重視するタイプのA型の教師に対

して校長がある働きかけを行った場合と、自分の都合ばかり気にするタイプのC型の教師に、A型に対するのと同じような働きかけを行った場合とでは、当然違いが出てくるであろう。A型は主体的に受容してくれる可能性が高く、逆にC型は拒否的態度に出るかもしれない。

A型は我が校での自分の役割を十分に承知していて学校のため、つまり子どものために仕事をしようという態度を示し、自分のパーソナリティの側面を二の次に置くから、リーダーシップを発揮する側の校長としては大助かりということになる。

しかし安心していてはいけない。A型には滅私奉公型がいる反面、二重人格者もいるからである。つまり、いつ、なんどき、二の次に置いていたパーソナリティの側面が頭をもたげてC型に変身しないともかぎらないからである。

この点、C型の場合は、さしずめパーソナリティ全開型とでもいうべきもので、A型のようにセルフ・コントロール（自己規制）をしていないから、校長としては、これを承知の上で妙手を探す必要がある。そうはいってもC型は自分本位で自分のことしか考えないわけだから、校長としては苦労が多いということになろう。

理想型はB型の教師である。B型は我が校での役割も、また自分自身のことも、ともに十分に考えているタイプである。組織（学校）目標と個人目標が一致しているタイプである。マズロー風にいえば、自己実現が我が校での役割分担を通じて可能になるといったタイプである。

いずれにしてもリーダーたる校長はC型の存在に手をやくことになろう。それはそうに違いないが、注意すべきことが二つある。一つは学校が組織であるかぎり、C型は必ずいると考えるべきだということである。こんな教師はいるべきではないにしても、実在するのはむしろ当たり前だと考えて働きかけに工夫をこらすべきである。

もう一つはA型にしてもC型にしても固定的にとらえてはならないということである。レッテルを貼ってはいけないのである。校長である私とその教師の関係においてC型なのであって、教務主任との関係ではA型かもしれない、というように考えるほうがよい。

行動科学的アプローチからの智恵は、こんなところにある。校長としてのリーダーシップの発揮を、このように

とらえるならば活路が見いだせるものと思う。この先はケース・バイ・ケースの対応しかない。校長自身としては
『学校経営診断マニュアル』（教育開発研究所）などを資料に研鑽を積み、改善策を見つけてほしいものである。
**註**

（1）平沢茂「学校において想定される『危機』とは何か」『教職研修』教育開発研究所、一九九五年六月号、三三頁。
（2）臨時教育審議会『教育改革に関する第二次答申』一九八六（昭和六一）年四月二三日答申。
（3）『同前書』参照。
（4）牧昌見「生徒指導の推進と学校経営の対応——改善への提言」『校内暴力事例の総合的研究』国立教育研究所内校内暴力問題研究会、一九八四年、三二二—三三五頁。
（5）牧昌見「社会環境の変化と社会的不適応」『児童・生徒の問題行動——社会的不適応の研究』青少年適応問題研究委員会編、ぎょうせい、一九八七年、六七—八〇頁。
（6）榊原烋一編『生徒指導主事実務事典』（学校運営シリーズ・8）ぎょうせい。
（7）牧昌見『学校経営の基礎・基本』教育開発研究所、一九九八年。牧昌見・高階玲治編著『学校生活不適応の発見・予防と援助・指導』（学校カウンセリング実践講座・2）学習研究社、一九九一年、参照。
（8）牧昌見編『学校経営問題解決シリーズ』（全六巻）第一法規出版、一九九〇年、参照。
（9）中央教育審議会『今後の地方教育行政の在り方について』一九九八年九月二一日答申。牧昌見編著『新訂・学校管理職の研修課題——管理職は何を勉強したらよいか』ぎょうせい、一九九九年。
（10）牧昌見『学校経営と校長の役割』ぎょうせい、一九八一年、一一五—一二三頁。
（牧　昌見）

# 17章　学校経営の自律性と校長の権限

## 一節　学校経営学の基本概念としての学校の自律性

### 1　自律性論の展開

学校の自律性論や主体性論は、学校経営の実践に理論的な基盤を提供してきた。すなわち、創造的で活力のある教育活動を生み出すことと、学校の自律性や主体性を尊重することを表裏の関係としてとらえ、教育委員会や保護者・地域社会との関係について、その在り方を論じてきた。その意味で、この学校の主体性論は学校経営学や教育経営学において、いわば古くて新しいテーマであり、これまでにも多くの人々の関心を引きつけてきた。

なかでも、学校の自律性を積極的に展開したのが吉本二郎であった。氏の自律性論のポイントは、教育行政と学校経営との関係に着目し、教育行政を所与の条件として学校の自律性を展開するところにあった。すなわち、教育行政による条件を基盤に、その与件を生かすところに学校の自律性があるとして、学校における組織運営を述べている。氏は、「教育行政によって与えられた条件を基盤としつつも、その与件をいかに生かすか、というところから学校経営が始まる」[1]と述べ、学校の自律性を核にした学校経営学の構築を図った。すなわち、「すぐれた教育目標を設定し、これを実現するための教育内容の計画を策定し、学習組織と教授組織を適正にして、効果的な教育活動を展開させる道を講じ」[2]ることが学校経営であり、これは、「基本的には教育を実施する責任ある主体の視点で捉えなければならない(3)」と述べている。

このように、吉本の自律性論は、教育行政との関係において学校の自律性を相対的なものと性格づけるとともに、内部の主体的で創意ある組織化と運営の営みについてその拠り所を求めるものであり、校長のリーダーシップに大きな期待を寄せるものであった。

この吉本の自律性論をさらに多面的な角度から検討を加え、精緻化をはかり発展をはかったのが堀内孜である。氏は、学校の自律性について、「内に向かっての専門性と、外に対しての責任性に支えられるものである(4)」と述べ、教職や教師——教師集団の自律性と学校組織や学校経営の自律性の二つに類別する。すなわち、前者については、「教育の自由」を形成する「専門性」によって、また、後者については、社会的認識や社会的関係からの「責任性」によって支えられるとする。

氏は、学校の自律性の根拠を安定した専門的な営為に求め、その〝質〟が基本となるとの認識を示している。すなわち、「多様な価値志向の流動的状況のなかで、常に一定のバランスを保ち、安定した専門的営為を学校が遂行することとして、学校の自主性確保は課題化され続けられるべきであり、その核として教育経営の独自な専門性が求められる(5)」と述べている。

また、氏は、学校と行政側の意思や父母の私的な教育要求との緊張関係を指摘し、学校の自律性は、より高次の〝質〟によってこそ成り立つものであり、「学校の判ずるところと異なる行政側の意思や、父母の私的な教育要求に対して、それらよりも一層質的に高次な内容を形成し、行政側や父母を納得させることが、学校経営の自律性を確保する基本となるものであり、もしそれがなければ、この自律性は形骸化したものでしかない(6)」と述べている。

と同時に、その学校の提示する専門性の〝質〟は、市民性との調和的な関係を求める必要があると次のように述べている。すなわち、「教育の専門性に対して教育の市民性、素人性を対置させるところにあるのではなく、両者をどのように合致させるかのか、前者を閉鎖的なものでなくし、後者を合理的なものにしていくことにあるといえよう(7)」と。

このように、堀内は、吉本の自律性論において十分視野に収め切れなかった父母の存在を取り入れるとともに、「個々の学校がその責任を受け止め、自らの判断で具体的な方策を実行できることが求められる」(8)と述べているように、学校の自律性論を〝責任〟の視点から強調し展開をはかっている点に特徴がみられる。

一方、大脇康弘は、様々に論じられてきた学校の自律性論に対して実態とのギャップを指摘し批判しており、そこに特徴がみられる。(9)すなわち、氏は、学校経営の実態は、行政依存、慣行重視、対症療法的対応、閉鎖的運営、であり、学校の自律性に関する理念と現実とのギャップはあまりにも大きいと論じ、「学校の自律性は脆弱である」と指摘する。

その上で、学校の自律性確立のための枠組みと戦略として、学校の外的・客観的条件の改革として、教育システムの分権化政策の採用、教育委員会と学校のパートナーシップの確立、学校の実情に応じた行財政的条件の整備、をあげ、学校経営評価の改善と学校経営計画の樹立、父母・地域住民に開かれた学校経営への転換、校長のキーパースンの支持と革新阻害条件の排除、等を提言している。

## 2　地教行法のもとでの展開

これら諸論は、いずれも地方教育行政の組織運営に関する法律のもとでの展開であった。まさに地教行法パラダイム下における学校の自律性論の展開ということになる。すなわち、この法律に対する立場は論者それぞれであるにしても、学校の自律性をめぐる論述の着眼点や発想、展開の構想、実態の分析や解釈など、地教行法の影響を少なからず受けていることは否定できない。

したがって、対教育行政、対教育政策と学校との関係に多くの関心が注がれ、それとの関係を探る過程を通して学校の自律性の拠り所を求めることが強く意識された。すなわち、地教行法のもと、学校の自律性を捉える視角や課題の指摘も対行政、対政策に引き付けられ、学校の意思形成に隠然たるパワーを有していた教職員組合の存在や、影響力を十分に持ち得なかった保護者や地域住民の存在が考察の枠の外に置かれがちであった。その意味で、学校を取り巻く社会や時代の変化のなかで、新しい課題の指摘、テーマの発見、新しい視角からの論述、従来の行きがかりにとらわれない大胆な問題の捉え方と展開と言ったことが学校の自律性の展開にあたって問われたと指摘できよう。

その一方、学校の自律性が、個々の具体的なケースを積み重ねながら帰納的な思考をもとに論じられてきたというよりも、演繹的な思考をもとに〝専門的判断〟とか〝主体的な営為〟といった抽象度の高い用語をもって論じられてきたことも特徴の一つにあげられる。そのため、この間の個々の学校の営みや特色ある学校づくりの動きを汲み上げることや、学校の自律性を支える内実を探ることが、十分でなかったことを指摘しておかねばならない。すなわち、学校の自律性の内実についてその内容論の展開が残された課題として存在したということである。

## 二節　規制緩和・地方分権の動きと中教審答申「地方教育行政の在り方」について

### 1　学校の自律性をめぐる局面の転換

さて、学校の自律性という古くて新しいテーマが一九九〇年代に入って新たな局面を迎えることになった。まさにパラダイムの転換をはかる動きが出てきた。

一九九〇年代の動きとして、いわゆる五五年体制の崩壊による教育行政と学校経営の二者の関係の変化、規制緩和・地方分権の求めと地方教育行政の見直しの動き、学校教育に対する保護者や地域社会の影響力の増大による学校と保護者と地域の三者の関係の変化がある。

周知の通り、学校の存立を支える社会的、政治的、経済的、行政的基盤にも大きな変化が生じたのが一九九〇年代である。この今日的状況に対する問い掛けを抜きにして、学校の自律性も語り得なくなっており、学校の存立基盤自体をとらえる論者自身の認識枠とかパラダイムといったものが、これまでにもまして問われるようになってきた。

まず、いわゆる五五年体制の崩壊について。保守合同以来続いてきた自民党政権による支配が崩れたことにより、それまでの保守と革新という表向きの対立がもたらす学校経営をめぐる状況に変化が生じた。すなわち、教育行政と学校経営の二者の関係が、それまでは、とかく対立する関係としてとらえられがちであったものが、また上下の関係でとらえられがちであったものが、転換をはかる動きが出つつある。

次に、保護者や地域社会の人々の台頭による教育行政や学校経営への影響力の拡大ということである。開かれた学校がめざされ、親の学校への参加を支える参加論が様々に展開されたのも一九九〇年代の特徴である。これに、情報公開の広がりが重なり、保護者や地域社会の人々の台頭を支え後押しするものとなった。

これにともない、学校の自律性論は、それまでは、とかく学校と教育委員会、学校経営と教育行政の二者の関係としてとらえられがちであったが、保護者や地域社会の人々が加わることによって、三者の関係としてとらえねばならない局面が生まれることになった。

## 2　規制緩和・地方分権と中教審答申「地方教育行政の在り方について」

そして、地方教育行政の見直しということである。一九九八（平成一〇）年九月、中央教育審議会による地方教育行政をめぐる見直しの提起である。一九九〇年代に入って顕著となった経済や金融のグローバル化に呼応した「規制緩和」「地方分権」の求めは、次第に教育の分野にも及び、中教審答申「地方教育行政の在り方について」を生み出すことになった。

日本の社会を支える様々なシステムが疲労を起こしているとして、一九九七（平成九）年一月、橋本政権は国会施政方針演説において「規制緩和」「地方分権」などをキーワードに二一世紀に見合う社会システムの構築を掲げ、行政改革、財政改革、社会保障改革、経済改革、金融改革、それに教育改革を加えて提起した。この教育改革について、文部省は、全体像を「教育改革プログラム」(平成一〇年四月二八日)として示し、その中で、地方分権の推進や現場の自主性を生かせるシステムの改革の必要性を次のように述べている。すなわち、「学校教育の行き過ぎた平等主義や画一性の問題は、現在の教育行政の制度や運用の在り方に起因するところも大きいことから、学校における教育を支える行政制度について、より多様で柔軟な教育を実現するため、教育の地方分権を進めるとともに、主体性のある学校運営など、現場の自主性を存分に生かせるシステムへと改革を行うことが必要である」と。

これを受けてまとめられたのが中央教育審議会答申「今後の地方教育行政の在り方について」であり、答申は各学校において地域の特色を生かした主体的な取組が可能となるよう地方教育行政システム全体の改善方策を提言している。このなかで〈学校の自主性・自律性の確立〉を掲げ、ふたつの観点、すなわち、①教育委員会や校長の学校運営の明確化を図る観点、②地域住民の意向の把握・反映、地域・家庭との連携協力の観点をあげ、学校の自主性・自律性の確立する方策について次のような柱を立て提言している。

(1) 現行制度の概要と課題
(2) 教育委員会と学校の関係の見直しと学校裁量権限の拡大
(3) 校長・教頭への適材の確保と教職員の資質向上
(4) 学校運営組織の見直し
(5) 学校の事務・業務の効率化
(6) 地域住民の学校運営の参画

そして、〝具体的改善方策〟として、各柱ごとに次の事項をあげている。

(2)については、学校管理規則の見直し、教職員人事等の在り方の見直し、学校予算の在り方の見直し、教育委員会の支援機能の拡大。

(3)については、校長・教頭の任用資格の見直し、校長・教頭の選考と人事の在り方等の見直し、教職員の人事の在り方の見直し、教職員の研修の見直しと研修休業制度の創設、適格性を欠く教員等への対応。

(4)については、主任制の在り方、職員会議の在り方、企画委員会等の活用。

(5)については、学校事務・業務等に係わる負担軽減、学校の事務・業務の共同実施、専門的人材の活用。

(6)については、教育計画等の保護者・地域住民に対する説明、学校評議員の設置、学校評議員の構成、意見交換の機会の設置等。

## 3　校長の権限拡大と学校の自律性

これら諸々の具体的改善策を束ねるキーワードが、〝校長の権限拡大〟ということになる。答申は、校長が学校経営の責任者としてその職責を全うできるようにするため、①学校管理規則の見直しなどとともに、②学校の人事・予算等における校長の権限の拡大方策について検討が必要であることを提言している。すなわち、校長に学校経営者と称するにふさわしい権限を付与することを通して、学校の教育にあたる当事者能力を高めることを答申はねらったと指摘できよう。

また、この〝校長の権限拡大〟は、学校の主体性・自律性の確保と表裏の関係としてとらえ、学校と教育委員会との基本的な関係の見直しとセットで示されていることに注目する必要がある。教育行政の地方分権の確立をめざして設けられた教育委員会は、その後の歴史の変遷の過程において、各学校の主体性・裁量による経営を支援・助長する役割を果すことよりも、むしろ、それを規制する役割を果してきたことは否めない。しかも、その過程において校長の存在を極めてあいまいな形で位置づけてきたといってよい。すなわち、人的・物的諸条件について多くを規制したまま校長に特色ある学校経営を求めてきたといってもよい。

中教審答申は、このような歴史的な経過をふまえつつ、学校と教育委員会との関係の見直しを求めている。すなわち、学校における日常的、定期的な業務についての教育委員会の関与を整理縮小する観点から、学校管理規則や通達等に基づいて設けられている許可・承認・届け出・報告事項について、地域や学校の実情等に応じて、学校の組織編制や教育課程の編成とその実施に係る事務を含めて幅広く見直すことを求めている。

この一連の流れを受けて、校長の権限拡大が提起されており、したがって、この権限拡大は、校長を中心に学校が主体的・自律的に創意ある教育活動の展開をはかるための条件整備の一環として掲げられた方策として位置づけられよう。

権限の拡大は校長に学校の意思形成にむけて学校内外への一層の働きかけを期待する。学校のウチにおいては、教職員の合意をはかり学校としての意思形成をはかる指導性を求めている。すなわち、多様な教職員の意見を職員会議などの諸会議を通してまとめるなど、学校の意思形成を良好な状態に維持し学校を方向づける経営手腕が問われることになる。と同時に、校長の権限拡大をめぐる方策には、学校の経営に共にかかわる観点から、教職員対管理職の対立という従来からの構図の解消をはかり、関係の成熟をめざす取り組みを双方に求める課題が内包されているといえよう。

その一方、学校と保護者や地域社会の関係の改善についても答申は踏み込んだ提言をしており、この点について、次に節を改めて考察を続けることにしたい。

## 三節　保護者や地域社会との新しい関係の中での学校の自律性

保護者や地域社会と学校との成熟したパートナーシップを構築する観点から、地域社会を巻き込んだ学校づくりの営みが求められている。いかに学校と保護者・地域社会の関係について成熟をはかっていくか。ここにこれからの学校は存立の基盤を求めていかねばならない。

答申は、この点について保護者や地域社会との新しい関係の構築を説き、そのための方策として、学校に説明責任や学校評議員の設置などを求めている。

## 1　学校の説明責任と自己評価・外部評価

まず、答申は、学校と保護者・地域社会との新たなる関係づくりのための一つの方策として、地域住民の意向の把握・反映などの連携協力体制の充実を掲げている。そして、そのなかで、次のように、学校の教育目標、教育計画、教育活動の自己評価などについて保護者や地域に対する説明の必要性をあげている。

「学校の経営責任を明らかにする観点から、学校が教育目標及びそれに基づく教育計画を明確に策定し、その趣旨と実施状況を保護者や地域に対して説明することが必要である。また、それらについての校長による自己評価を保護者や地域に説明するとともに、教育委員会へ報告することが必要である。」

保護者・地域社会に対して学校がめざす目標と計画を提示し、その程度の達成と、成果がえられなかった場合には原因について説明する、その一連の過程を通して学校の経営責任を明らかにする、という考え方である。これは、学校経営の一連の過程について〝透明性〟を高めるねらいがあり、学校と保護者・地域社会との関係においていわばインホームドコンセントの考えが導入されたとみることができる。また、別の言い方をするならば、従来の学校と保護者・地域社会との〈あいまいな関係〉を一歩乗り越えるねらいがあり、一種の〝契約関係〟を持ち込もうとしたものととらえることができる。

すなわち、教育目標や教育計画の説明ということは、学校がいかなる方針をもって組織をあげて何に取り組むかを保護者・地域社会に対して明示することに他ならない。それは、保護者・地域社会に対して学校はここまで努力すると、いわば〝契約〟を結ぶ営みにたとえることができる。その一方、自己評価の説明は、学校と保護者・地域社会と結んだ〝契約〟がどの程度履行できたかを明らかにする取り組みとしてとらえることができる。

なお、この自己評価には外部評価が含み込まれていることに注目する必要がある。これまで、学校評価は教職員による自己評価であり内部評価であった。いわば身内による評価であった。これに対して、これからの学校評価は、外部の目や他者による評価という要素が必要になってくるものと思われる。従来からの自己評価と求められている外部評価とをいかに組み合わせ成果あるものにしていくか、これからの学校経営の課題といえよう。

いずれにしても、学校自らが保護者や地域社会に対して説明責任を負うことや外部評価を求めることによって新たなる関係をつくる経営手法が、学校の自律性を確保する観点から、これからの学校経営の課題として問われることになる。

## 2　学校評議会と学校の意思形成

一方、答申は、「保護者や地域住民の意向を把握し、反映するとともに、その協力を得て学校運営が行われるような仕組みを設けることが必要」と述べ、学校外の有識者等の参加を得て、校長が行う学校運営について意見を聞き、助言を求めるために学校評議員を設置するとしている。すなわち、校長の推薦により教育委員会が委嘱する学校評議員を学校は置くことができ、必要に応じて一堂に会して意見交換をする機会を設けるなど運営上の工夫が求められるとしている。

これを受けて、学校評議員制を実施するために、学校教育法施行規則（省令）が改正され、二〇〇〇（平成十二）年四月より施行されることになった。

また、中教審答申に先立ち、東京都教育庁は、平成一一年度より、都立学校で「学校運営連絡協議会」を進める動きも出ている。試案では、人数は二〇名程度、任期は一年とし、年三回程度開催するとしている。また、協議会の中に評価委員会を置き、学校評価を実施するとしている。

この学校評議員制の実施は、学校の意思形成に保護者や地域社会の人々の積極的な参画の機会を開くものであり、いい意味での両者の緊張関係の維持であり、成熟した関係のもとでの教育責任の分担をねらうものである。すなわち、学校の活性化をはかり、新しい関係の構築をはかる一つの方策といえる。

ただ、学校評議員制を導入した場合、既存のＰＴＡ組織との関係の調整、現状において学校に維持されている意思形成システムとの整合、実際に学校と保護者・地域社会の意思が対立した場合の調整、などが課題となる。

## 四節　学校の自律性論をめぐる課題

### 1　校長の権限拡大を求める動き

さて、すでに見てきたように、学校の自主的・自律的な組織運営の確保を校長の権限の拡大をもってはかることを中教審答申は示した。これは、従来、学校の自律性論において、その存在の重要性は指摘されてきたもののあいまいに扱われてきた校長の存在について一石を投じるものであった。

この中教審答申を受けての動きが次第に地方レベルで出つつある。例えば、千葉県においては、将来にむけての長期ビジョンを策定するなかで、学校の自律性を基盤にした新たな学校運営体制を整備する方針が示されている。千葉県教育委員会が策定した長期ビジョン『千葉の教育〝夢・未来２０２５〟』（一九九九年八月）は、そのなかで、学校の自律性を基盤に学校の在り方を見直す事項を盛り込んでいる。そのレポートには、「校長のリーダーシップのもとで地域や児童生徒の実情に応じ柔軟な学校運営が行えるよう、学校と教育委員会との関係の見直しを進め、校長の裁量権強化、教材開発、カリキュラム運営等の自主的な取組の推奨などを行い、自主的・自律的な学校運営の促進を図ります」とある。そのために、優れた人格と識見をもった人材を得ること、リーダーシップを発揮できる環境を整備する必要がある、と述べている。

このレポートでも、校長の権限拡大による学校の自律性の基盤強化が打ち出されている。はたしてこの方策が成果を収め、学校の教育的機能を高めることになるのかどうか、改めて学校の自律性論をめぐる課題を整理しておくことにしたい。

## 2　学校と教育委員会との関係の再検討

まず、教育における地方分権時代における、学校の自律性問題を検討するにあたって、学校の支援機関としての教育委員会という観点から、両者の関係の再構築をはかっていく必要がある。

規制緩和は、文部省と教育委員会、教育委員会と学校、それぞれの関係の見直しを求めている。しかし、これまでの歴史的な経過やわが国の風土からして、文部省と教育委員会との関係については規制が緩和されるものの教育委員会と学校の関係については、かえってタイトになってしまうことも考えられなくない。すなわち、教育における地方分権は、ある意味で、教育委員会の学校に対する指導力の拡大・強化を求めている側面があり、学校への働き掛けの〝質〟が問われることになる。その意味で、課題とされることは、規制緩和の流れを受けて、学校の主体性・裁量をいかに確保していくかということにあり、各学校の自主性・自律性の実質的な確保をはかる支援機関として教育委員会の在り方を追求することである。

## 3　問われる校長の創意と重くなる経営責任

校長の権限拡大は、校長に対して人事や予算の扱いなどを含め新たなる経営環境を提供するとともに、経営責任もまた大きくかつ重くなること意味している。しかも、校長間の経営能力の差がそのまま各学校の特色づくりに反映することになる。すなわち、学校の自律性の確保は個々の校長の経営能力に負うところがこれまでにも増して大きくなるといえよう。

その意味で、校長の権限拡大は、校長をこれまでにもましてシビアな環境のもとに置くことになる。これを校長にとって〈やりがいのあるおもしろい時代〉の到来ととらえるか、それとも〈厳しい苛酷な時代〉の到来ととらえるか、校長間の経営能力の差が問題とされ、校長自身の抱負や構想力など学校経営をめぐる創造性が、また、実現をはかる経営力が問われることになる。

## 4 保護者・地域社会との〝利害〟の調整

一方、これまでの自律性論は、学校関係者のいわば〝内輪〟の話題とされ、保護者や地域社会の人々はそこから排除される形となっていた。したがって、教師にとって、学校の自律性を論じることは、自らの立場を確かなものにする意味をもっていたものの、子どもや保護者にとっては、自らの排除であり、学校や教師集団の閉鎖性を肯定するものであったといっても過言でない。まさに、保護者や子どもの立場からすれば、望ましい教育環境の整備があれば、行政が強かろうと弱かろうと、学校経営が主体的であろうが、なかろうが大した問題ではない、ということになる。

その意味で、これから学校の自律性論が意義を持ち続けるには、広く社会において市民権を得ることが課題になるといえよう。

従来、学校の自主性・自律性は、学校と教育委員会との関係論に傾斜しがちであり、地域住民の意向の把握・反映は学校経営への参加論として、地域・家庭との連携協力は連携協力論として、それぞれ個別に扱われてきたきらいがある。それが、学校の自主性・自律性を核にして一体のものとして相互の関係を論じ検討する環境が整いつつあることは注目してよい。すなわち、学校・教育委員会・保護者・地域社会それぞれの相互の関係を構築するにあたって、学校の主体性・自主性をどのようなものとして位置づけるかが問われることになった。

このようなことからして、中教審答申が、学校と保護者・地域社会との関係の見直しを打ち出したことは、従来からの学校の自律性論に一石を投ずるものであり、新たなる局面を開こうとするものである。

しかし、学校が保護者・地域社会と新しい関係の構築を進めれば、それら人々の教育要求に直接さらされ、意思形成にあたって強く影響を受けることになる。これまでは、保護者・地域社会の教育要求の受け皿が主として教育委員会などであったのに対して、これからは、学校が担わねばならないことが多くなってくるものと思われる。すなわち、保護者・地域社会の教育要求をめぐる〝利害〟の調整ということが、学校の自律性という点から、大きなテーマになるに相違ない。いかに、学校は、保護者・地域社会の教育要求に応じるか、また、私的な教育要求と公的なものとの整合をはかっていくか、さらに、保護者・地域社会の間で異なる教育要求を学校としてどのように調整し整合をはかっていくか、これからの学校経営の中心的な課題がここにあるといってもよい。

それにもまして、保護者・地域社会の人々の参画を得てともに歩む学校経営の実現をはかるには両者の関係の成熟が欠かせない。学校にすべてを委ねて何か落ち度があると責任を追求するものの自らは負わない保護者・地域住民、保護者や地域住民の意思を反映させることや自ら実施することについて説明する努力を怠ってきた学校、この従来の未熟な関係を双方が共に責任を担うまでに成熟させることが、これからの保護者・地域社会と学校の双方の課題となる。

## 5　校長の権限をめぐるチェックアンドバランス

なお、校長の権限拡大を基盤にした学校の自律性論の実際における展開が、結果として学校内部に閉塞した管理運営を招かぬよう留意していく必要がある。また、校長の権限拡大について、その乱用を防止する一定の備えを準備しておくことも大切である。学校の主体性・自律性の名のもとにソトとの関係を断ちウチにおいて経営の展開をはかることは、開かれた学校の求めにも逆行するものであり、それを防いでいかねばならない。

この点について、中教審答申をみると、学校の主体性の確保及び校長の権限拡大の提起に続き学校の保護者・地域社会に対する説明責任が提起されていることに注目したい。すでに述べたように、学校の説明責任は、保護者・地域社会などに対して学校経営のプロセスを明らかにし、成果について説明するものであるが、結果として、学校の主体性や校長の権限拡大にともなう学校経営の負の変質を防止する一種のチェックアンドバランスの役割を果すことになるものと思われる。すなわち、学校の教育活動を保護者・地域社会の目に晒すことによって、また、チェックを受けることによって、自らの姿勢や独善を正すシステムを持つことが学校にとって大切であり、その機能を説明責任に持たせることも検討されてよい。いずれにしても、学校の主体性・自律性の強調や校長の権限拡大が、閉ざされた学校内部の管理運営に陥ることのないように細心の注意を払う必要のあることを指摘しておきたい。

**註**

(1) 吉本二郎『学校の経営行為と責任』ぎょうせい、一九八四年、一三八頁。
(2) 吉本、前掲書、一四〇頁。
(3) 吉本、前掲書、一四〇頁。
(4) 堀内孜『学校経営の機能と構造』明治図書出版、一九八五年、一六三頁。
(5) 堀内孜「学校の自主性と教育経営」日本教育経営学会『講座　日本の教育経営3　教育経営と学校の組織・運営』ぎょうせい、一九八七年、二六頁。
(6) 堀内孜『学校経営の機能と構造』前掲書、一六二頁。
(7) 堀内孜「学校の自律性と教育責任」永岡順他編『学校経営』第一法規出版、一九八八年、二七頁。
(8) 堀内孜「学校の自律性と教育責任」永岡順他編『学校経営』第一法規出版、一九八八年、二八頁。
(9) 大脇康弘「教育経営における学校の自律性の理念と現実」永岡順編『現代教育経営学』教育開発研究所、一九九二年。

**参考文献**

拙稿「〈学校の主体性・裁量〉を生かすとはどういうことなのか？」「〈校長の権限拡大〉とこれからの〈リーダーシップ〉とは？」「なぜ、学校の〈説明責任〉が求められるか？」『総合教育技術』九八年八月号。

（天笠　茂）

# 執筆者一覧

（執筆順、☆印は巻代表者、編集委員　＊印は編集委員）


☆堀内　　孜（京都教育大学）　1章

国祐　道広（大谷女子大学）　2章

福本　昌之（松山東雲女子大学）　3章

有吉　英樹（岡山大学）　4章

新井　郁男（上越教育大学）　5章

牛渡　　淳（仙台白百合女子大学）　6章

小川　正人（東京大学大学院）　7章

＊加治佐哲也（兵庫教育大学）　8章

若井　彌一（上越教育大学）　9章

南部　初世（名古屋大学大学院）　10章

大脇　康弘（大阪教育大学）　11章

山谷敬三郎（北海道浅井学園大学）　12章

有園　　格（静岡文化芸術大学）　13章

佐竹　勝利（鳴門教育大学）　14章

柳澤　良明（香川大学）　15章

牧　　昌見（聖徳大学）　16章

＊天笠　　茂（千葉大学）　17章

シリーズ　教育の経営　1巻

**公教育の変容と教育経営システムの再構築**

2000年12月20日発行

編　者　日本教育経営学会

発行者　小原芳明

発行所　玉川大学出版部

194-8610 東京都町田市玉川学園 6-1-1

TEL 042-739-8935 FAX 042-739-8940

http://www.tamagawa.ac.jp/sisetu/up

振替 00180-7-26665

印刷・製本　株式会社　平河工業社

NDC370　ISBN 4-472-40233-5 C3037

Printed in Japan